TODO LO DIERON POR CUBA

Portada: Raúl Fernández, para "Todo lo dieron por Cuba" (Acrílico, 11"x17").
Realización de portada: Avanti Press

Primera Edición: enero 1995
Segunda Edición: abril 1995
Copyright ©1994 Mignon Medrano
Reservados todos los derechos de autor.

Tarjeta del Catálogo, Biblioteca del Congreso: 94-061623
ISBN: 1-884619-04-05

Esta es una publicación del
**Fondo de Estudios Cubanoamericanos de la
Fundación Nacional Cubano Americana**

The
Endowment for
Cuban American Studies

El Fondo auspicia investigaciones, publicaciones y conferencias sobre Cuba y sobre la presencia y el impacto de la comunidad cubana en los EE.UU.

La Fundación Nacional Cubano Americana es una institución independiente, no lucrativa, dedicada al rescate de la soberanía de Cuba dentro del pleno ejercicio de la democracia y la libertad. La Fundación se asienta sobre el respeto integral a la dignidad plena del hombre; la irrestricta libertad de pensamiento, expresión y religión; el derecho del pueblo a elegir libremente a sus gobernantes; el disfrute inviolable de la propiedad privada; la libre empresa; y el bienestar económico con justicia social.

Fundación Nacional Cubano Americana

P.O. Box 440069
Miami, FL 33144
(305) 592-7768

1000 Thomas Jefferson St. NW
Suite 505
Washington, D.C. 20007
(202) 265-2822

Esta publicación ha sido posible gracias a la colaboración y dedicación de los hombres y mujeres que pertenecen a la Fundación Nacional Cubano Americana que luchan incansablemente por una Cuba libre y democrática.

A Sylvia K Camaraza, con mi sincero afecto y el eterno amor a Cuba — que nos une.

TODO LO DIERON POR CUBA

Por
Mignon Medrano

Mignon Medrano

Exilio, septiembre de 1995

MI GRATITUD

A Mirta Iglesias, Matilde Quintana y Margarita Ruiz, por su colaboración.

A Francisco "Pepe" Hernández, Adolfo Leyva y René J. Silva, que creyeron en mí.

Al Endowment for Cuban Studies de la Fundación Nacional Cubano Americana, que hizo posible esta publicación.

INVOCACION DIARIA

Señor mío Jesucristo
Pon luz en mi entendimiento
Pon lágrimas en mi corazón
Pon alas en mis manos.
Ayúdame a vivir y transmitir
el sufrimiento de estas mujeres
cuyo único consuelo fuiste Tú
durante su calvario.

CONTENIDO

Prólogo 11

Escenario 17

Nota Bene 27

Comienza La Cruenta Odisea De La Mujer Cubana 29

Mil Novecientos Sesenta Y Uno 157

La Cárcel Compartida: Guanabacoa 167

La Cárcel Compartida: Guanajay 185

La Cárcel Compartida: Baracoa 213

La Cárcel Compartida: América Libre
Y Nuevo Amanecer 227

Rinden Fruto Las Denuncias 241

La Luz Al Final Del Túnel:
¡Libertad! Y, ¿Qué Más? 255

Apéndice 285

Epílogo 287

Fuentes 289

PROLOGO

Desde los primeros meses del exilio, con una preocupación profunda por el futuro de Cuba, que sigue dependiendo de las nuevas generaciones, un núcleo distinguido de damas cubanas, sin ceder ante el agobio psicológico y los apremios del reajuste vital a que obligaba la lucha por el pan diario, dedicaron un largo período a reunir en Miami a niños y jóvenes cubanos los fines de semana para hablarles sobre la Patria y sus valores eternos, en desafío a la campaña de descrédito que desde temprano desató el castro-marxismo contra la historia y los valores que sustentan el noble y heroico patrimonio de nuestra nación.

La señora Mignon Medrano fue una de las damas de aquel admirable grupo que, como herederas de las exiliadas de 1868 y 1895, mantuvieron su lucha civil de apoyo a los patriotas que combatían en Cuba por medio de sus clubes.

Hoy, en el séptimo lustro de resistencia a la tiranía, Mignon, apoyada por las nuevas generaciones que, seguidoras de su ejemplo no se resignan a ver desmoronarse física y moralmente a Cuba, ha contribuido a recoger el más documentado y valiente testimonio de las indignas acciones de la cohorte de malvados lamentablemente nacidos en Cuba y entrenados por la escoria extranjera representada por torturadores psicológicos importados de la Unión Soviética y de la Europa Oriental, quienes en su desalmada vesania hicieron sus víctimas a millares de damas cubanas de muy distintas edades y origen social, pero todas heroicamente decididas a luchar por los valores de la democracia, la justicia y la libertad.

El libro-documento que ha estructurado Mignon Medrano es no sólo una compilación para hoy, sino que su proyección perdurará en el tiempo, como testimonio indispensable sobre los años más sombríos de nuestra historia. Los años pasan, los recuerdos vagos se van difuminando con el tiempo y con el paso de las generaciones el ser humano tiende a olvidar. Pero Mignon y las valientes luchadoras que han relatado sus experiencias en largos períodos de presidio, y el trato inhumano recibido, la acción criminal de esos torturadores desalmados que las sometían a todo tipo de vejámenes, serán en los siglos futuros un revulsivo para la conciencia de las generaciones futuras que conocerán, al leer las páginas de este libro, profundamente trágico, que va creando página tras página un gran fresco infernal, capaz de avergonzar a los cubanos del futuro, de lo que ha ocurrido en esta etapa ominosa, hasta llevarlos a asumir la responsabilidad patriótica para que en nuestra Cuba, generosamente dotada por la naturaleza, este pasado siniestro y vergonzoso no pueda abatirnos de nuevo. ¡Nunca más! ¡Nunca más!

Como obra, este libro demoledor y doloroso es un modelo de testimonio. Las protagonistas son presentadas con maestría, como en un filme que nos abruma, pero que nos congela la atención al tiempo que nos indignamos. La presencia de cada una de estas verdaderas heroínas se logra con realismo y dolor, pero mientras aparecen identificadas por sus sentimientos, su patriotismo, el dolor de sus vinculaciones familiares, malignamente manipuladas por los verdugos, en una sucesión de momentos aciagos, el cuerpo del libro posee una estructura magistral en el encadenamiento y variedad de sus secuencias, que convierte su lectura en un testimonio abrumador y doloroso que echa por tierra todo posible intento por negar —hoy y en el futuro— la barbarie absoluta del castro-marxismo.

La Cuba eterna, liberal, cordial y humana secuestrada hoy por una pandilla de malhechores, agradecerá tanto a la autora de este libro como a las heroínas cuyos testimonios lo hicieron posible y a quienes han facilitado su publicación y distribución.

Confiemos y luchemos porque pronto nuestro pueblo recupere su dignidad, exorcisados estos lustros malditos por las nuevas generaciones que reconstruirán la Patria. Y ante la lección estremecedora, dejada atrás, sea su lema ¡Nunca más!

Leví Marrero*

* *Historiógrafo y geógrafo cubano. Profesor emérito de la Universidad de Puerto Rico*

"La lectura de este libro me retrotrajo a un recuerdo imborrable. Después de ocho años de prisión consideraba que nada de la represión política me era ajeno. Mas, la llegada a las tapiadas de Guanajay me mostraría aspectos insospechados de la maldad humana... El simbolismo de la cruz a relieve en la pared izquierda de la celda, la frase, "¿Y Dios existe?" y tantísimos nombres de mujeres a ambos lados de la cruz... la oscuridad total, la peste a orines y excremento, las ratas, mosquitos y cucarachas disputándose un pedazo de piel... fieles exponentes de la envilecida represión de la policía política, me hicieron caer de rodillas y llorar. ¡Por primera y última vez, también dudé!"

Roberto Martín Pérez
Combatiente anti-castrista
Preso Político Plantado durante 28 años

ESCENARIO

Salimos de Cuba en bandadas, como aves que una tormenta súbita obliga a emigrar. Fueron los primeros en salir los miembros o simpatizantes del régimen de Batista, peyorativamente llamados "esbirros".

El diccionario define esbirro como "ayudante del alguacil", pero cuando las hordas castristas buscaban el apoyo de las turbas para encarcelar a un adversario o justificar un fusilamiento, marcaban a su objetivo "esbirro de Batista". Así, le endilgaron el remoquete a cualquier persona para encubrir viejos odios, envidias y venganzas. No fue siquiera necesario el pertenecer a un cuerpo represivo o haberse ganado el rencor de un adversario. Todo desafecto o simple crítico del nuevo mando era considerado un "esbirro de Batista" o "un criminal de guerra", incluyendo, por supuesto, a no pocos que durante el proceso insurreccional habían prestado algún tipo de ayuda a esos mismos insurrectos. Más tarde, cuando la revolución verde olivo comenzara a mostrar su roja entraña, el nuevo epíteto de "lacayo del imperialismo" se añadiría al vocabulario infamante.

Muy temprano tras el acceso al poder, se hizo patente que bajo el nuevo régimen no funcionaría más el cubanísimo y leal recurso de "tirarle la toalla" a un amigo. El cubano, tradicionalmente fiel al culto de la amistad, contaba en su historial con el siempre interceder por sus amigos aún bajo las más peligrosas circunstancias, compartiera o no su militancia política.

Aquella cubana cadena de lealtades fue eslabonada, de gobierno en gobierno, por un sinfín de "toallas". Hoy caía preso el hijo de un batistiano y un grausista le tiraba la toalla. Mañana sería un batistiano el que intercedería por un priísta.

De pronto, esa cubanísima y quizás irresponsable —pero

humana— tradición se tornó cosa del pasado. Se llegó a extremos, sacando en cara los favores: ésos que se hicieron por principios sin esperar recompensa pero que ahora deberían ser reciprocados para salvar vidas. Se hizo necesario pasar la cuenta por haber brindado santuario en la persecución, el escondite oportuno, el asilo en la embajada, la complicidad forzosa, el riesgo compartido, la ayuda espontánea que no mide consecuencias.

No hubo disculpas; un cruel silencio abofeteó al cubano. El "Hombre Nuevo" traía consigo un nuevo eslogan, y "La Revolución no tiene que agradecerle nada a nadie" fusiló al hasta entonces generoso "Mis amigos, con razón o sin ella". La "toalla" había sido llevada al paredón.

Algunos salvaron sus vidas mediante asilo diplomático en embajadas amigas. Otros no perdieron tiempo esperando que llegara a La Habana la caravana castrista que en son de triunfo se desplazaba lentamente desde Oriente hacia Occidente. Se aprestaron a tomar el ferry TMT Havana-Key West y llegaron a su destino con sus familias, equipajes, muebles, automóviles y otros valores. Mi vecina, fiel a la flor nacional de Cuba, cargó con jardineras de loza cuajadas de cubanísimas mariposas y, además, la jaula con la cotorra y el jarrito con la manga de tela para colar café.

Fueron poquísimos los afortunados que aprovechando la confusión de las primera semanas burlaron la vigilancia de los avariciosos saqueadores castristas y lograron sacar de Cuba algunas de sus más preciadas pertenencias. Con los años, nos sorprendería el valor que tendrían en nuestras vidas de exiliados las inscripciones de nacimiento, los certificados de bautismo, las fotos de familia, los títulos y notas universitarios, las recetas de cocina de Carmencita San Miguel, y hasta el cartabón de corte y costura María Teresa Bello, que nos enseñaría a arreglar las ropas heredadas de familiares y amigos que habían navegado con mejor fortuna.

La mayoría —incluídos los apolíticos, los simpatizantes, y aún los opuestos al derrocado régimen militar— salimos desprovistos de los más elementales recursos para el diario subsistir, trayendo sólo lo permitido por las autoridades del aeropuerto José Martí en Rancho Boyeros. Contamos: un "realito", pequeña moneda de diez centavos que sería nuestro asidero y valioso puente para esa única llamada telefónica que haríamos al llegar a Miami; las ropas puestas y sin alhajas de clase alguna; un tubo de lona, bien apodado "chorizo", que con una gruesa cremallera aprisionaba las arrugadas y pocas ropas que nos permitieron sacar. Y lo más desgarrador: nuestros pequeños hijos prendidos a nuestras faldas, todos arrastrando una profunda carga emocional, golpeándonos para siempre en nuestro recuerdo los amenazantes gritos que desde la terraza sobre la pista de aterrizaje coreaban, vociferantes, las jaurías castristas:

"¡Qué se vayan los cobardes!
"¡Qué se vayan los esbirrrrooooos!
"¡Pa-re-dón!...¡Pa-re-dón!...¡PA-RE-DOOOOON!"

Pisándoles los talones a los esbirros siguieron los latifundistas, cuyas fincas eran confiscadas bajo la recién estrenada Reforma Agraria que presuntamente entregaría las tierras a los campesinos. En realidad, ésta sólo les extendió un papel que reemplazaba al propietario legítimo con el Nuevo Amo tras parcelar, a diestra y siniestra, las propiedades cubanas y norteamericanas por igual.

Bajo este epíteto no sólo cayeron los latifundios, sino que también cayeron los hacendados, los colonos, los ganaderos, las pequeñas haciendas productoras, las cooperativas familiares y hasta las mínimas finquitas de recreo. Comenzaron a alzarse los más humildes guajiros.

La madre de Eusebio Herrera se alzó en la Sierra de los Organos y fue apresada con sus cuatro hijos varones; ella sufrió prisión en una cárcel de hombres hasta que, como protesta, sus hijos le prendieron candela a una colchoneta en la cárcel, provocando un incendio que amenazó con quemar el penal completo. El balance total fue de un hijo fusilado y otros tres cumpliendo largas condenas carcelarias como "plantados", dignos presos políticos que no aceptaron abjurar de sus principios ni acatar el adoctrinamiento marxista-leninista.

Nena Correa de González trabajaba en una oficina del municipio pinareño cuando fue apresada por vender bonos contrarrevolucionarios, delatada por el jefe de su grupo Osvaldo Rivera cuando se vio acorralado. Madre de seis hijos, Nena cumplió cárcel con los tres mayores en Isla de Pinos. Dos de éstos figuran entre los primeros alzados. Cuando salieron de la prisión reincidieron y fueron apresados nuevamente hasta cumplir otros diez años, al igual que el tercer hijo. Los tres restantes eran pequeñitos. Hoy, con 80 años, Nena sufre en su salud las consecuencias de los años malvividos en las prisiones Kilo-5 y Guanajay.

Se cuenta que las dos primeras de estas confiscaciones se llevaron a cabo en Pinar del Río al incautarse el gobierno la finca ganadera que en La Mulata tenía Jack Everhart, norteamericano aplatanado y casado con Adelaida Buchanan. Lindando con ésta, bien monte adentro, una finca de recreo en la laguna La Deseada. Esta finca incluía una pista de aterrizaje para aviones pequeños, la casa de vivienda y un coto para la caza de patos, propiedad del cirujano plástico y cardiovascular Dr. Antonio Rodríguez Díaz, que le salvó la vida a Fidel Castro, hijo, tras un gravísimo accidente en los primeros días de 1959. Hoy, es el coto de caza exclusivo de Fidel Castro, padre.

Víctimas de la confiscación de casas y edificios, gracias a la aplastante Ley de Reforma Urbana, cayeron sus legítimos dueños. Siguiéronles, también desprovistos de recursos para la subsistencia propia y familiar tras la intervención y eventual confiscación de sus negocios, los médicos, contadores, comerciantes, arquitectos, ingenieros, empresarios y publicitarios, así como los abogados que se arriesgaban a ejercer libremente como defensores frente a los tribunales revolucionarios del pueblo, y los periodistas, cuyos periódicos o estaciones de radio y televisión fueron asaltados, cerrados, y reemplazados por los medios oficiales del gobierno. Los maestros fueron amordazados y los tradicionales códigos de enseñanza sustituídos por el programa de adoctrinamiento marxista-leninista.

"Si Fidel es comunista, ¡qué me pongan en la lista!"

Seguimos cayendo como fichas de dominó. La llamaron "la revolución del callo" porque cada uno despertaba, del nirvana revolucionario, a la descarnada realidad que vivía Cuba, cuando ésta golpeaba en primera persona, realidad que se tornaba más y más atroz por día. Aplastaba más hondo la pisada de la bota opresora cuando cada nueva ley expoliadora alcanzaba de repente a un nuevo sector de la sociedad cubana, por humilde que éste fuera.

Una respetable señora vendía su rosario de oro y perlas, antigua reliquia familiar, para darles de comer a sus nietos. Su cuenta bancaria y la de su hijo, asilado en una embajada, habían sido congeladas. Ese mismo día, la hermana de Fidel Castro se casaba a toda pompa en la Catedral de La Habana. Lucía un alfiler y espléndidos aretes de brillantes, valiosas joyas que durante generaciones adornaron a todas las novias de una antigua familia habanera y que el gobierno revolucionario se las incautara de su caja de seguridad en un banco. Así, se multiplicaban a diario las confiscaciones, y joyas y valores pasaban a engrosar el patrimonio Castro mientras sus secuaces cantaban:

"¡Gusano!...¡te partieron la siquitrilla!
"¡Qué se vayan los traidores....!
"¡Qué se vayan los cobardeeeeees....!"

Transcurrió el primer año, y para desinformar nos endilgaron unas llamadas Navidades Cubanas. Nos columpiábamos entre equilibrios contrarios. Nos destrozaba el abandonar a Cuba; íbamos a esperar. Algunos anhelaban: "¿Traerán, en verdad, justicia social para el pobre?". Otros, algo más avezados en estas lides, murmuraban con preocupación: "Fulano dice que él quiere darles tiempo y creer en esta gente pero, por si acaso, mandó a sus hijos al Norte, a casa de su hermana". Y los escépticos analizaban certeramente la primera entrevista del Ché Guevara en televisión cuando pronunciara, en más o menos estas palabras, la siguiente aclaración:

...No, Wangüemert, el pueblo está en un error. El gobierno revolucionario no es comunista. Nosotros somos tan de extrema izquierda que los comunistas nos pasan por la derecha. En Cuba no hace falta una revolución económica ni social. Por eso, nosotros tenemos que llevar al país a un caos total, y [moviendo la mano de izquierda a derecha, en gesto horizontal] cuando todo esté a ras de tierra, cuando no haya nada, lo que se construya, lo que surja de ahí, será el logro justo del gobierno revolucionario.

El descontento iba cobrando fuerza. Nos recriminábamos el no habernos involucrado en la política porque, con mal entendida arrogancia, dejábamos eso para otras gentes porque la política era cosa sucia. Y ahora las estábamos pagando todas juntas. Nos aferrábamos a las más frágiles justificaciones frente a los desmanes de los barbudos: ... que si bajaron de la Sierra con los rosarios colgados al cuello no podían ser comunistas...que si Santa Claus era americano, en verdad no "pegaba" con las Navidades Cubanas...que en el peor de los casos, si la cosa comunista cobraba fuerza, los americanos no iban a permitirlo a sólo 90 millas de sus costas... lo dice el himno de los Marines, "From the halls of Moctezuma to the shores of Tripoli..." y Miami está mucho más cerca...¡es casi parte de Cuba!

Se producían algunas protestas. Manolo Salvat, Luis Fernández Rocha, Alberto Müller y otros jóvenes del Directorio Revolucionario Estudiantil se enfrentaban valientemente contra el premier soviético Mikoyan y destrozaban la corona de flores que éste, hipócritamente, depositara a los pies de la estatua de José Martí. Se organizaban pequeñas manifestaciones y alguna que otra riesgosa incursión por las costas, pero eran prontamente apagadas por el rugido de las balas contra el tenebroso paredón.

Otros se aventuraban a huir por mar. Ana Luisa Alfonso y su esposo escapaban en un yate turístico repleto de chinos cubanos cuando fueron descubiertos y ametrallados. En la infame masacre asesinaron a todos los chinos y Ana Luisa, brincando sobre los destrozados cadáveres, fue alcanzada por varios tiros, perdiendo tres dedos y parte de su mano derecha. Inconsciente y casi desangrada la arrestaron y llevaron a dos dependencias de la Seguridad del Estado, la Villa Marista primero y Quinta y 14 después. Cuando una semana más tarde le dieron atención médica, "ya tenía la mano como una naranja podrida, con un enorme hueco y cubierta de moho". Cumplió cárcel en Guanabacoa y Guanajay por salida ilegal del país.

El primero de julio de 1960 el gobierno revolucionario exigió a la Refinería Belot de la Esso Standard Oil, en la bahía de La Habana, que procesara el crudo ruso que había llegado a bordo de un buque-tanque soviético. Si bien fue una oportunidad magnífica para desafiar al nuevo régimen, cierto era que esa refinería había sido diseñada para refinar el crudo venezolano Tía Juana Medium con un bajo contenido de azufre, y el alto contenido sulfúrico del crudo ruso corroería los equipos y las líneas hasta tornarlos inservibles. La muy ansiada negativa administrativa fue causa suficiente para lanzar nuevas acusaciones contra el imperialismo yanqui de "entorpecer el proceso revolucionario". La Esso fue intervenida revolucionariamente ese mismo día, y el 15 de agosto fueron confiscadas y nacionalizadas ésta y demás compañías petroleras y todas las restantes propiedades norteamericanas.

"¡Cuba sí, Yanquis no!...¡Cuba sí, Yanquis no!
"Fidel: ¡seguro!...¡A los Yanquis dáles duro!"

El sentimiento antiyanqui fue cobrando fuerza y hasta el colegio de las Dominicas Americanas, más antiguo que la república, fue blanco de acusaciones conspirativas. Cuando las milicias armadas irrumpieron en los terrenos de uno de sus colegios en La Coronela, su valiente directora, Sister Mary Louis, se enfrentó a ellas y mandó izar la bandera americana, amenazando con crear un incidente internacional y prohibiéndoles la entrada. Con esto, demoraba la intervención del colegio y protegía la integridad física de las monjas. Ya eran de público saber los temidos registros corporales a monjas y sacerdotes en iglesias y aeropuertos.

Mientras tanto, el viejo colegio y convento de las monjas en Quinta y D en el Vedado era apedreado y rotas las ventanas de su capilla, donde muriera el Generalísimo Máximo Gómez. Meses más tarde, ya confiscado, sus valiosos ventanales emplomados fueron removidos y sustituídos por tablones. Hoy sirve para almacenar ropajes del ballet nacional.

"Fidel, Fidel...¿Qué tiene Fidel...?
"¡Que los americanos no pueden con él!"

Yanquis y cubanos, todos los colegios privados correrían igual suerte. La intervención de La Salle no se hizo esperar. Frente al mismo, la suntuosa mansión de Viriato Gutiérrez yacía convertida en cuartel. Desde allí, los milicianos provocaban a los estudiantes por considerar que éstos eran jóvenes privilegiados y, consecuentemente, contrarrevolucionarios en potencia. Aquello era un barril de pólvora.

Con el curso escolar de 1960 comenzaron a esparcirse los rumores sobre la Ley de la Patria Potestad. ¿Se repetiría la historia? ¿Serían enviados nuestros hijos a Rusia como sucedió con miles de niños españoles durante la Guerra Civil? ¿Nuestros hijos? ¡NO! Teníamos que ponerlos a salvo, sacarlos de Cuba. Habría que actuar apresurada y muy discretamente.

Se desató la histeria colectiva. Por miles, comenzamos a solicitar visas en la embajada americana, inventamos parentescos, buscamos frenéticamente en el interior las maletas que ya escaseaban en La Habana, interesamos vacunas y certificados médicos, empacamos lo absolutamente necesario para sobrevivir unos meses de exilio hasta que el agua volviera a su nivel. Buenos amigos americanos nos pagaron los pasajes con dólares, y para respaldar nuestras visas garantizaban con declaraciones juradas y *affidavits* que no seríamos carga pública en los Estados Unidos. Había que irse y pronto.

Obtener y mantener el poder a toda costa fue el santo y seña en la conducta política y revolucionaria de Fidel Castro. Los pretextos ideológicos vendrían después. Como vendrían también la aviesa capacidad de simulación para atraer adeptos y la inhumana crueldad para tratar a sus adversarios. No todos pudieron salir. Otros sí lo logramos. Y al partir, atrás dejábamos, como símbolos de la resistencia heroica, a miles de hombres y mujeres que con su dignidad y amor patrio salvarían "el decoro de muchos", que dijera José Martí.

NOTA BENE

Resultaría casi imposible, aún para versados autores, el recoger y proyectar, en su trágica magnitud, el via crucis de las mujeres que han sufrido, y sufren, el rigor del presidio político en cárceles y centros de detención del gobierno castrista. El Confidencial del G-2, la Villa Marista, Quinta y 14, Guanabacoa, Guanajay, Baracoa, La Cabaña, América Libre, El Caney, Kilo-5, Nuevo Amanecer, y Manto Negro, guardarán por siempre entre sus paredes los secretos más íntimos de esta ignominiosa tragedia.

Esta presentación no pretende ser exhaustiva y tampoco sigue un orden cronológico al uso. Grosso modo, estamos presentando tres secciones. La primera trata sobre quiénes son estas mujeres y cómo se involucraron en la lucha anticastrista, llevando sus testimonios hasta sus arrestos y sentencias. La segunda, para evitar repeticiones, resume la cárcel compartida. Finalmente, la tercera nos revela lo que ellas encontraron al salir de ese oscuro túnel. Observarán que, en algunos casos, ha sido necesario romper este esquema para facilitar una mejor comprensión de sus experiencias, la mayoría de éstas ya olvidadas, y reconstruidas para este libro bajo fuertes cargas emocionales.

Lo que aquí relatamos es sólo una ínfima muestra de lo que pudiera y debiera ser una enciclopedia de testimonios. Quedan fuera de este libro, mientras se conjugan el poder y el deber, miles de valerosas mujeres que con increíble estoicismo y amor patrio entregaron a Cuba los mejores años de sus vidas. Otros, más capacitados que quien escribe estas líneas, podrían hacer de este libro una pieza antológica.

Yo sólo he querido, a través de mis propias lágrimas, rendirles un homenaje a estas heroínas, a los hombres y mujeres que colaboraron en la divulgación de su calvario, y a Humberto Medrano, el hombre que, cuando "Nadie Escuchaba", sí escuchó, y se dio por entero a la santa causa de su libertad.

COMIENZA LA CRUENTA
ODISEA DE LA MUJER CUBANA

Esta sección nos presenta un corte ejemplar de la mujer cubana en la lucha anticastrista. Nos dará acceso a sólo unas pocas y nos dirá quiénes son, cómo se involucraron en esta santa guerra, los peligros que arrostraron mientras convertían en hechos concretos su ideal patrio, y cómo fueron apresadas. En la mayoría de los casos, su relato se extiende hasta el juicio; en otros, hasta sus primeras experiencias en prisión.

En esta sección, algunas historias parecen quedar truncas. No es así. El lector se habrá familiarizado con nombres e idiosincrasias y con ellas reirá sus ingenuidades, gritará sus protestas, se indignará con su indefensión, y se enorgullecerá con su heroísmo.

Más adelante, en el Sistema Carcelario, el lector se podrá adentrar en sus testimonios y, con el relato conjunto, comprenderá la odisea de La Cárcel Compartida.

POLITA GRAU

Polita Grau fue, desde los quince años, la revolucionaria por antonomasia. Fueron muchos los momentos de incontables peligros y duros reveses que encaró con estoica firmeza en cinco exilios durante los gobiernos de Machado, Batista y Fidel Castro, hasta caer bajo la brutal represión de este último y sufrir 14 años de inhumana prisión. Pero, escuchémosla:

Cuando comenzó en Cuba la lucha política entre grupos...todo fue tan distinto a lo que yo vi cuando llegó Fidel Castro. Por ejemplo, a Batista yo le hice mucho daño; yo conspiré en Cuba muchísimo cuando dio el golpe del 10 de marzo. Tío estaba por la parte política y yo estaba con Carlos Prío por la insurreccional...

...Yo daba viajes a Miami trayéndoles dinero de Prío a los muchachos de la FEU y andaba en todos esos movimientos mientras Esteban Ventura Novo le decía a Batista: "Presidente, hay que coger presa a Polita Grau, porque cada vez que agarro a un bandolero de ésos, o Polita le trasladó las armas, o Polita le consiguió la casa, o Polita le consiguió el exilio, pero ella está en todos lados"...

...Batista agarró el teléfono y llamó a mi madre: "Paulina, me da mucha pena decirle esto, pero aquí tengo a Ventura Novo diciéndome que ya le es imposible restringir a Polita y que cada día se vuelve más arriesgada. Como usted comprenderá, yo no puedo coger presa a Polita — por ella, por usted, y por el Doctor. Así es que yo le sugiero que, a más tardar a las seis de la tarde, usted la ponga en un avión para Miami". Mi madre le contestó, "Así lo haré. Le agradezco su aviso"...

...Fíjate qué manera más distinta de actuar, ¿no? En igualdad de condiciones, Fidel Castro me metió en una cárcel 14 años y me hicieron horrores...

...Cuando llega la noticia de la huída de Batista, todo estaba listo para el regreso, pero Carlos Prío no las tenía todas consigo. Se preparaba un golpe para el 4 de enero y ya Tony Varona estaba allí. Caramés y Aureliano [Sánchez Arango] estaban en camino, con armas, con barcos. Pero Fidel se nos adelantó. ¡Bandolero! Para llegar él solo; siempre quiso llegar solo y, desgraciadamente, el pueblo de Cuba estaba con él. Aureliano tuvo que esconderse y logramos sacar a Caramés...

...Yo no quise regresar enseguida a Cuba. Como yo estaba en el "inside" del golpe de Carlos, me parecía terrible lo que estaba surgiendo con Fidel. Comenzaron a llegar a Miami mis amigos batistianos. José Manuel Alemán me había dicho, "Ahí te dejo la casa para todos los que lleguen y se quieran quedar, porque se la van a coger los acreedores"; y efectivamente, se iban unos y llegaban otros.

Cuando finalizó el curso escolar de su hija en mayo de 1959, Polita regresó a Cuba con su familia. Tan pronto tocó suelo cubano, se dio a la tarea de buscar un grupo afín a sus ideales y trayectoria para incorporarse a trabajar: el Directorio, el MRP, o cualquier otro. Fue así que reencuentra a Tony Varona quien encabezaba un nuevo grupo llamado Rescate, bajo la coordinación de Albertico Cruz. Coincidentemente, su coordinadora femenina dejó el cargo y éste fue ocupado por Polita, con Albertina O'Farrill como asiladora, y con otros menesteres a cargo de Carlos Guerrero, valiente colaborador que posteriormente fuera encausado con Polita.

Crearon una red de espionaje que centralizaba información de toda la Isla y que además escondía perseguidos, asilaba, recogía dinero, buscaba santuarios y transportaba alzados. Cada provincia tenía una mujer al frente, como las valientes Queta Meoqui y

31

María Orta. Una distinguida dama de Matanzas, María Dolores Núñez y Nuñez de Beato, encabezó su provincia. Rodeada de una amorosa familia y una vida muelle, nadie sospecharía que en la señora Beato palpitaba la sangre mambisa de su padre, Indalecio Núñez, que murió en los inicios de la Guerra de Independencia, y de su tío, el General Emilio Núñez. Como jefa de unidades, lo mismo escondía a perseguidos que se adentraba en el campo para llevarles comida y dinero a los alzados en El Escambray.

Muy pronto, el coronel Alvarez Margolles, Polita y otros viejos conspiradores comenzaron a preparar la eliminación física de Fidel Castro. Les falló el primer intento en un entierro al que Fidel asistiría. Decidieron que mejor sería por envenenamiento.

— Nunca estuvo Fidel más cerca de la muerte. Ya teníamos las pastillas de cianuro en nuestro poder, pero al muchacho que las serviría se le quedaron en su casa el día que Fidel se apareció en el Habana Hilton y pidió un batido de chocolate. Cuando Fidel le dijo, "El batido está exquisito", el joven le contestó, "Pues si viene mañana, le hago uno mejor porque me llega un chocolate muy superior a éste". Y Fidel fue. Y el muchacho trajo las cápsulas y las puso en el hielo. Y cuando fue a sacarlas estaban tan adheridas al hielo que se partieron, quedando inutilizables. Nuestra frustración fue terrible, devastadora; teníamos listos la casa para el escondite y el asilo en una embajada...

...Pero surge el ofrecimiento a mi hermano "Mongo" [Ramón Grau] de dirigir la Operación Pedro Pan para la cual, aparte de la Iglesia Católica y sus parroquias en toda la Isla, necesitaríamos la ayuda de todas las mujeres de Rescate para facilitar la salida de los niños del interior al igual que de la capital. Beatriz Pérez López y Alicia Thomas, la secretaria de Mongo, fueron puntales de aquella operación y eventualmente cayeron presas. Empezamos a sacar niños de toda Cuba; fue una cosa muy hermosa. Con la cooperación de la KLM y la Pan American sacamos a 14,000...

...Con el G-2 frente por frente, había cola para entrar a nuestra casa por el fondo. El rumor de que el gobierno asumiría la patria potestad de todos los niños hizo que cundiera la desesperación. Para los niños teníamos una autorización llamada "visa waiver" que abolía el requisito de visa para entrar a los Estados Unidos. Pero esta autorización no era extensiva a los padres. Fue entonces que Israel Padilla, el inmenso "Borico", se las agenció con Albertico Cruz para conseguir unos cuños de visa americana para los padres que tuvieran pasaporte. Un día a la semana, nos reuníamos Borico, Toribio Bravo y yo y tirábamos de doscientos a trescientos pasaportes con su visa tricolor que salía de lo más bonita...

...Durante mucho tiempo, Tío recibía paqueticos con pasaportes que los padres nos dejaban cuando Mongo y yo estábamos fuera de casa, pero Tío no entendía lo que estaba pasando y me decía, "Que bien que estén ayudando a los niños pero, chica, cuídense, me parece que están trabajando demasiado"...

...Mientras tanto, Rescate seguía haciendo sus maldades con la información que recogía de toda la Isla. Si Cuba le compraba unas guaguas a Italia, pasábamos eso a los Estados Unidos y ellos le quitaban las piezas de repuesto a esa compañía y la estrangulaban. Con cada cosa que averiguábamos le empeorábamos al gobierno cubano la situación...

...Un buen día, se terminó aquello de "Fidel Castro no se mete con los Grau". Cogieron preso a Carlos Guerrero, que era de los viejos del 30, de mi época, porque yo soy vieja y estoy infiltrada en esta generación. Carlos era un tipo serio, decente, guapo a todo, y nunca sabremos qué barbaridades le hicieron pero lo convirtieron en un verdadero robot que delató a Albertico Cruz y a otros. Fue de tal magnitud, que cuando llegó el juicio y decían, "Falta uno, no están todos, falta uno", era porque Carlos Guerrero había muerto de un infarto en prisión. No pudo resistir más...

...Cuando Machado y cuando Batista, si uno conspiraba lo agarraban enseguida y ya. Los comunistas no. Lo rodean a uno de infiltrados en el trabajo, en la calle, en la casa. En casa teníamos a una mujer que mi madre recogió por piedad. Era del G-2. Ella tenía acceso a nuestros dormitorios, y cuando yo salía, revisaba cuanto papel yo dejaba sobre mi cama...

...Carlos Guerrero trató de citarme en mis dos casas-contacto, las de Lolita Formoso y de Herminia Suárez, la apoderada de Tío, para entregarme. Pero yo me finjí enferma, ya sabiendo que Carlos había entregado a Albertico. Y la mentira se hizo verdad. Con mis 49 años yo estaba teniendo graves trastornos de menopausia y la Dra. Díaz Villar me puso a guardar cama en reposo absoluto...

...José Luis Pelleyá ya estaba preso y esa madrugada cayeron Manolo Companioni y Alberto Veitía. De pronto, nuestra casa estaba rodeada por carros del G-2, esperando que Mongo y yo saliéramos. Pero nosotros no salimos; si querían agarrarnos, que entraran por la fuerza. Y así lo hicieron. Mongo había acompañado a Tío a ponerle flores a su madre en el cementerio, cosa que hacía casi a diario. Un carro del G-2 los siguió y regresó sin arrestar a Mongo, porque tenían a Tío de testigo. Pero ya no pudieron esperar más...

...Entraron y se llevaron a Mongo a golpes, arrastrado por el piso y sangrando por una oreja, porque él se resistía y le dijeron que me llevaban a mí también. Tío gritaba de desesperación por nosotros y les decía, "¡Ya yo estoy viejo!...si se los llevan, ¿quién se va a quedar conmigo, quién me va a cuidar?" ...Y un sinvergüenza de ellos le dijo, "Esto es para que usted no vuelva a darle palmacristi a la gente". Y toda Cuba lo sabe: jamás Tío le dio palmacristi a nadie. Tío se abalanzó sobre él con la muleta y por poco se cae...

...Cuando vinieron a buscarme me le escapé a Tío por la cocina. Allí me despedí de mi sobrina Mary Grau, mi hermana de crianza María Dolores, Elsa Díaz y mi querida negra Panchita, ya vieja como yo. Nenita Caramés estaba afuera con Tío. Ya en prisión, me contó Nenita que cuando él supo que me habían arrestado levantó los brazos al cielo, clamando, "¡Auxilio!"...

...Me llevaron en bata de casa para el G-2 en Villa Marista; ya el G-2 no estaba frente a casa. Le encargaron a una señora hacerme una requisa y cuando me quitó la ropa exclamó, "¡Oigan, esta señora tiene que ir para el hospital!" y le contestaron, "No, ella va para la celda de castigo". De mala gana me dieron un poco de algodón y me mandaron para la celda de castigo. Allí encontré a Caridad Navarrete, la primera presa política que vería en el G-2. La celda estaba casi a oscuras pero pude comprender su gesto de que guardara silencio y pude leer en la pared un pensamiento de Aleja Sánchez Piloto. Eso me confortó; me hizo sentir bien el saber que estaba cerca de personas que habían luchado conmigo...

...Primero estuve con Caridad y una chinita en una celda helada. Luego me llevaron a otra donde estaba una muchachita tuberculosa que sacaron a los pocos días. En ese vaivén ya empecé a entender el juego de estos sinvergüenzas: su idea era que en mi casa había millones, y si sacaban a Grau y a sus sobrinos de Cuba se quedaban con los millones. Pasamos meses discutiendo; yo, que en casa no había tales millones y ellos, tratando de desprestigiar mi familia con cuentos horrendos sobre francachelas y sinvergüencerías. Sí era cierto que los sábados y domingos el grupo conspirador se reunía en la piscina de casa para conspirar. Y las viejas primas de mamá iban también. Pero, de ahí a las historias sucias que inventaban no había paralelo...

...Igual que me acosaban a mí en el G-2, a Tío le hacían la vida imposible con esto de los millones; a él le pedían tres o cuatro millones. Estaban tan obsesos con nuestro rescate que ilusionaron a mi pobre hermano Pancho para que, pagándose su pasaje con mucho sacrificio, fuera desde México a Cuba. Allí le propusieron que consiguiera los millones entre sus amigos, a cuya desvergüenza él se opuso rotundamente...

...Cuando la redada de Playa Girón, arrestaron a los hombres de la casa para llevarlos al G-2. Tío agarró sus muletas y se puso en la fila. Al decirle ellos, "Usted no, doctor, usted no", se indignó y les contestó, "Entonces, ¿qué está usted sugiriendo, que yo no soy hombre?". Y sólo pudieron obligarlo unos que salieron del G-2 y lo agarraron en el parquecito de la Quinta Avenida. Yo me desesperaba pensando en las necesidades que estaría pasando porque él no tenía dinero; era verdad. Un buen amigo nos daba la ayuda que podía porque Tío sólo recibió un dinero que le dieron por sus propiedades y mucho tiempo después, ya estando yo presa en América Libre, le daban 500 pesos al mes por haber sido presidente...

...Me tuvieron siete meses en el G-2 bajo las peores torturas sicológicas y físicas. No hay nada peor que querer dar de cuerpo, llamar y que no la llevan a una; entonces vienen cuando ya una no tiene deseos. Después de repetirse esta tortura varias veces, no pude aguantar más y moví el vientre, agachada en una esquinita de la celda. Cuando vino la guardia protestando, yo le dije, "Si me trae un cubo con agua yo lo limpio". Así seguí moviendo el vientre y orinando en mi esquinita y la guardiana se llevaba el cubo. Jamás me sacaron al baño; ésa era parte de la tortura. Las comidas las dan a deshora; o muy seguidas o muy distantes para que una pierda noción de horas y días. Me enseñaban fotos para identificar a cada preso que agarraban, a cada sospechoso. Años más tarde, la Niña de El Escambray me describía una celda bajo tierra en el G-2, muy oscura, con las paredes pintadas de negro, pero yo no la creía porque ya estaba un poquito loca. Pero ya en libertad, mi hermano Mongo me describió esa celda, la misma en la que él había estado...

...El maltrato sicológico era tal que un día que me regresaron a la celda tras un cruel interrogatorio cargado de calumnias sobre mi familia y amenazas contra mi persona, yo estaba como loca y de pronto oí un piano que tocaba el vals Sobre las Olas, que era el favorito de mamá y que tocó por última vez horas antes de morir. Eso se repitió algunas veces y yo sentía como que ella me estaba acompañando...

...Otra experiencia que tuve una de las veces que me llevaron de Guanajay al G-2 fue que en mi soledad de varios meses en esa celda, oí a un hombre llorando. Yo había compuesto una rumbita a "La Chavala, la mulata más linda de Guanajay" y la empecé a cantar para que el hombre se diera cuenta que era una mujer, una presa, la que estaba cantando y el hombre se controló, no lloró más. Entonces, comenzamos una clave. Después de la última comida —no había manera de distinguir si era de día o de noche— él tocaba la pared y yo empezaba a cantar; a veces él tocaba, pero yo estaba muy cansada del interrogatorio y no cantaba. Un día, no tocó más la pared. Se lo habían llevado. Como éstas eran celdas de castigo, probablemente lo fusilaron. Yo soñaba con encontrarlo en la calle un día y decirle, "Usted estaba llorando y yo lo consolé con mi canto...".

CARY ROQUE

Una viva muestra del peso que cargó sobre sus hombros la juventud cubana es Caridad Roque. Con sólo 19 años de edad, trabajaba como locutora y actriz en CMQ Radio, actriz de telenovelas en CMQ Televisión y en la exitosa obra teatral "Los Malditos". Además, estudiaba periodismo en la escuela Márquez Sterling. Como tantos otros jóvenes de su generación, Cary creyó honestamente que la revolución traería a Cuba un estado de derecho sin golpes militares y con un absoluto respeto a la Constitución de 1940.

Poco le duró la ilusión. Casi desde el primer día comenzó a ser testigo de la violencia desatada dentro de la propia CMQ. Se sintió defraudada por la revolución, pero aún más por las represalias en contra de quienes querían desligarse del sistema. El director de la escuela de periodismo, el Dr. Quintana, fue destituído y reemplazado por Carlos Rafael Rodríguez. Los alumnos que no simpatizaban con el nuevo régimen fueron depurados y hasta se les prohibió acercarse a la escuela.

Algo similar sucedía en la CMQ. A diario, las también actrices Violeta Jiménez, Raquel Revuelta y Maritza Rosales presionaban a todas las demás para que se inscribieran en las recién estrenadas milicias. "¿Cuándo vas a unirte a las milicias, Cary? El domingo hay guardia". Esta pregunta se repetía con marcada insistencia. Un día, en tono conminatorio, Violeta Jiménez la emplazó: "Estoy hablando contigo, Cary Roque, ¿cuándo vas a ser miliciana?" A lo que Cary ripostó, "Nunca, porque yo no nací para andar con un fusil arriba; yo tengo una carrera, una educación, y me gustan los pantalones sólo como ropa de sport, no como uniforme".

Claro está que el círculo se le cerraba cada vez más, pero Cary había prometido a su madre no involucrarse en actividades contrarrevolucionarias y trataba de mantenerse alejada de éstas aunque participó en alguna que otra reunión política. Pero las promesas se las lleva el viento cuando hay que tomar decisiones mayores. Conoció a Margot Rosselló y a pesar de la cautela con que se movía entre tanto revolucionario arribista, se produjo una inmediata identificación política entre ellas. Margot y su hermana Mercedes conspiraban con el MRR, el Movimiento de Recuperación Revolucionaria, cuyo coordinador nacional en ese momento era Máximo Díaz Delgado. Cary comenzó a conspirar en acción y sabotaje; era un hermoso esfuerzo de entrega total y desinteresada, especialmente por parte del Directorio, el grupo estudiantil.

Las tres formaban parte de la misma célula y ayudaron al alzamiento de Lino Bernabé en la Sierra El Escambray. Su esposa, valiente mujer, a pesar de estar embarazada lo acompañó hasta el final. Esta fue una de las últimas operaciones que realizarían.

— El 17 de abril nos encontrábamos Margot y yo en la clínica El Sagrado Corazón con Mercedes, quien había tenido un embarazo extrauterino. La casa de Mercedes, junto al Parque Zoológico, era el cuartel general de operaciones: de ahí salían y para ahí bajaban de El Escambray, era casa de contactos, casa de seguridad, sede de estrategias; todo allí era "Top Secret"...

...Desgraciadamente, nuestro grupo fue infiltrado por un muchacho llamado Pepe Silva, a quien Mercedes defendía apasionadamente y juraba que era como un hermano. El trabajaba en la Base de San Antonio de los Baños y allí tenía un contacto muy bueno que nos suministraba granadas, armas y demás. Ese fue su vínculo para entrar al movimiento. Nos denunció a todos y denunció la casa...

...En el hospital, Mercedes nos pidió que nos fuésemos para la casa porque Betty, su niña, estaba sola con la tata. ¡Qué sorpresa nos llevamos! Allí estaba escondido el sobrino de Mercedes, fugado de la cárcel de Santa Clara. Y dentro de la casa, todos estaban presos. La tata de la niña, asomada a la ventana de la cocina, nos abría los ojos indicándonos que algo andaba mal pero ¡olvídate!, no nos dieron chance. Saltaron sobre nosotras con armas largas y al grito de, "Cogimos a las que esperábamos" nos apresaron en aquella enorme redada. Hasta el abuelo de las Rosselló, sobre su anciano pecho las medallas de veterano de la Guerra de Independencia, cayó preso. Pudo salvarse "El Gordo" Manolo Salvat, que salió con nombre y apellido falsos. Si lo identifican, Manolito hubiera sido un paredón...

...Aquella recogida fue tan grande, tan loca, con cientos de miles de presos, que a veces creo que llegamos al millón. Tras ocho horas de detención en casa de Mercedes, nos llevaron de madrugada para el MINFAR, Ministerio de las Fuerzas Armadas Revolucionarias, donde nos esperaba Barba Roja Piñeiro y, junto a él, Pepe Silva. Margot y yo nos miramos y ambas pensamos, "Bueno, aquí confirmamos lo que tanto dijimos y Mercedes negaba: Pepe nos ha denunciado". Años más tarde, nos dijeron que lo habían fusilado por robar armas para venderlas...

...¡Caer presas el 17 de abril! Con todos los cuadros de la resistencia listos para cuando llegara la invasión, ésta nos tomó por sorpresa, nos agarró desarticulados y sin información. Nuestros nombres estaban en listas desde hacía mucho tiempo. Nuestras vidas no valían un céntimo:

"¡Paredón, paredón, para saya y pantalón!"...

...Barba Roja me lanzó a la cara un montón de fotos tomadas por Pepe Silva durante un trasiego de armas, instándome a confesar que las mujeres en las fotos éramos Mercedes y yo. Yo hasta llevaba puestos los mismos espejuelos que en la foto, pero lo negaba una y otra vez. Fueron momentos muy duros. Fusilaron a muchos sin juicio. Por suerte, el esposo de Mercedes ni sabía que ella estaba conspirando, así es que el infiltrado no pudo delatarlo. El pobre hombre estaba lívido al saber lo que estas tres mujercitas venían haciendo en su casa y a sus espaldas. Así y todo, estuvo preso varios meses y salió loco...

... En aquellos días de Bahía de Cochinos, el paredón no cesó de funcionar. Todo preso que tú te encuentres hoy y que estuvo en La Cabaña en aquella época, te contará cómo llegaban a las galeras y decían: "Tú, tú y tú, Fulano, Mengano y Zutano...", sin juicio ni nada. Pero igual sucedía en cualquier estación de policía y aún más en el propio MINFAR...

...A Mercedes la apresaron en el hospital. Le querían quitar los sueros, transfusión y demás, pero su médico se les encaró para explicarles que ella estaba muy grave tras operarla del embarazo extrauterino. Dijo que la mantuvieran bajo custodia, pero que no la movieran. A Margot y a mí nos llevaron, por separado, para el G-2. Aquello era terrible, imagínate que en un solo cuarto habíamos más de 70 mujeres. Allí sólo encontré a una conocida, Juanita, que trabajaba en CMQ. A su esposo le ocuparon una planta de radio; él logró escapar y la agarraron a ella. Allí comencé a conocer a las que con los años se convertirían en mis hermanas. Mi verdadera hermana, Gloria, trabajaba con la Pan American y la sacaron para Miami; no volví a verla en 20 años...

...Poco después de un mes en el G-2 me trasladaron con un grupo para una casa tapiada a unas dos cuadras de allí; creo que había sido de uno de los dueños de la tienda El Encanto. La habían subdividido en celdas con dos literas cada una; a mí me tocó compartir por mucho tiempo con una muchacha muy inteligente que logró salir en libertad, María del Carmen Muñoz y Grau. Era de la Juventud Católica, la Universidad de Villanueva y el Directorio, pero nunca lograron ubicarla y la soltaron. Allí conocí a Reina Peñate y a Noelia Ramírez, a quien apodaríamos

"La Preciosa". Allí estuve bajo interrogatorios constantes, de día y de noche, durante dos meses y medio. No me dejaban dormir; a veces me sacaban y me dejaban sola, por horas y horas, en un salón helado...

...El peor de los interrogadores, el más sinvergüenza, era Idelfonso Canales. Me presionaba mucho amenazándome con fusilar a mi padre si yo no hablaba; mis padres ni sabían de mí desde el 17 de abril, así es que seguro me daban por muerta. Pero, Saturno se come a sus propios hijos y también así la revolución. Al igual que a Pepe Silva, a Canales lo fusilaron por traficar con dólares...

...Un día me dejaron ver a mis padres durante 15 minutos. Mi madre estaba totalmente destruída de los nervios y mi padre era un anciano; en un mes se había puesto blanco en canas. Se veía como que le habían robado la vida. A su pregunta, les confesé que yo era culpable y que allí estaría por muchos años. No volví a ver a mis padres hasta que me trasladaron para Guanabacoa...

...El 22 de septiembre de 1961 se dictó nuestra sentencia en un juicio con Pelayito "Paredón" de juez y Flores Ibarra de fiscal, la combinación clave para la pena de muerte. La pidieron para 18 hombres, y las condenas más severas para Mercedes y Margot Rosselló y para mí. Mi abogado, de apellido Fernández, vino recomendado por Dora Rivas, quien estaba defendiendo a Robert Morton el vice-presidente de la Pepsi-Cola, acusado de ser agente de la CIA y para quien pedían la pena de muerte que luego conmutaron. Eramos 102; nuestra causa era la 238 pero mezclaban causas para confundir y había gente del MRR, de Rescate, y de la Unidad de apoyo a Bahía de Cochinos. Conmutaron algunas penas pero fusilaron a siete hombres. Fue un juicio desgarrador, con la sala atestada de familiares que gritaban su angustia cuando dictaban sentencia de muerte. Al finalizar el juicio procedían a la apelación pero sólo ratificaron las penas de muerte y a nosotras tres nos rebajaron las condenas a 20 años...

...Nos sentaron en orden alfabético y junto a mí quedaba Angel "Polín" Posada Gutiérrez, joven lleno de vida, revolucionario y ex-capitán del Ejército Rebelde para quien pidieron pena de muerte. Su esposa Norma Albuerne, presa y con tres meses de embarazo, quedaba en primera fila. El me tomó la mano y apretándomela fuertemente, me dijo, "Lo único que voy a pedirte, Cary, es que la cuides y que mi hijo nazca en un país libre"...

...En ese juicio condenaron a muerte a Aldo Vera estando prófugo. Al comandante de la Marina de Guerra Revolucionaria Gonzalo Miranda le conmutaron la pena de muerte. Muchos venían del Movimiento 26 de Julio; era una conspiración netamente salida de las filas de la Revolución. Era un juicio de mucha fuerza por estar involucradas las tres armas, el Ejército, la Marina y la Policía. Importantes personalidades y varios embajadores estaban presentes incluyendo el de Inglaterra. Aquello era un constante forcejeo. Tras cada sentencia de muerte el preso quería abrazar a sus hijos, a su esposa, a sus padres, por última vez...

...Cuando terminó el juicio, los familiares se tiraron arriba de los que iban a fusilar y los policías, los cascos militares, los PMs, a culatazo limpio nos golpeaban a todos...hacían un cerco y nos separaban. Mundito, el sobrino de Mercedes, estira las manos y nos dice, "Cuídense", y un PM con la bayoneta calada nos da un fuerte culetazo a Mercedes y a mí. Al tratar de interponerse Mundito, cargó contra él con otro culatazo...todo esto a la vista y gritos de los familiares...

...Los nuestros nos halaban para que no nos metieran en la jaula. Cuando a empujones nos montaron en la jaula para llevarnos a la cárcel de Guanabacoa, los familiares le cayeron atrás a la jaula mientras se oían los gritos de los que iban a fusilar...¡horrible, horrible! ¡aquello era Pandemonium! Polín corrió junto a Norma y entonces la arrastraron a ella; Mercedes perdió el conocimiento en pleno juicio y hubo que sacarla en camilla. Eramos 110 acusados y casi 400 familiares. Nunca olvidaré la cara de mi padre apretando los puños y mordiéndose los labios, cargado de impotencia...

...Cuando llegamos a Guanabacoa, las noticias del juicio habían precedido a nuestra llegada y las presas estaban rezando un rosario con María Cristina Oliva, rogando porque no hubiera fusilamientos. Al traer nosotras la mala nueva, se renovaba el dolor de cada una. Si no era el hermano, era el esposo, si no, el hijo. Cuando una iba a juicio, las demás nos quedábamos rezando. Mujeres que hasta ayer fuimos desconocidas, hoy, en el dolor, éramos más que hermanas.

ALBERTINA O'FARRILL

Alberto O'Farrill y Alvarez, abogado y notario, era el poseedor del último mayorazgo que ostentó su padre como descendiente del Rey de Irlanda. Con la fortuna familiar en ruinas tras la guerra, se dio a la tarea de trabajar y encausar en estudios a sus cinco hermanos. O'Farrill y su cuñado Miguel Angel de la Campa, diplomático de carrera, establecieron su propio bufete. Eventualmente, trabajaron juntos en la Liga de las Naciones y juntos firmaron el Tratado de Paz de la Primera Guerra Mundial. Y toda la familia regresó a Cuba para el nacimiento de la primogénita, Albertina.

Además de una esmerada educación recibida en Cuba y en los Estados Unidos, Albertina creció en un ambiente de refinamiento y cultura, colmada de todos los beneficios que disfrutaría una señorita de la alta sociedad. Nadie hubiera sospechado en aquel entonces que sus viajes y relaciones a niveles monárquicos y diplomáticos servirían un día para salvarles las vidas a ricos y pobres y a miles de niños cubanos, desatando con esto la ira de Fidel Castro.

Cuando Fidel Castro toma el poder, Albertina era la secretaria particular del entonces Ministro de Defensa, su tío y padrino Miguel Angel de la Campa. Había trabajado con él en el Ministerio de Estado y viajado a importantes eventos oficiales en otros países incluyendo México, donde vivió cuatro años y ayudó activamente a los franceses libres durante la Segunda Guerra Mundial.

A su regreso a Cuba, contrae matrimonio con el joven médico Rafael Montoro y continúa una intensa vida colmada de actividades sociales y obras benéficas, pero su trayectoria anterior y carácter inquieto la mantienen al tanto de la política y los pasos de Fidel Castro. Un ex-presidente colombiano y contactos diplomáticos en Washington le cuentan detalles de varios hechos de sangre relacionados con Fidel Castro, el "Bogotazo", el asesinato del líder estudiantil Manolo Castro, el asalto al Cuartel Moncada y otros. En sus frecuentes visitas a la capital de los Estados Unidos, se reúne con grupos de cubanos y americanos, alertando sobre el peligro que Fidel Castro representaría tanto para Cuba como los Estados Unidos.

Los rosarios colgados del cuello de los barbudos de la Sierra no la engañarían. No obstante, mientras se producía el éxodo masivo de cubanos, Albertina decide permanecer en Cuba con su madre y sus tres hijos, consciente de que los cubanos necesitarían de ella y de sus contactos. Las amistades enraizadas a lo largo de su vida, en Cuba y en el exterior, servirían ahora para salvar vidas y le rendirían buenos frutos.

Los excesos cometidos por los barbudos y los líderes de aquella revolución "más verde que las palmas" teñían con sangre las cárceles, las calles y los campos, pero Albertina resistía junto a su madre y sus tres hijos sin abandonar Cuba. Su esposo permanecía como embajador de Cuba en Holanda, pero la separación termina por destruir el matrimonio. Asesorada por amigos y sacerdotes, pero desgarrado su corazón, accede Albertina a poner a sus hijos a salvo enviándolos a vivir con su padre y su nueva esposa Katherine Caragol, mujer muy distinguida y de extraordinarias calidades humanas, quien se convirtió en comprensiva madre para los tres.

Mientras tanto, Albertina protegía a los hijos de otras madres, y sus amigos diplomáticos comenzaban a cuidar de ella, cada vez más involucrada en la contrarrevolución. Desde el primero de enero de 1959 empezó a asilar adultos y a exiliar niños clandestinamente con la operación iniciada por Pancho Finlay y su esposa Bertha de la Portilla, y que luego, bajo el nombre de "Pedro Pan", continuarían en forma más estructurada Polita y Mongo Grau.

Hasta caer presa en 1965, con los embajadores de Suiza, Bélgica, Brasil y Holanda, el encargado de negocios de España que entonces no tenía embajador, y otros del mundo occidental, pudo interceder y salvar las vidas de muchos condenados a morir por fusilamiento. Por medio del embajador de México logró que a los hermanos Grau Sierra les fuera conmutada la pena de muerte por una sentencia de 30 años. El agradecimiento del pueblo de Cuba a estos amigos tendrá reconocimiento en su día y no ahora, porque desde la cárcel Albertina continuaba pidiendo asilo para los más comprometidos, y esquiva darnos más detalles para no comprometer a quienes tanto la ayudaron.

Un antiguo pretendiente, José Enrique "Cucú" Bringuier, entonces recién salido de la cárcel, visita a Albertina para llevarle recados de su primo preso, el valiente abogado y diplomático Andrés Vargas Gómez, nieto del prócer Generalísimo Máximo Gómez, así como varias peticiones de ayuda de algunos presos para salir del país. Albertina lleva a Bringuier a varias embajadas y a la nunciatura papal, más que todo para que él pueda detallarles a los presos los esfuerzos realizados. Ahí reverdece aquel primer amor de adolescentes y contraen matrimonio.

— En 1964 comienzan a caer los nuestros. Agarran a José Luis Pelleyá, a Alberto Belt, a Polita Grau y a Margocita Calvo. Mis amigos me aconsejaban asilarme pero traté de seguir siendo útil en la calle. Trataba de mantener frescos los contactos que había establecido durante tantos años, ya que cuando un embajador se retiraba se llevaba a su país con él. Uno de ellos me brindó asilo sin yo quererlo siquiera, pero el 27 de abril de 1965 caigo presa y me celebran juicio dos años más tarde, ¡algo inaudito! Como yo no confieso nada, no acepto los delitos que me quieren imputar y no pueden probarme nada, me condenan "por convicción", que era un crimen peor que un atentado contra la vida misma de Fidel Castro...

...Me tuvieron seis meses en Seguridad del Estado y año y medio en la cárcel de Guanajay. El mes y medio que estuve incomunicada en Seguridad fue algo espantoso: sin saber cuándo era de día y cuándo era de noche; me decían que mi madre estaba presa, que mi esposo había sido fusilado, que iban a atentar contra mis hijos en Miami. Cuando me sacaban de allí para interrogatorio parecía una loca, llevaba semanas sin bañarme, sin peinarme, con los pelos parados, llena de morados en todo el cuerpo porque no eliminaba. Me llevaban al piso de los hombres donde todos los inodoros estaban tupidos para que yo orinara cuando no tenía deseos y viceversa, y a veces orinaba pero no podía dar de cuerpo. Contraje hepatitis y uno de los guardas me decía, "Usted se va a podrir, usted se está muriendo". El único que me ayudó era un médico de Seguridad del Estado, el Dr. Márquez. Pero jamás lograron que yo hablara, nunca delaté a nadie.

Mucho afectó a Albertina el confinamiento a que estuvo sometida durante dos años. Este aislamiento y la falta de higiene, atención médica y alimentación dejarían una huella indeleble en su salud. Durante su encarcelamiento comió harina con gusanos y gorgojos, y padeció glaucoma, hipertensión, envenenamiento de la sangre y un coma hepático, entre otras enfermedades. La autobiografía que recoge en detalle su extraordinaria trayectoria, "De Embajadora a Presa Política", es un documentado testimonio.

— Mis carceleros sentían un odio visceral contra lo que ellos llamaban "mi clase", pero poco a poco fueron dándose cuenta de que habían sido engañados. Tras 12 años de conducta intachable en la cárcel y dos más en arresto domiciliario, sin ceder a presiones ni delatar a nadie, aprendieron a respetarme. Y cuando salí, yo, que antes hablaba hasta por los codos y metía un mítin-relámpago en cualquier esquina ya fuese en Lisboa, Washington o dondequiera por defender mi causa, había aprendido a ver, oir y callar, a no compartir la causa de Cuba con los que no la amaban, no la entendían o no la querían entender.

NENITA CARAMES

Tres realidades marcan perjudicialmente a Gloria "Nenita" Alvarez ante las turbas castristas. Nenita es una bella estampa de la mujer cubana y fácil blanco de la envidia; es comadre de Polita Grau, la coordinadora general del movimiento Rescate dentro de Cuba; y es la esposa del Coronel José Manuel Caramés, connotado combatiente contra el comunismo que logra evadir la persecución y sale al exilio. La hija de ambos, María del Pilar "Piluca" Caramés, con sólo 11 años de edad ya era blanco de burlas y acusaciones por parte de sus amiguitas tras la intervención castrista del colegio religioso al que ésta asistía.

En 1959, Nenita Alvarez comienza a trabajar en la Embajada de la RAU [República Arabe Unida] al negarle el gobierno cubano el permiso para salir del país. Es entonces que Nenita se convierte en voz de alerta hacia este cuerpo diplomático, de fuerte raíz nacionalista, que ve con buenos ojos el aparente nacionalismo de los castristas. Les habla de las confiscaciones arbitrarias, la brutal represión y la ausencia de procesos judiciales y se gana para su lucha la simpatía del grupo, convirtiéndolos en decididos colaboradores. Con este fuerte apoyo une sus esfuerzos desde dentro de la embajada a los de Polita en el movimiento Rescate, facilitándosele el sacar documentos desde la casa de Polita en Quinta Avenida y 14 en Miramar hacia la RAU en Quinta Avenida y 18.

Rescate tenía como misión el emitir visas falsas para sacar niños cubanos hacia los Estados Unidos, asilar en embajadas extranjeras a los perseguidos por la Seguridad del Estado, esconder a quienes necesitaban santuario, y otras actividades similares, siendo Nenita la coordinadora del área comprendida por Guanabacoa, Santa María del Rosario y barrios adyacentes. Convencida del inminente fracaso del régimen castrista, descansaba una de sus responsabilidades en ciertos preparativos, previos al ansiado desplome del gobierno, para desadoctrinar a los niños y explicarles por qué ella y sus aliados habían combatido el comunismo, preparándolos así para un sistema democrático.

La noche del 19 de junio de 1965, se celebraba en la embajada de la RAU una elegante recepción, coincidiendo con que Nenita se disponía a recibir la valija diplomática acompañada por el Secretario de la Embajada Saad Hibraim Yousef, un hombre de familia y padre de siete hijos que se entregó a la lucha y ayudó extraordinariamente. Es más, siendo un mahometano muy respetable, se prestó a aparentar ser el compañero de fiestas de Nenita y así justificar públicamente el acompañarla en esos trajines.

Polita ya estaba presa pero necesitaba un favor del embajador de la RAU: sacar de Cuba una valiosa información, un paso muy comprometedor para él. Sólo Nenita quedaba libre de las 16 que integrarían la misma causa penal: Albertina O'Farrill, Alicia Toma, Hilda Feo Sarol, Nena Nitze, Margot Calvo, Julia Calvo, Estrella Arián, y otras valerosas mujeres. Nenita introduciría en la valija los documentos señalados por Polita, un voluminoso paquete con datos sobre las bases militares que los rusos estaban instalando en Cuba.

Sólo las embajadas latinoamericanas son signatarias del acuerdo de asilo político, así es que Nenita siguió el consejo del Secretario Hibraim y presentando una tarjeta de éste pidió asilo al Encargado de Negocios de México, quien a regañadientes le concedería asilo a ella pero no así a su hijita y a sus ancianos padres, por lo que entonces quedarían como rehenes del gobierno. Rechazando el ofrecimiento, y consciente de que la esperaba el mismo automóvil que la venía siguiendo a todas partes, Nenita regresó a la fiesta de la embajada en el carro diplomático que la había llevado a la gestión con México, le informó a Hibraim sobre el hecho y en el mismo carro se fue a su residencia de entonces, la casa de su hermana a la entrada de Guanabacoa, en las afueras de La Habana, a esperar lo peor. Su residencia, la finca de su propiedad, había sido "tomada revolucionariamente" por las huestes castristas y a punta de ametralladoras Nenita y su hija fueron expulsadas de su casa.

Piluca la estaba esperando y Nenita la alertó sobre lo que podría suceder. Con una inusitada madurez para sus 11 años, la niña compartió el sentir de su madre, diciéndole que si ése era el precio a pagar por su amor a Cuba, que estaba bien pagado. A la una de la madrugada, poco después de dormirse la niña, los ocupantes del carro que la seguía rodearon la casa y en un alarde de fuerza la arrestaron en bata y zapatillas de casa, sin siquiera dejarla vestirse. La hasta entonces llamada Gloria Alvarez fue llevada a la tenebrosa Villa Marista de la Seguridad del Estado, donde permanecería incomunicada por más de cuatro meses y convertida para siempre en "Nenita Caramés".

Tras subir unas angostas escaleras, llegó a una sala que más bien parecía un matadero de reses, con unos sobrecogedores portones de metal y un frío inaguantable. Allí la recibió el que se identificó como jefe de la Seguridad del Estado, Carlos Muñoz Antón, quien recalcando el "Nenita Caramés" constantemente, y frente a sus reiteradas negativas de culpabilidad, le mostró un voluminoso *dossier* contentivo de sus actividades contrarrevolucionarias y presuntas denuncias hechas por las otras presas que ya la habrían denunciado.

— Me llevaron para la Celda 82, que es la celda de castigo. Allí me encuentro con Albertina O'Farrill, de mi causa. Al enfrentarnos, ella, que llevaba presa desde el mes de abril, era una loca. Lo que me encontré era un ser enloquecido pero logra hacerme señas de que no la reconozca, posiblemente porque entre aquellas mujeres estarían las situadas por el gobierno para delatarnos. Al momento de sacar a todas para dejarme sola, pudo alertarme Albertina, a quien llevaban para el hospital, "Mira, no niegues tu culpa y dí la verdad porque lo saben todo, ya no hay remedio; no te encierres en el "no" porque te van a hacer sufrir mucho; te dejo estas pastillas porque en muchas noches no te van a dejar dormir". Por su crítico estado de nervios, la presión alta y los trastornos circulatorios que le tenían amoratado todo el cuerpo, le daban esas pastillas que ella acumulaba semana tras semana...

...A la Celda 82 no se le ven el piso ni el techo ni las paredes a pesar de una mortecina lucecita amarillenta más sobrecogedora que la propia oscuridad, una verdadera tortura. Había una cama, pero la sacaron al entrar yo y me dejaron en el apestoso piso raso con una lata de chorizos para hacer mis necesidades. El aire helado acrecentaba el hedor que despedía aquella lata inmunda. Y cuando ya estaba congelándome de frío me cambiaban a un asfixiante aire caliente...

...Los preámbulos del primer interrogatorio se centraron en mi esposo, Caramés. Pero pronto comenzaron a indagar sobre mi ayuda a Polita. Y frente a mi rotunda negativa la evidencia clara: miles de niños ya estaban fuera de Cuba por nuestras actividades. No tuve otra alternativa que admitir lo obvio. Súbitamente, surge la pregunta que yo realmente temía. Yo había escondido a tres de la CIA en mi casa, entre ellos a una valerosa jovencita, Margarita Carrillo, sobrina de Justico Carrillo, ferozmente perseguida por las autoridades. ¿Dónde mejor esconderla que en mi casa, junto a mis padres y mi hija, mientras Polita le conseguía el asilo y yo la llevaba hasta la embajada? Otro era Israel "Borico" Padilla, ya mayor y enfermo...

...Cuando me preguntan por Margarita yo lo niego enfáticamente y me lo creen, pero cuando me preguntan por Padilla la cosa cambia. Resulta ser que cuando yo lo saco de mi casa para entregarlo a los que lo iban a asilar, éstos eran de Seguridad del

Estado. Padilla desaparece por nueve meses y nosotros lo creíamos ya en Estados Unidos cuando en realidad estaba preso; acabaron con ese pobre hombre. Mientras más me preguntaban por Israel Padilla, más feroz era mi negativa, porque mi temor era que mi confesión arrastrara a mis padres también, hasta que me traen a una muchacha que me acompañó a llevar a Israel y a quien no quiero inculpar, pero como la cogieron antes que a mí y me creía presa, ella lo contó todo...

...Al confrontarme frente a los de Seguridad del Estado, me dice, "Mira, Nenita, dí la verdad; fíjate en cómo estás de destruída, te van a seguir maltratando". Era cierto que yo estaba como una loca, en un estado terrible: no comía, no dormía, me sacaban a distintas horas, de noche, madrugada, me sacaban de una oscuridad total para una luz cegadora, del frío al calor, era una situación de angustia, los portazos de metal, aquellos gritos, aquellos alaridos de los hombres que estaban siendo torturados. A mí no me torturaron físicamente, pero hubiera sido mejor que aquel maltrato sicológico que no me abandonaría jamás. Hasta el más refinado de los maltratos era inaguantable: tras un encierro hermético y una soledad absoluta, te llevaban a interrogatorio y en silencio, por ratos interminables, con un bolígrafo comenzaban a dar golpecitos insoportablemente lentos: tac, tac, tac, tac...

...Al oir el absurdo razonamiento de esta muchacha, hasta entonces mi compañera de esfuerzos, salté sobre ella llena de furia, ajena a mi proceder de siempre. Cuando me reintegran a la celda, ya yo no puedo apenas razonar, estoy completamente enajenada. Oigo toser y creo que es mi papá; ya estoy más allá de todo control. Saco las 40 pastillas de Albertina y como no tengo agua me las tomo con los orines y desperdicios que tengo acumulados en la lata.

Casi moribunda, Nenita fue llevada al hospital y tras varios lavados de estómago que logran salvarle la vida le traen a su hija para confrontarla con reproches. "Mira a tu madre, lo religiosa que es y lo que ha hecho". Pero la niña, en vez de recriminar a su madre, se enfrenta valientemente a sus carceleros y los increpa: "¡Comunistas, me han matado a mi madre!".

Nenita Caramés se estremece incontrolablemente reviviendo su relato y a nosotros se nos hace necesaria una pausa muy profunda y cargada de emoción para aquilatar, en su justa medida, el ensañamiento de que son capaces estos crueles fanáticos y la resistencia que logra desarrollar una mujer, entregada hasta el sacrificio supremo, por amor a su patria.

— No me he recuperado más nunca. Pero ahora te voy a contar algo que con la excepción de Polita y Albertina nadie sabe, ¡ni Piluca! Total, la verdad es lo que cuenta y hay que decirla: buena, mala o regular. Mi hija conocerá la historia a través de este libro...

...Ya habían logrado destruirme; mi cabeza no funcionaba bien. Ahora tengo 63 años y estoy mayor, pero cuando joven era bonita y muy coqueta, muy zalamera. Cuando salgo de allí, ya con la amenaza de que me van a llevar a mi hija para Rusia y encarcelar a mis padres, el jefe de Seguridad del Estado, Carlos Muñoz Antón, me hace una proposición: "Mira, si tú haces ver que vas a trabajar para nosotros, yo te saco de aquí...¿por qué lo voy a hacer?...no te lo voy a decir hasta que tú estés afuera"...

... Pero, ¿cómo iba yo a creerle a aquel hombre nada de lo que me decía? En realidad, me estaba diciendo la verdad y ya explicaré por qué. Pero mi reacción estuvo cargada de histeria: "¡Nunca!... ¡ni muerta!"... "Bueno, pues pierdes a tu hija, no está en mis manos. Hay una mano aquí, superior a mí, que odia a tu marido y está empeñado en destruirte a tí y a tu familia, en especial a la hija de Caramés...Así es que tú tienes que cooperar con nosotros y hacer el papel; yo te doy mi palabra". Pero yo no le creía...

...Entonces vino a verme un día y me trae un enorme brillante en la mano —que pensé se lo habría robado de casa de los Grau cuando saquearon la casa llevándose hasta las prendas que allí guardaban de amigos que habían abandonado el país— y me dijo: "Toma, yo sé que vas a salir de aquí, déjame ayudarte", y me lo puso en la mano, que con un brusco gesto yo rechacé. El estaba extremadamente nervioso, y me repetía: "Nenita, ayúdame, dí que sí, que no te cuesta ningún trabajo, si no tienes que delatar a nadie ni hacer más nada..." Pero yo estaba como loca, yo era un guiñapo humano, ya no me dejaban ver a mi hija. Ya exhausta de discutir, al fin le dije, "Está bien, está bien"...

...El siempre venía vestido de militar y ese día venía con una guayabera arrugada, mal vestido. De pronto, me agarró ambas manos y apretándomelas me gritó, "¡Toma el brillante!...¡Tú sabes dónde ponértelo!", insinuándome cómo podía esconderlo. Yo lo tiré y de un salto me puse de pie, porque me asustó su brusquedad. Entonces, halándome hacia él, me dijo, "¡Pero no seas bruta, chica, ¿no te das cuenta de que te quiero ayudar, de que te quiero sacar de aquí, de que veo cómo te quieren destruir?...¿no te das cuenta?!...".

...Entonces, cuando él me tiene las manos agarradas entre las suyas, abren la puerta y aparecen dos jefes de Seguridad del Estado que cierran la puerta suavemente. Al día siguiente se llevaron preso a Muñoz. Fue entonces que comprendí la realidad de que él sí quería ayudarme...¿Cómo me entero de esto? Durante meses dijeron que a Muñoz lo habían desaparecido, que lo habían fusilado. Pero el que era su chofer, y que ahora estaba expulsado de Seguridad del Estado con otros leales a Muñoz, manejaba los taxis que llevaban a los familiares de los presos a las prisiones. Muchos meses más tarde, conduciendo uno de esos taxis, tomó como pasajera a Mary Grau, prima de Polita, que iba a visitar a sus hermanos. Al identificarla, comentó, "Oiga, ¡mire que esos Grau dieron quehacer en Seguridad del Estado!...Yo era chofer del Jefe de Seguridad del Estado Carlos Muñoz, que ahora está condenado a un montón de años porque se enamoró de una de las muchachas de la Causa de Pola Grau, una trigueña muy bonita, creo que de apellido Caramés..."

...Yo no creo que estuviera enamorado de mí sino que, aunque era comunista de la vieja guardia, en el fondo él sentía admiración por Caramés, porque me hablaba de él con simpatía. ¡Qué iba yo a creer que en realidad me quería ayudar! Y esto demuestra que era verdad: a todas las presas las entrevistaban tres o cuatro tenientes; a mí, sólo me entrevistaba él.

Tras la desaparición de Muñoz, trasladaron a Nenita para la cárcel de Guanajay, construída bajo la presidencia del Dr. Grau San Martín para las presas comunes. Allí, perdida la noción del tiempo, tras meses sin aseo, con escasa alimentación y sin tener el alivio de una condena ya sabida, transcurrieron 18 meses sin que le celebraran juicio. Al desnudarla en Guanajay para uniformarla, le encontraron una sayita interior amarilla, que en vieja tradición y cumpliendo promesas hechas a la Virgen de la Caridad del Cobre, llevaban algunas mujeres en Cuba. Al querer quitársela a la fuerza aludiendo que la sucia y ya harapienta sayita era un ritual de Santería, Nenita lo niega y defiende la saya con todas sus fuerzas, teniendo así su primera confrontación al llegar a Guanajay.

Al ser llevada a Ingreso, reconoció a varias encarceladas bajo otros encausamientos y a algunas de sus propias compañeras menos a su comadre Polita Grau, de quien la mantuvieron aislada. Entre ellas encontró a Bertha Machado, hija del ex-presidente Gerardo Machado, una monja llamada Aida Pérez que posteriormente moriría en prisión por falta de atención médica, un grupo de santiagueras encausadas por salida ilegal del país —a quienes entonces llamaban "lancheras" y hoy llamarían "balseras"— y Albertina O'Farrill. A ésta, para atormentarla aún más, un teniente entrevistador le dijo en Villa Marista, "Nenita se suicidó con las pastillas que tú le diste". Ahora, en Ingreso, ambas estaban con 85 mujeres hacinadas en una habitación inmunda, compartiendo las moscas, la basura, la inaguantable fetidez.

Desde su largo confinamiento en Villa Marista, Nenita recurría a la oración en los momentos más negros de su desventura. Angustiada, al borde de la locura ante la presión de perder a su hija, clamaba a Dios por una muestra, una señal de que El no la abandonaría en su dolor, que le enseñara el camino a seguir para ceder o no a la proposición que le hacía Muñoz. Y en la espesa oscuridad de su celda palpaba piso y paredes, pulgada a pulgada, en busca de un intersticio, una grieta, una luz que albergara la respuesta.

Una noche, totalmente fuera de control, gemía y gritaba por la tan ansiada prueba. Ahí, al extender la mano hacia un rincón, tropezó con un papelito de papel de estraza. Al tomarlo y desdoblarlo con mucho cuidado, comprobó que alguien, con extrema destreza, había rasgado bordes y doblado esquinas hasta formar con un solo pedazo de papel una cruz anudada al centro. ¡Había hallado la respuesta! Sólo su inquebrantable fe en Dios hizo que Nenita soportara, sin quebrarse aún más, las condiciones infrahumanas que permearían los días y las noches de su cautiverio.

— A los tres días de estar en Guanajay, me llevaron ante un grupo grandísimo de militares y me situaron bajo unas luces muy fuertes. Allí me dieron disculpas por el comportamiento tan "reprobable" de Muñoz y yo aproveché para reclamar la salida de mi hija del país, permiso que le seguían negando. Claro, ellos me echaban en cara que la niña era "hechura de los Grau" porque el Dr. Grau la sabía muy madura y la alertaba contra Rusia y le explicaba la historia real de Cuba, no la que los castristas ya habían tergiversado. Además, ella se les enfrentaba con una valentía increíble...

...Mi angustia no tenía fin, pensando en cómo estarían resolviendo sus necesidades mis padres y mi hija sin mí, especialmente la niña con el asma y sin medicinas...¡si sólo lograra la salida! Sentada una tarde en el huerto de la cárcel, donde trabajábamos, vi una cosita que brillaba, semi-enterrada en la tierra prieta...era una medallita de La Milagrosa, a quien yo le había encomendado a Piluca. Cuando me incorporaba de recogerla, las muchachitas gritan desde el fondo del huerto, "Nenita Caramés, ¡arrodíllate!". Y veo con asombro que estaban sacando de la capillita un óleo de La Milagrosa. Ante esta coincidencia, rompo a llorar y le imploro a la virgencita que proteja a mi hija y la ayude a salir de Cuba...

...Cuando a Polita Grau le daban visita, era en un cuartico fuera del penal, pero nosotras podíamos ver de lejos el automóvil del Dr. Grau y a veces el chofer me saludaba con la mano. Esta vez, no obstante, me hacía señas con insistencia. Hasta las muchachitas notaron que él trataba de decirme algo. Con mucho disimulo logro acercarme un poco más y discierno el movimiento de sus labios diciéndome: "¡Piluca se fue!". La alegría fue general, coreada de gritos y aplausos. Cuando regresé a mi celda y salí de la euforia, dí un grito de "¡Pilucaaaaaaa!" e inexplicablemente, de un salto, alcancé y me aferré a los barrotes de una alta ventanita por donde se veía el cielo mientras seguía gritando por mi hija. Finalmente, una enfermera logró zafarme de allí. Pisos, paredes, todo a mi alrededor estaba grabado con el nombre de mi hijita...Yo quedaba destrozada, pero mi hija ya era libre...

MERCEDES CHIRINO

Muy pronto comenzaron en el llano los desmanes de "los barbudos" bajados de la Sierra Maestra. Lentamente, y desde oriente hacia occidente, avanzaba la columna del triunfo con Fidel Castro como desafiante mascarón de proa sobre un tanque de guerra, a cada hora más endiosado por los arribistas que se incorporaban a la imponente caravana. A su paso, sin asesoramiento legal de clase alguna, los tribunales revolucionarios impartían sentencias de muerte a diestra y siniestra, a todo lo ancho y largo de la Isla. Sólo bastaba que se alzara un índice acusador para llevar a un pobre diablo ante el pelotón de fusilamiento o para imponerle a un inocente injustas y desmesuradas condenas carcelarias.

Una de las primeras víctimas de esta infamia fue Mercedes Chirino, destacada líder obrera del sector tabacalero. Huérfana desde los seis años, ella y sus hermanos sufrieron miseria, y desde muy joven comenzó a trabajar en las vegas de tabaco para sobrevivir. Los votos de sus compañeros la convirtieron en dirigente laboral. Mucho luchó Mercedes para lograr que las jóvenes obreras recibieran un aumento por la picadura, que se pagaba a sólo cinco centavos. Cuando se desploma el gobierno de Batista, ya ella tenía preparada una asamblea entre las provincias tabacaleras de Pinar del Río y Las Villas habiendo logrado un aumento hasta de 20 centavos en el interior de la Isla ya que en La Habana no se cortaba la picadura, allí sólo se despalillaba.

En reconocimiento a su liderazgo, Mercedes fue invitada a formar parte del Consejo Consultivo del Presidente Batista. Este nombramiento le costó el arresto por las huestes fidelistas en enero del 59 y el encarcelamiento en Mantilla hasta marzo del 61. Pocos días después de ser puesta en libertad, se esconde en casa de su antigua secretaria, Gloria Mejía. Para no comprometer a la familia, Mercedes se entrega a los barbudos, la arrestan de nuevo y la llevan al tenebroso G-2, falsamente acusada por unos presuntos compañeros de Caimito del Guayabal, una zona no tabacalera y jamás visitada por Mercedes.

Esposada y custodiada por seis barbudos armados con fusiles, Mercedes fue paseada en humillante desfile por la Calzada de Rancho Boyeros y otras calles hasta llegar al cuartel, sin permitírseles a su hermana y otros familiares el tener acceso a ella.

De allí la llevaron en un carro patrullero hasta el G-2, donde permaneció incomunicada por varios días, comprobando las escenas de horror que caracterizan a ese antro infernal. Sufriendo la impotencia de no poder brindarle ayuda, allí presenció cómo abortaba una joven maestra, también acusada en falso, casi desangrándose en medio de la indiferencia de sus carceleros.

— Yo fuí encarcelada en Guanabacoa, pero al producirse el desembarco en la Bahía de Cochinos, me regresaron al G-2, donde tuvo lugar un encuentro muy interesante. Mientras yo estuve presa en Mantilla se llevó a cabo el cierre del Barrio de Colón [zona de tolerancia en La Habana]. Durante la redada, les dijeron a estas mujeres los peores horrores de Raquel Valladares, de mí y de las demás presas políticas para provocar choques, pero no lo lograron. Inclusive, una a quien llamaban Julita "Macho" le pidió un favor a mi hermana. Esta se lo resolvió y le llevó el encargo a Mantilla sin aceptarle un centavo...

...Me llevaron nuevamente para Guanabacoa y me pusieron con las presas comunes. El Dr. Labrit, que me había operado de un seno en el Instituto del Cáncer, trató de verme, pero nosotros éramos los malos, de lo peor. Cuando me entraron a la galera, me aferré a la reja y así pasé toda la noche hasta que amaneció, temblando y haciendo mis necesidades...

...Aún prendida de la reja, veo aparecer a una mujer a quien reconocí y le grité, "¡Ay, es Julita Macho!". Esta se paró y cuando me identificó amenazó a las comunes, "¡Oiganme todas, quien toque a esta mujer es muerta!". Por eso la recuerdo, era una mujer de la calle, una cualquiera, que quiso protegerme en medio de aquella temible galera...

...Mentiría si dijera que ellas me trataron mal o se metieron conmigo, pero el salón de las comunes era horrible...con aquellas mujeres de la peor ralea, de todos los tipos, de todos los colores. Cuando las presas políticas supieron que yo estaba engalerada con las comunes, les gritaban, "¡Ella no puede estar ahí, sáquenla de ahí!"...Tras mucho batallar, mi abogado, el Dr. Tamayo, logró cambiarme para la galera de las políticas...

...Un mes más tarde, volví a mi casa. La habían saqueado. Allí guardaba las compras que yo iba haciendo a fines de cada año para repartirles juguetes a los niños y darles ropas y zapatos a mis compañeras en el campo. Yo protegía a los míos, en lo oficial y en lo particular.

Hoy, a los 84 años bien cumplidos, Mercedes Chirino entreteje sus recuerdos y el reconocimiento que le han brindado instituciones e individuos, haciéndole menos dolorosos los achaques de una salud muy quebrantada y una vida que se le escapa entre las manos sin haber podido regresar a sus amadas vegas de tabaco.

MARIA DE LOS ANGELES HABACH

Maestra de tercer grado en el Colegio Baldor y estudiante de Pedagogía en la Universidad Católica Santo Tomás de Villanueva, María de los Angeles Habach y su hermana vivían en la Congregación Rosa Mística mientras su familia se trasladaba desde Sagua La Grande hacia La Habana. Su hermano Eduardo Habach, que a la sazón residía en la Agrupación Católica, dirigía un programa dominical por televisión titulado "El Hombre y Dios", que presentaba la Santa Misa y un programa de formación, que a veces enfocaba la sicología y otras los sistemas sociales, económicos y políticos.

Un día el programa devino en enfocar el paralelo entre el capitalismo y el comunismo, y fue intervenido por el gobierno castrista, advirtiéndosele a la Iglesia que de entonces en adelante el programa tendría que ser revisado antes de salir al aire. Su hermano se opuso, el programa fue cancelado y comenzó el acostumbrado hostigamiento que eventualmente alcanzaría a María de los Angeles. La dirección de la propia Agrupación le pidió a Eduardo que se mudara para no comprometer a los demás, propiciando esto que las dos hermanas se mudaran para el pequeño apartamento donde ahora residiría Eduardo. Poco tiempo después se les unieron sus padres.

— La Acción Católica tenía una obra muy bonita llamada Vanguardias Apostólicas. Los fines de semana íbamos a los pueblos y caseríos más pobres cercanos a La Habana. Visitábamos casa por casa y en la iglesia bautizábamos a los niños, cantábamos acompañadas por guitarras, poníamos películas para todas las familias y llevábamos al Dr. Ruiz Leiro para atender a los enfermos. Era una linda labor puramente religiosa y social. Pero ahí las cosas comenzaron a ensombrecerse. Un día, le pedí a mi amiga Teresita Alvarez que si ella conocía a alguien que estuviera conspirando en contra de lo que ya yo percibía como comunismo, que me pusiera en contacto. En el balcón de su casa, en la calle Línea, le pedí a Dios que guiara mis pasos para combatir a su peor enemigo, el comunismo...

...Entonces ella me presentó a Reynol González, quien estaba con el MRP, Movimiento Revolucionario del Pueblo. Yo pude trabajar con el MRR, Movimiento de Recuperación Revolucionaria, que era el grupo católico. Pero como eso no venía por embullo sino por asociación, me uno al MRP en su grupo estudiantil, con el que yo tenía experiencia. Allí estaban Roberto Jiménez, Raúl Fernández Rivero, Panchito Guerra, Gloria Solano, Pepe Eslami [sic], y otros...

...Teresita y Reynol se casaron clandestinamente y estaban juntos todo el tiempo, pero pronto ella salió en estado, por lo que él me pidió me fuera a trabajar con la sección obrera. En sus reuniones él me pedía opinión sobre los asistentes, yo buscaba asilo en las embajadas para nuestra gente, y me convertí en su persona de confianza. En el interim conocí a Roberto Torres, que más tarde sería mi esposo. La barriga de Teresita traía jimaguas y era tan grande que se convirtió en un estorbo para todos y un peligro para ella, así es que logramos convencerla de sacarla para Miami...

...El 4 de agosto de 1961, Roberto, mi novio y coordinador provincial obrero, cae preso en una redada en la que cae la gente de El Encanto, con Telesforo Fernández, coordinador nacional obrero del MRP, pero no los identificaron y se salvaron del paredón, condenándolos a sólo 20 años. Visitando a Roberto en la cárcel supe que Reynol también estaba preso y traté de avisar a los otros. Todos me aconsejaron que me asilara, el movimiento comenzaba a debilitarse aunque siempre había filas de repuesto...

...Yo nunca había hecho sabotajes aunque sí participaba en el traslado y escondite de armas. Pero cuando hizo falta gente responsable para quemar algunas tiendas, Roberto se opuso a que yo participara. El sí, pero yo no. De todas formas, en aquella reunión se repartieron las petacas incendiarias para las acciones de sabotaje y a mí me tenía que llevar un individuo cuyo nombre de guerra era Emilio. También estaba encargado de quitarle el sello a mis petacas. Estas debieron ser entregadas por Antonio Veciana, pero se había ido en una lancha, y las repartió Izquierdo, que se había quedado en su lugar como coordinador de sabotajes. A él también le pedirían pena de muerte. Por alguna razón Dalia [Jorge] cogió miedo; como tenía más experiencia, a ella le darían las petacas que demoraban menos tiempo en explotar y a mí las que demoraban más, por si me trababa en algo que yo tuviera tiempo de reaccionar. Dalia y yo intercambiamos las petacas y gracias a ese cambio hay algo que los castristas pierden de saber, porque sabían todo lo demás: quien te llevaba, quien te traía. Dalia lo sabía todo hasta que se reunió con nosotros en la casa, pero de ahí en adelante no supo más nada...

...Emilio me llevó hasta Fin de Siglo, que yo había visitado esa misma mañana para estudiar el mejor lugar donde colocarla. El le quitó la cinta a mi primera petaca y cuando entré a la tienda ya estaba caliente. La segunda la puse en el tocador de señoras, calculando exactamente la hora del cierre de la tienda para asegurarme de que no habría nadie adentro. Así, salí con el último timbre que salieron las empleadas...

...Pero a Dalia la cogieron en Sears. Para mí, que todo eso estaba preparado. Tan pronto la cogen a ella, empiezan a revisar todas las tiendas. Mis petacas ya estaban prendiendo cuando las encontraron...Uno de los cargos más severos que ellos me hacían era que en mi casa se habían repartido las petacas y yo declaré que yo misma las había repartido, recibidas de Tony Veciana; total, ya él estaba a salvo...

...Una vez que lo visité en la cárcel, Roberto me dijo que le avisara a Dalia Jorge que tratara de asilarse porque estaban preguntando por ella. Dalia Jorge fue un personaje muy conocido después. Yo logré darle el recado pero ella rechazó la oferta de asilo diciéndome, "No, no, yo no me asilo, yo me voy a esconder en una finca". Aparentemente, estuvo escondida una semana y volvió a reaparecer. Se dijo que el personaje en cuestión estaba infiltrada en el grupo y había tenido un romance con uno de los fiscales Flores, de quien quedó embarazada. Infiltrada o no, parece que ella le contó todo a él y comenzaron a seguirnos a todos...

...Mis padres no aprobaban los riesgos que yo tomaba pero siempre respetaron mis decisiones. Ya mi hermano estaba asilado en la Embajada de Venezuela tras correr graves riesgos posteriores a la intervención del Colegio Baldor. El 15 de octubre de 1961, estando mi mamá en Misa, vinieron a apresarme. Cuando anunciaron que iban a hacerme un registro, les expliqué que estaba en pijamas y que compartía el cuarto con mi hermana. Al preguntarme cuál era mi parte les mostré la de mi hermana, que registraron y no encontraron nada. Cuando me llevaron para el G-2 en Quinta y 14, mi madre, que era más G-2 que ellos, registró mi mitad, ¡y la encontró llena de armas y panfletos contrarrevolucionarios! Prontamente, localizó a los muchachos del grupo para alertarlos...

...Antes de comenzar a interrogarme en el G-2, aquel hombre me dijo, "Párate y camina. Vuélvete a sentar. Te describieron tal como eres". A mí no me gustó mucho aquello. Pero bueno, comenzó a leer un largo mamotreto donde aparecían todos mis cargos. En mi casa se había hecho una reunión donde estaban Dalia Jorge, que iba a quemar la Sears, y otros compañeros que iban a hacer otros sabotajes. Y aquel hombre me relata la reunión completica, inclusive que en el comedor estaban mis hermanos escribiendo a máquina. Alguien habló...

...Pasan varios días y me llevan a interrogatorio con los ojos vendados y dentro de un camión blindado. Creo que me llevaron a Las Cabañitas, pienso que era La Coronela, donde Reynol escribió su libro, lugar sombrío con las paredes tapizadas y que antes fue una hermosa residencia, ahora dilapidada y maloliente, con todas las ventanas tapiadas. Se podía oir algo, pero nada podía verse. Sobre el piso cubierto de cenizas y colillas de cigarros, un colchón, negro de sucio, mugriento. En el techo, unos reflectores potentísimos y el aire acondicionado enfriando a unos 30 grados Fahrenheit. Las ventanas estaban tapiadas con maderas. Había un baño y una reja para que el posta pudiera mirar para adentro. No te podías mover. Allí te retiran todas las pertenencias y sólo te dejan lo puesto...

...Te quitan todo lo que puedas usar para cortarte las venas, ya que muchos lo intentan para evadir las torturas. Aquel es un lugar de torturas. Yo oía cómo torturaban a los de al lado mío. A mí me torturaron mentalmente los sicólogos rusos pero no me torturaron físicamente. Cuando me llevaban a interrogatorio, me vendaban los ojos y me ponían cordones eléctricos en el piso, diciéndome, "¡Cuidado, que pisas la corriente!".

[Fue durante esta etapa que Mary Habach se autodisciplina a tal extremo para olvidar caras, nombres y teléfonos que pudiera revelar involuntariamente durante los interrogatorios, que aún hoy no ha logrado recuperar esa parte de su memoria. Este caso se repite una y otra vez entre las heroínas de este recuento, hasta el punto en que con frecuencia nos enfrentamos a enormes lagunas en sus recuerdos y, en especial, con respecto a nombres, fechas y lugares del período carcelario.]

— Me preguntaban que cómo yo conocía a Reynol. Y me insistían en que él había hablado de mí. Yo no soltaba prenda y contestaba repetidamente que él estaba casado con una amiga mía. Por fin, el interrogador gritó, "¡Bien, basta ya!...¡tráiganlo tal como está!". Y me escondieron detrás de un bar. Cuando preguntaron, "¿Usted conoce a Mary Habach?" y oí la voz de Reynol contestando, "Sí, yo la conozco de la Calle G, porque es amiga de mi esposa", yo salí de mi escondite y no podía dar crédito a mis ojos...

...La cabeza de Reynol era un balón de grande, el cuerpo estaba todo hinchado. Era como un sapo pero con una cabeza enorme. Ellos se fueron y nos dejaron solos. Intercambiamos pesar por los demás, que estaban siendo torturados, y Reynol me dio instrucciones de que nadie se dejara torturar por no entregarlo a él porque ya, en ese mismo instante, él iba a aceptar los cargos en su contra. Insistía en que si él aceptaba confesarse culpable en la televisión les conmutarían las penas de muerte a los muchachos...

...Por mi parte, yo le insistía en que yo sí podía cargar con las culpas porque a mí no me estaban torturando físicamente. No volví a ver a Reynol, pero en la pared del G-2 dejé escrito, "Aquí estuvo Mary Habach". Cuando subieron a los muchachos a interrogatorio ellos supieron que yo había estado allí...

...A los muchachos, entre otras muchas torturas, los metían cabeza abajo en un pozo; cuando los sacaban medio ahogados les preguntaban nombre, dirección y no sé cuántas cosas más. Y les repetían el mismo proceso una y otra vez. Esto duró tres días y tres noches, manteniéndolos de pie, sin dejarlos dormir. Eran unos monstruos...

...A nosotros nos servían la comida en "platos de perros", de lata, pero un día, al preso junto a mi cuartico le dieron uno de loza y con un pedazo del mismo se cortó las venas. Yo oía los gritos de, "¡Se cortó las venas, se cortó las venas!". Aquel pobre hombre no pudo soportar más la misma tortura. Le metían un perro en la celda, azuzándolo para que lo mordiera. Despavorido, aquel guiñapo humano gritaba mientras daba vueltas y vueltas en aquel estrecho cubículo sin poder escapar del furioso animal, y eso se repetía día tras día. Además, aquellos fusilamientos en el patio abierto...Los fusilaban con salvas, una y otra vez...Era mucho para aguantar...

...Un día, el posta me trae una revista italiana con el nombre de Dalia Jorge, posiblemente para que yo supiera que ella estaba allí. Otro día me llevaron a verla. Y mi sorpresa no tuvo límites: su cuarto era de lujo, tenía muebles, su mamá le traía la comida de la casa, y ella tenía su pelo limpio y recogido en "rolos"...Era el cuarto de La Princesa frente al de La Cenicienta. Y yo, de tonta, pensé que sería porque ella llegó primero. Entonces me contó que cuando la arrestaron estuvo tres días inconsciente y que la habían violado. Yo le contesté que a pesar de las torturas sicológicas que yo había sufrido, a mí no me habían tocado. Luego supe que sus vómitos eran por el embarazo de su *affaire* con Flores...

...Dalia era una persona muy hábil. Como ella trabajaba en la compañía de teléfonos conocía a muchas personas, tenía acceso a mucha información y delató a mucha gente. Ella sabía hacerse imprescindible. La llevaron a juicio y nos cambiaron los papeles. Eran las Causas 29 y 31 en un solo movimiento. A ella la quitaron de la Causa de acción y sabotaje, donde me pusieron a mí; a ella la soltaron y a mí me condenaron. Como ella conocía a todos dentro del movimiento se dedicó a mirar por el espejo de una sola cara e identificó a cada uno de los nuestros...

...Fue entonces que regresé al G-2 y de allí a Guanabacoa, pero allí hicimos un plante y como castigo nos trasladaron a Guanajay. Cuando me celebraron juicio junto a todos los demás, aunque ya él estaba condenado a 20 años trajeron a Roberto porque Dalia denunció que él no se llamaba Daniel sino Roberto Torres y que era mi novio. Cuando me llamaron a declarar, custodiada por cuatro con armas largas como si una fuera un animal, y tras decir el fiscal, "Para esta chica yo pediría la pena de muerte", ratifiqué ante el juez, fiscales, abogados y testigos lo que antes confesé en privado: "Yo soy la única responsable de repartir las petacas y yo fuí sola, nadie me acompañó". A ellos no les convenía esta declaración pública porque a mí no me iban a fusilar, pero con eso lograba que les conmutaran la pena de muerte. Ese juicio no se terminó...

...De Guanajay me mandaron para Baracoa, castigada. Ese fue el famoso traslado. Estando allí, me avisó el abogado que era un buen momento para reabrir el juicio pero necesitaba mi consentimiento para hacerlo sin mí. Era sabido que me iban a condenar de 20 a 30 años así es que hasta rechacé el abogado. Efectivamente, fueron 20 años, de los que cumplí 10 que relataré en La Cárcel Compartida.

MARY MARTINEZ IBARRA

En 1959, Mary Martínez Ibarra tenía 21 años, estaba casada con su primer esposo y administraba el Correo de Marianao. A la par, cursaba el primer año de ingeniería química en la Universidad de La Habana y pertenecía a la sección juvenil del Movimiento 30 de Noviembre, desde donde conspiraba contra el comunismo que se estaba apoderando de Cuba. Ya en 1961, Mary se ve forzada a abandonar los estudios y el trabajo, su labor en el clandestinaje exigía más.

La cabaña que tenía alquilada en la Playa de Guanabo servía de santuario para todo aquel que necesitara un techo, un lugar donde esconderse por un tiempo, fuese del 30 de Noviembre o de otro grupo. Estaba produciéndose un alzamiento en las lomas de Oriente y el punto de convergencia para los que iban y venían era la guarida aquella, donde todos se sentían seguros. La cabaña tenía una ventana grande que daba a la terraza y que mantenían abierta de manera que cuando alguien llegaba a la medianoche o madrugada y tocaba a la puerta, le gritaban, y ése subía por las escalerillas y entraba por la ventana. A veces se acostaban a dormir ellos dos y amanecían ocho, los cuales tenían que acostarse debajo de la propia cama por falta de espacio.

— Recuerdo que allí estuvo Bernardo Corrales y muchos otros que fueron fusilados. Y cuando el bombardeo a la Ciudad Libertad, o sea, el Campamento de Columbia, como preludio a la invasión de Bahía de Cochinos, uno de los jóvenes que pertenecía al ejército de allí aprovechó para escapar y se llevó dos metralletas. Se llamaba Ramiro, pero nunca supimos su nombre completo; era alto, medio pelirrojo, muy tranquilo, muy agradable. Nadie lo quería esconder... con la situación tan difícil como se había puesto ¡y Ramiro con las metralletas a cuestas! Donde único encontró refugio fue en casa. No pudimos conseguirle asilo y como era militar no podía andar por la calle así es que se fue para las lomas. Allí los destruyeron, fue un ataque espantoso; él cayó preso...

...Estando Ramiro en la Cárcel de Boniato, me escribe diciéndome que tenía muchos deseos de vernos y yo hice el viaje para visitarlo con mis suegros y mi cuñada. Cogimos el tren y éste se descarrila. Aquello fue horrible. Tras muchos inconvenientes logramos llegar a Santiago de Cuba, con un día de atraso por el descarrilamiento. Nos aconsejaron que llegáramos temprano porque aquello se llenaba de familiares visitantes y a veces no dejaban verlos. Cogimos un ómnibus para llegar a Boniato a las siete de la noche, amanecer allí y pedir la visita...

...La oscuridad era sobrecogedora. Puro campo y dos escoltas con un reflector, eso fue todo lo que encontramos: mucho campo. Nos dijeron que era muy temprano para la visita del otro día y que nos alejáramos hacia la entrada de la prisión. Nos alejamos como una cuadra y nos sentamos bajo los restos de un bohío desbaratado. Como a la una de la mañana llegó un carro con un matrimonio mayor y una joven muy bonita. Les preguntamos si venían para la visita y nos contestaron que no, que a su hijo lo iban a fusilar a las dos de la mañana y querían verlo por última vez...¡Nos sentimos tan miserables, tan poca cosa!...¿Qué se les puede decir a unos padres en un momento como ése?...

...La muchacha era la novia del joven. A las dos de la mañana se abrió la reja principal junto al reflector y lo sacaron en un jeep abierto. No podré olvidarlo jamás; yo he vivido y sufrido mucho en la vida, pero éste es un recuerdo que me acompañará mientras viva. El iba solo en el asiento de atrás. Era un muchachón alto, buen mozo; lindo, lindo muchacho. Sacaron el jeep con dos carros más, todos sus ocupantes armados. El se quedó mirándonos en silencio. No hizo gesto alguno ni con la cabeza ni con la mirada; las manos las llevaba atadas. Nunca olvidaré su cara. Estaba muy oscuro, pero la luz de la luna nos llenó de su mirada. Fue bien duro...

...En Boniato no fusilaban en la propia prisión como en La Cabaña, y los padres corrían torpemente, con los brazos extendidos, como queriendo acariciar a su hijo por última vez, y con su lenta carrera salvar la distancia que los separaba de ese jeep, más bien carroza fúnebre, que llevaba a su propia entraña para el paredón...

...A las seis de la mañana comenzaron a llegar los familiares a la visita. Nosotros teníamos el #1 en la cola para entrar cuando nos dimos cuenta de que allí estaban de nuevo el matrimonio con la joven de la noche anterior. Supimos que habían llegado hasta la puerta y que oyeron las ráfagas, pero que no los dejaron verlo ni les entregaron el cadáver...Los viejos no hablaban; miraban como si no estuvieran vivos, creo que ellos hubieran sufrido menos sintiendo las ráfagas sobre sus cuerpos que sabiéndolas segando la vida de su hijo. Era la muchacha la que contaba lo sucedido. Nos explicó que regresaban con la esperanza de ver a su otro hijo que quedaba preso allí, inconsolable ante la muerte de su hermano. Les entregamos nuestro #1 para que salieran pronto de aquello...

...Nos negaron ver a Ramiro porque el día anterior había tenido visita. Explicamos lo del descarrilamiento y mil cosas más, pero fue en vano. Aquellas gentes no eran siquiera perros de pelea, eran más crueles. Además, ese sistema te estimula para que desarrolles tus peores instintos con la complacencia de tus superiores. Nos dimos a la tarea de escoger a otro preso de la lista que traíamos desde Santiago, a cualquiera, sin conocerlo. Pero uno desarrolla cierto instinto para escoger al más necesitado. Sólo pudimos pedirle que buscara a Ramiro y le explicara que fuimos a verlo y que no sabíamos si algún día podríamos volver, que esperábamos que el Destino nos juntara otra vez. Más nunca supe de él. No sé si lo fusilaron o si se quedó en Cuba o si cumplió y salió al exilio...

...Estando en la cola para entrar, llegó el periódico y relataba el fusilamiento del joven alto. Fue cuando único vi a la novia perder la ecuanimidad. Leyó el nombre y gritó, "¡No!...Marcos, mi amor...". Creo que el nombre era Marcos del Valle. Más tarde los vimos en la visita junto al otro hermano. Este era muy parecido al otro, muy alto, uno de esos hombres que no tienen grasa en su cuerpo. Las piernas largas le sobresalían del banquito sin poder evitarlo, y al pasar un guardia lo empujó con el pie gritándole, en un tono muy duro, que recogiera las piernas, para humillarlo, sin que pudiera defenderse. Lo recuerdo saliendo de la visita con los brazos extendidos, uno para sus padres y otro para la novia del hermano muerto. Años más tarde supe que ella había estado entre las presas políticas...Nenita Barreras...

...Regresamos a Santiago porque teníamos noticias de que Javier Denis, uno de los muchachos que estuvieron en mi casa, había sido herido en el alzamiento y estaba en el hospital. Cuando llegamos, nos encontramos que tenía un escolta en la puerta, un guajirito con una cara muy noble pero que estaría dispuesto a dar su vida por su gobierno. Nos dejó pasar a verlo por unos breves minutos; estaba en una cama, paralítico. Javier nos contó que cuando sintió que lo habían herido no pudo moverse porque los tiros le interesaron los pulmones y la columna vertebral, quedando paralizado. Lo dieron por muerto y no lo recogieron con los heridos, sino que lo dejaron con los cadáveres. Allí pasó la noche, inmóvil, mientras las ratas le comían parte de una pierna sin siquiera poder espantarlas. Al día siguiente, lo encontraron y lo arrestaron. Eventualmente salió. Es un hombre excepcional, pero no se le oye en nada, su valor es incalculable, es un hombre lindo de espíritu, lleno de amor a su patria. Después de largos años logró caminar de nuevo...

...Ese viaje fue muy duro, lleno de amargas experiencias. Pero de vuelta en Guanabo nos reorganizamos y continuamos la lucha. Desde jovencita, yo tenía un olfato muy agudo y mi intuición me alertaba que me perdiera de vista. Yo andaba por La Habana conspirando con un muchacho cuando dieron por televisión la comparecencia de Reynol González aconsejándole al pueblo que se retirara de la lucha, que no valía la pena. ¡Aquello nos cayó como un baño de agua fría! Yo no puedo enjuiciarlo porque tendría sus razones, pero yo era muy joven y me afectó mucho...

...Yo le expliqué al muchacho que esa noche yo tenía que pasarla junto a los míos, junto a alguien que me quisiera mucho. Mi esposo, Juan Avedo Naya, ya estaba preso y sus hermanos también. No podía ir a casa de mis padres. Y me fuí a casa de mi suegra Concha Avedo, a quien quería y quiero entrañablemente y era una gran luchadora contra el régimen castrista, con cuatro hijos presos y una hija en el exilio. Una noche nos fuimos a ver un show de Leopoldo Fernández al Teatro Estrada Palma para repartir proclamas cuando se produjera un apagón, y cuando nos sacaron del teatro todos fuimos presos. El teatro entero. Y cerraron las calles, con todos adentro, para averiguar quiénes eran los culpables. Nos mirábamos unos a los otros con caras de inocentes...

...Al día siguiente hubo una manifestación en contra de los fusilamientos. Salió desde Galiano y San Rafael hasta Palacio, y cogía toda la calle. Las mujeres iban vestidas de negro con los hijitos a cuestas y un enorme cartel de acera a acera que decía, "Madres cubanas protestamos por el fusilamiento de nuestros hijos". Allí estaba Concha también. Antes de llegar a Palacio nos cayó la milicia de los bancarios a palo limpio, hombres y mujeres contra nosotras. Aquello fue tremenda paliza, traían cables eléctricos torcidos y eran hombres contra personas mayores. Mi suegra se levantaba la saya para poder correr más rápido... ¡Pobrecita! Lo difícil en una manifestación no es salir a caminar sino afrontar el peligro cuando se disuelve, porque ya uno se queda solo sin la protección de estar en grupo. Y mientras tú estás defendiendo lo tuyo, los golpes no te duelen, sino al día siguiente. No pudimos llegar a Palacio...

...Por todo esto yo quería estar junto a ella en el minuto en que veía derrumbarse todos nuestros esfuerzos. Pero ella no estaba en la casa, sino con su hija mayor que estaba dando a luz, así es que me quedé allí para pasar la noche con mi cuñado y mi cuñada soltera. No había pasado una hora cuando vinieron a arrestarme. Me estaban vigilando y sabían dónde buscarme. ¡Ay, intuición!...

...Esta no era la primera vez que me arrestaban. Anteriormente, tuvimos que abandonar Guanabo porque se puso muy malo. Hiram González se había fugado de La Cabaña y lo llevaron para una casa que era muy segura. Era la casa de Manolo Hevia, sobrino de una figura muy respetada de la antigua política cubana, Carlos Hevia. Este sobrino ocupaba un alto cargo en el gobierno de Castro y creíamos que la mujer estaba conspirando sin él saber nada. Allí estábamos, en la planta alta, Hiram, otra pareja que conspiraba, mi esposo y yo. Había dos sirvientas en la casa...

...Una noche, llegó el G-2 dando gritos, rodeando la casa y empuñando ametralladoras. Yo salí primero diciendo, "No tiren, que no tenemos armas". Y le dije a la otra muchacha, "Vamos nosotras delante para que no vayan a tirarle a los muchachos". De allí nos llevaron para el G-2, donde yo dí un nombre cambiado, Margarita Gutiérrez, y ellos me hicieron creer que se lo habían creído. Todo era mentira. Hevia y la esposa estaban trabajando para Seguridad del Estado. Ella era una mujer muy linda y engatusaba a los muchachos fácilmente...

...Todo esto tuvo un final sorprendente. Nos sueltan a Blanca la señora de Hevia, a "Caty" cuyo nombre verdadero es Norma, y a mí. Dejan preso nuevamente a Hiram, a mi esposo y al otro muchacho. Apresan a Hevia pero, por supuesto, lo sueltan también. Cuando regresamos a la casa como a las tres de la mañana, Hevia nos sentó para preguntarnos las razones por las cuales conspirábamos y nosotras le explicamos las razones. Entonces nos dijo, "Bien, ustedes se pueden quedar a vivir aquí, pero si vuelven a conspirar yo mismo disparo contra ustedes"...

...Norma aceptó quedarse. Recuerdo que yo, muy apasionada, le dije que yo no podía compartir el mismo techo con un enemigo político e ideológico y que me iba de allí, lo cual hice a la mañana siguiente porque, cuando nos soltaron, acordamos dormir las tres en la misma cama. Ya acostadas, yo comencé a oir ruidos de llaves junto a la puerta del cuarto, pero Blanca me dijo que eran ideas mías. Yo estaba bien segura de los ruidos. ¡Claro, la estaban custodiando a ella! Yo sabía que en aquella casa había una encerrona. Hiram volvió a escaparse del G-2 y vino para los Estados Unidos, aquí se encontró con Norma, se enamoraron y casaron y tienen tres hijas...

...Después de Guanabo, estuve parando en un hotel en Malecón con nombre cambiado, siempre conspirando. Era linda nuestra relación con los muchachos, todos éramos como niños jugando a la guerra, con un respeto tan grande entre hombres y mujeres, sin temor a un fallo o atracción física, porque el ideal compartido es respetado y está por encima de toda tentación...

...Ahora, volviendo al arresto final, en casa de mi suegra, se llevan conmigo a mis dos cuñados. Entonces me llevan a juicio con mi esposo y sacan toda la historia de la casa de Hevia. Ellos siempre supieron que yo no era Margarita Gutiérrez, pero me dejaron salir para poder justificar la salida de Blanca, si no, ella iba a quedar totalmente descubierta. Lo increíble es que, posteriormente Hevia vino para los Estados Unidos infiltrado, y yo lo vi en Cuba a su regreso, presentado por la televisión de Cuba y celebrado por el magnífico trabajo de infiltración que había hecho aquí en los Estados Unidos. ¡Es posible que hasta ella ya esté aquí también o estén los dos asilados en otro país!...A lo mejor, pronto se asila Ricardo Alarcón...

...Pero bien, antes del juicio estuve 60 días en Villa Marista del G-2 sin visitas; allí sí podía contar noches y días porque es una casa que tiene las ventanas abiertas. Me llevaron para Guanabacoa y de allí al juicio. Me condenaron a 20 años de prisión. Esa fue la primera vez que vi a mi esposo desde que cayó preso, él también era muy joven...

...Guanabacoa es una prisión antigua, de construcción española, donde aprendimos a conocernos, a mirar las caras nuevas. Pero, en realidad, el sentido de hermandad no comenzaba hasta que una llegaba a Guanajay, porque sabíamos que ése era nuestro destino final, el punto final de nuestras vidas...porque de ahí no íbamos a salir. De las que yo conocí en Guanajay no creo que hubiera una con esperanza de salir de allí algún día. Era el fin de todo, era el fin de nuestras vidas. Allí comenzó el verdadero martirologio.

REINA PEÑATE

Cuando Fidel Castro tomó el poder, Reina Peñate trabajaba como operadora de computadoras en el Ministerio de Educación, y sus esperanzas de que se lograría vivir en un régimen de derechos se desvanecieron tan pronto comenzaron a funcionar los paredones de fusilamiento sin juicio previo, las arbitrarias confiscaciones de propiedades y los desmanes de los nuevos amos.

Su descontento se fue haciendo evidente hasta el punto de confiar sus afanes conspirativos en Pepito Argibay, su amigo desde la infancia y ahora comandante castrista, quien era visita frecuente de la familia Peñate en el Central Preston, en Oriente. Este fingió involucrarse en el viaje clandestino de unos jóvenes que harían contacto con grupos contrarrevolucionarios en Miami, ofreciéndose a llevarlos, conjuntamente con Reina, hasta el barco que esperaba en las costas de Pinar del Río. Quienes los esperaban eran agentes del temido G-2. Ajena a lo que habría de suceder a bordo, Reina regresó a su casa.

Tras varios días sin recibir confirmación desde Miami, Reina comenzó a inquietarse e hizo contacto con otros conspiradores para implementar un plan de acción. Ella no recibió en su casa, sino en casa de una vecina, la llamada telefónica de varios muchachos para concertar una reunión con ella y con Argibay. Nadie más tuvo acceso a esa conversación.

— Esta es la parte más dura de todo este proceso: la traición. Y es la primera vez que cuento públicamente este episodio de mi vida. Argibay me recogió en su automóvil y fue entonces que le indiqué la dirección en que tendríamos la reunión, en el barrio de El Vedado. Poco antes de llegar al sitio en cuestión, me dice, "Déjame parar un momento en casa de Lydia Castro"...

...Lydia Castro es, por sangre, prima hermana mía. Y a su vez, media hermana de Fidel Castro. Pero no por el lado mío. Fidel Castro no es nada mío — y si lo fuera, tampoco me importa...

...Alegando que tenía un recado que darle a Lydia, se bajó del carro y regresó en breves instantes. Comenzó a arrancar el motor infructuosamente y a quejarse de que el automóvil estaba ahogado. El carro caminaba un poquito y se paraba otra vez. Cuando pudimos llegar a la esquina donde nos esperarían los muchachos, no estaban allí. Ya los había recogido el G-2. Toda la evidencia indicaría que yo los había entregado, pero al final ellos supieron toda la verdad. En la parada en casa de Lydia Castro, Argibay había alertado al G-2...

...Aprovechando mi amistad con la embajadora de Panamá comencé a gestionar mi asilo, pero decidí salir y continuar ayudando. Yo no volví a ver a Argibay, pero él seguía de cerca mis pasos. En una salida que hice a Calabazar en las afueras de La Habana el 17 de mayo de 1961, me apresaron con el matrimonio al que yo visitaba y ellos ni sabían de mis actividades. Entre el G-2 de Quinta y 14 en Miramar, y otra instalación similar, pasé mis primeros veintipico de días hasta que me llevaron para la Cárcel de Guanabacoa...

...El juicio en que nos encausaron a los cuatro muchachos y a mí fue una completa pantomima. Tanto el fiscal como los otros estaban casi dormidos, con los pies puestos sobre las mesas, indiferentes a todo, un show mal hecho. Allí me sentenciaron a nueve años. Guanabacoa fue la prisión preventiva y de ahí me trasladaron a Guanajay, que era la cárcel para mujeres...

...En el G-2 dejé mis primeras libras. El despotismo y aquella comida indigente, tirada en los platos de metal, me sirvieron de introducción a lo que me esperaría en Guanabacoa antes de iniciar el largo recorrido por varias cárceles. En Guanajay teníamos unas galeras colectivas desde donde veíamos entrar y salir al "verdeolivo" y desde que yo entré al Pabellón B estuve siempre entre las rebeldes y cogí mucho castigo, muchos golpes. Y como castigo por la fuga de ocho muchachitas, nos llevaron a 65 rebeldes para Baracoa, Oriente, a vivir en las peores condiciones infrahumanas. Pero veníamos de Guanajay, que es la prisión donde por pacifista que una sea, una aprende a defenderse, a contraatacar, a luchar con uñas y dientes por la propia supervivencia...

En una voz tenue, a veces inaudible, Reina Peñate nos relata su recorrido por las infames cárceles castristas, recorrido que compartiremos con ella más adelante. Cuesta mucho el asimilar cómo una mujer tan suave, tan femenina, se convirtió en una de las presas más rebeldes contra el sistema carcelario que las maltrató y las humilló en lo más íntimo de su sensibilidad, durante un desmedido e infame esfuerzo por deshumanizarlas y convertirlas en no-personas.

SARA DEL TORO

Casada con Amador Odio, conocido empresario y propietario de Tráfico y Transporte, Sara del Toro disfrutaba de una vida muelle con su esposo y sus 10 hijos. Ambos fueron fundadores del Movimiento 26 de Julio, en la certeza de que estaban ayudando a reincorporar a Cuba a la vida constitucional tras el golpe de estado de Batista. Aunque el gobierno de Batista nunca los molestó, no se resignaron a contemplar las inminentes injusticias.

— Cuando comenzaron los crímenes y los atropellos, mi esposo y yo decidimos no abandonar a Cuba y sí afrontar esa situación para defender el futuro de nuestros hijos...

...Trabajé con Manolo Ray, fuí correo entre La Habana y Miami y me tocó la desgracia de venir a Miami a destituir a Manolo Ray. Escondimos a muchos en nuestra propia casa en la finca, y gracias a los contactos que teníamos con todas las embajadas —a las que podíamos surtir porque teníamos finca— conseguimos las visas y pudimos embarcar a los sacerdotes de la Iglesia de San Antonio. Pronto se dio cuenta Fidel de lo que hacíamos...

...Nos apresan a los dos al mismo tiempo. Yo acababa de llegar de Miami y traía un recado para este señor de cuyo nombre quisiera olvidarme y que era el jefe en ese momento: Reynol González. El fue a mi casa con su suegra y yo le dije: "Reynol, más vale que te vayas porque mi casa de Miramar está sitiada y la han registrado, seguramente buscando algo que yo haya traído de Miami". El me contestó: "No, no, es que yo me embarco por la mañana y voy a comer aquí y después me voy". Dos criados de mi casa delataron el asunto al G-2 y uno de éstos, Ramiro, vino a decirnos: "La finca está sitiada"...

...Yo seguí tejiendo como si nada y cuando irrumpieron en la casa, nos identificaron a uno por uno. "¿Quién es usted?" "Yo soy Amador Odio"... "¿Y usted?" "Yo soy la señora"... "¿Y usted?" Y Reynol repondió con su nombre de guerra: "Antonio"...

...Prosiguieron a registrar la finca y especialmente una cisterna donde decían que había armas escondidas. Mi esposo les dijo que allí sólo encontrarían bebidas, porque se conservaban más frescas. Levantaron las tapas de las cajas y así lo comprobaron. Pero se llevaron a Reynol mientras mi esposo sacaba a la suegra por el fondo de la casa hacia su automóvil que estaba repleto de papeles y proclamas que ella botó por la carretera. Todo esto a la vista de los criados y sin sospechas de que éstos eran los delatores...

...Tratamos de asilar a Amador en Venezuela porque el Embajador Zurbarán y la Cónsul Josefina eran muy amigos nuestros. Ella lo dejó dormir allí esa noche porque, en fin de cuentas, "Ya a ese hombre [Reynol] lo arrestaron y seguramente no habla nada". Y ese hombre habló como un perico y embarcó a un movimiento completo...

...Nosotros teníamos los apartamentos de mis hijos Sylvia y César en el FOCSA; allí se quedó mi esposo y yo me quedé en la casa con mis hijos. Yo no aceptaba que me estuvieran siguiendo, porque más les interesaría mi esposo que yo, pero María de la Torriente, mi vecina, me decía: "Están en la esquina...". A las dos semanas, el 27 de octubre de 1961, Amador quiso ver a los niños y tan pronto llegó y se cambió de ropa, se presentó un ejército completo en la casa y nos arrestaron a los dos...

...Mis cinco hijos chiquiticos se quedaron llorando y uno de los guardias, que era más humano, me dijo: "Déle un beso a los niños", y yo le pregunté, haciéndome la inocente: "Ah, ¿pero es que yo no voy a regresar?" Y me contestó: "Probablemente no". Entonces, Amador, el mayorcito de estos cinco, les dijo a los otros: "Vamos, entren"...

...Yo me quité todas las prendas menos el reloj, un Rolex, y se las entregué a una de las sirvientas, que se llamaba Calixta. No se me olvida el nombre porque ésa se las robó, ésa se robó todas las prendas. En cambio, el G-2 me devolvió el reloj, pero con la condición de que se lo diera a un comandante, haciéndome creer que, con eso, el hombre iba a soltar a Amador. Total, todo era mentira. Pero no me importó, si lo que tenía importancia estaba perdido...

...Estuve en el G-2, aislada de todos, durante un mes. Mentiría si dijera que me dieron golpes, pero el maltrato sicológico sí fue de mala manera. Me decían que a Amador lo iban a fusilar; a mí me entrevistaron solamente una vez mientras que a otros los llevaban y traían a entrevistas constantemente. Y me explicaban que era porque Amador estaba "en capilla ardiente" y que lo iban a fusilar. A él sí le dieron un bayonetazo para que hablara porque, si no, me iban a matar a mí...

...Al fin se produjo el ansiado juicio. Allí todos despreciaron a Reynol González. Yo quise ser un poquito más humana; le pregunté por Teresita. Me contestó que había tenido jimaguas. Hice un gran esfuerzo pero eso fue todo lo que le hablé. A Amador lo condenaron a 30 años y a mí a seis, gracias al "por custodia de menores", sin siquiera llamarme a declarar. Por fin, Amador y yo nos vimos, pero no nos permitieron siquiera saludarnos con la mano. De ahí me llevaron para la cárcel de Guanabacoa...

...Yo nunca me declaré culpable a pesar de que me ofrecían salir enseguida para Miami porque mi hijo César había ido dos veces a Cuba esperando sacarme. Y yo contestaba que mi hijo César tendría que irse sin mí porque yo prefería mil veces que él me pusiera una corona de flores antes que bajar la cabeza y negar a Dios, como ellos querían, para luego forzarme a entrar en rehabilitación...

...Guanabacoa fue el primer choque con la realidad que me tocaría vivir. Recién llegada yo, una presa moría de parto sin recibir atención médica. Nos llevaron al mismo pabellón de las presas comunes, pobres mujeres a quienes maltrataban sin piedad y a quienes predisponían contra nosotras las políticas diciéndoles que a nosotras nos daban arroz con pollo y a ellas les negaban la comida. Esto las enfurecía y nos gritaban las peores obscenidades. Lo único bueno en Guanabacoa fue que Arturo Hevia pudo hacerme llegar algunas cartas de Amador porque a él no lo registraban...

...Pero, inexplicablemente, se produjo mi traslado a Guanajay. Se nos dijo que el traslado era para las rebeldes, pero dividieron a la gente a su manera. Yo estaba en el "A" por buena conducta; yo no era contestona ni desafiante, pero me llevaron para el "B", luego al "C" y terminé en el "D" con las rebeldes y varias idas y venidas de Guanabacoa a Guanajay y viceversa. Y un día...

...Trasladaron a unas muchachitas y recibimos una carta escondida que hablaba del nuevo lugar, "Estamos en un lugar precioso, aunque no deja de ser cárcel. Hay árboles frondosos y una mata de mamey que es una maravilla"..."¿Mata de mamey que es una maravilla?... ¡ésa es la finca!". Un día, trasladaron a un grupo grande y el director de entonces, Ramos, que ése fue una buena persona, dijo, "Muchachitas, recojan colchones y almohadas para un traslado, menos Sara del Toro". Cuando le pregunté por qué yo no, me contestó, "Usted va la última, pero no se preocupe, que usted va también"...

...Mi impresión del llegar a la finca es indeleble. Al bajarme del ómnibus vino a recibirme un antiguo empleado, Juanito, llorando, "¡Señora Sara...!", pero lo alejaron de mí rápidamente. La finca donde mis hijos jugaban...hasta los tractorcitos que

Masvidal les había mandado a hacer en la Firestone los pusieron bien a la vista para lastimarme. Al llamarme la atención Esperanza Peña, vi el enorme hueco donde Amador había escondido la plata, las vajillas, cantidad de cosas...¡se lo robaron todo!...

...Me llevaron para la bolera, un salón inmenso al que llamábamos "el club". Se habían llevado las boleras, sólo quedaba el cemento; del área donde estaban el cine y los equipos de entretenimiento, sólo quedaba el piso de granito. Cuando llegamos frente a mi dormitorio, en la casa principal, ya no pude más...¡era demasiada tortura! Se me cerró la glotis y hubo que traer al médico de la casa vecina, que era de Hermida. Al verme, dijo, "Sara se muere aquí en su finca". Mis nervios estaban muy dañados. En Guanabacoa me llené de llagas de pies a cabeza y me diagnosticaron que era incurable. Gracias a Dios, me curé, porque era de los nervios...

...La guarnición vivía en la casa, en la planta alta. En los bajos tenían la planta de radio. La miliciana que estaba al frente de nosotras era Flor Chala, más conocida como "La Chacal de América Libre" aunque conmigo trataba de ser deferente pero yo no se lo aceptaba. Otra miliciana llamada Zenaida que también tenía fama de ser muy mala se las arreglaba para decirme, "No me mire mientras le hablo; su hija Sarita le escribió, tuvo un varón y está bien... A Amadorcito lo operaron de apendicitis pero salió perfecto". Yo creo que les apenaba verme presa en mi propia casa, tan llena de recuerdos de mi esposo y de mis hijos, y sin siquiera tener el consuelo de recibir sus cartas...

...Otra de ellas, que cuando hacía requisa era de las que te quitaban todo, la comida, la ropa, los santos, se me acercó un día y me dijo, "Sara del Toro, usted que tiene tanta fe en ese santo, pídale por mi hija para que no pierda el ojo porque se clavó un paraguas". Ese santo, como ella le llamaba, es una imagen de

Santa Teresita que, sin que exista explicación, siempre aparecía debajo de mi almohada; yo no sé quién me la ponía allí. Le dije, "No, yo no se lo puedo pedir; entra y pídeselo tú. Si se lo pides con fe te lo concederá". Pues entró y se lo pidió. Un mes más tarde, le pregunté, "Ven acá, ¿y tu niña?". Me contestó, "¿Puede creer que se le ha mejorado el ojo?". Dígole, "¿Y tú no vas a darle las gracias a Santa Teresita...?". Pues entró y, más tarde, me trajo recados de gentes que estaban afuera. Definitivamente, Santa Teresita me protegió mucho en la cárcel...

...Un día, vino la plana mayor del Ministerio del Interior para la fiesta de las reeducadas y se inició una revuelta porque una dijo: "Miren como viven los ricos" y empezó a insultar. Una presa le tiró una piedra y me buscaron para que yo ripostara, pero mi respuesta fue, "No tiren piedras, lo que está diciendo es verdad; yo fuí rica, pero repartí mucho y por eso los vecinos me respetan". Y cuando le preguntaron a Juanito, corroboró mis palabras. Pobrecito, él recogía aguacates o mangos y les decía a las reeducadas, "Lléveselo a Sara, y mire, en tal lugar le voy a dejar un aguacate para usted"...

...El 27 de octubre me dejaron libre, pero el día 26 me llevaron al Ministerio del Interior y me dijeron, "¿Usted cree que va a salir mañana?...porque nosotros podemos decirle ahora que va a cumplir un año más". Les contesté, "Sí lo creo, por lo mucho que ustedes pregonan su justicia revolucionaria. Y si me trajeron aquí es para que yo firme mi salida". Las presas lloraban porque creían que no me daban la salida. Entonces, uno me llevó afuera y me dijo que él era hijo de Pascual, nuestro pintor de la Abastecedora, otro negocio que tenía Amador. "Yo soy jefe de la Regional; cuando usted salga de aquí vaya para la Regional a sacar su pasaporte para que se vaya enseguida. Yo nunca olvido lo que usted hizo por mi hijo. Ustedes recogían las cartas que nuestros hijos mandaban a los Reyes Magos y ustedes nos entregaban a nosotros los juguetes para llevarlos a nuestras casas y que los niños no vinieran a pararse en cola bajo el sol. Yo, por maldad, le pedí la bicicleta que estaba en la vidriera de Los Reyes Magos y usted me la consiguió"...

...Cuando salí, no dejaron que las muchachitas se acercaran a mí; ellas estaban trabajando en el campo. Tampoco dejaron que el carro entrara a buscarme. Yo tuve que ir caminando hasta encontrarlo en la carretera. Cuando miré hacia atrás por última vez...¡qué lindo!...en absoluto silencio, todas alzaron las palas y los azadones para despedirme.

YARA BORGES

Fueron muchos los que regresaron a la patria tras casi siete años de exilio, dispuestos, nuevamente, a arriesgar vida y hacienda para ayudar a corregir los males anteriores y los actuales.

Entre éstos, y sin trayectoria revolucionaria previa a estos eventos, se encontraba una jovencita rubia de apenas 20 años, con grandes ojos verdes y una extraordinaria determinación para hacer valer sus razones en ayuda de los desposeídos en general y de los niños en particular. Su nombre: Yara Borges.

Al darle "Yara" como nombre, sus padres estaban marcándole su destino patrio. La habían enviado a Miami en 1958 para que estudiara inglés y, quizás, para frenar un poco su obsesivo proyecto ONAN, Organización Nacional de Ayuda a los Necesitados, un quasi ministerio paraestatal de bienestar social. Su ambición: que el estado le facilitara algunos terrenos o edificios y un par de unidades móviles médicas que el entonces presidente Batista había comprado en 1953 y que nunca fueron utilizadas.

Era su primer objetivo el arrasar con el barrio marginal Las Yaguas y propiciarles a sus residentes unas casitas habitables, impartiéndoles clases de alfabetización y de oficios que los capacitasen para labrarse un provechoso porvenir. A la vez, las unidades móviles se internarían monte adentro, donde escasean los caminos vecinales, para brindarles atención médica a los guajiros y también facilitarles los medios que les permitieran vender sus cosechas en los pueblos sin tener que depender de capataces e intermediarios inescrupulosos que constantemente los explotaban.

Ya en 1955, Yara había logrado una entrevista con Batista y su esposa, quienes accedieron a entregarle las unidades móviles.

Lamentablemente, este logro se produjo mientras eran arrestados varios de sus compañeros universitarios, quienes pudieron alertarla de que ella también sería arrestada. Aunque Yara no estaba conspirando, consideró prudente salir para Miami.

Pocos días tras su regreso a Cuba el cuatro de enero de 1959, Yara se entrevistó con su amigo Armando Fleites que bajaba de la Sierra El Escambray y también se reunió, durante cuatro horas, con Camilo Cienfuegos en el Hotel Habana Hilton. Cienfuegos le arregló una cita con Fidel Castro el 15 de enero, cuando éste hablaría ante el Club de Leones. Tal como anticipaba Cienfuegos, Castro escuchó la propuesta de Yara con extraordinario interés.

— Yara, lo que tú quieres hacer es más grande que el Ministerio de Bienestar Social.

— Seguro, Fidel, pero el Ministerio de Bienestar Social es un aparato gubernamental, subvencionado, con empleados y burocracia, y lo mío es voluntario; o séase, todo el que trabaje aquí —y ya yo tengo ingenieros, médicos, arquitectos— donan su tiempo sin ganar un "kilo". Porque de lo contrario, se convierte en un medio de vida el dar a los demás, y esto hace que el nivel de ayuda se rebaje o que los intereses sean diferentes.

La conversación quedó interrumpida y pospuesta para continuarla en dos semanas en la Universidad de La Habana. En ese corto lapso, Yara comenzó a ver cosas de la revolución que no le gustaron. A título de revolucionarios, los barbudos que bajaron de la Sierra Maestra destrozaban cuanto encontraban a su paso, adueñándose de las casas y los automóviles de aquellos que ahora salían al exilio. Iban al Ministerio de Recuperación de Bienes Malversados, dirigido por Faustino Pérez, y tomaban cuantos artículos y equipos querían sin saber siquiera para qué servían. Comían en un restaurante y le decían al camarero, "Que te pague la revolución".

Muy pronto, Yara se convirtió en vigilante y juez de esos desmanes, llegando a pedirle al Ministro Oltusky un carnet que la capacitaba para ordenar el arresto de estos nuevos usurpadores.

Tomando como base su inminente entrevista con Fidel Castro, y con los contactos que tenía con viejos amigos, Yara se impuso un fácil acceso en los esfuerzos para la consecución de sus planes. Con una tenacidad y celeridad indescriptibles, encaminó sus pasos a la Casa de Maternidad y Beneficiencia, organización regida por monjitas de corte antiguo que albergaba a huérfanos desde recién nacidos hasta los 18 años y que pronta y obedientemente les llamaban "mamá" y "papá" a los visitantes. Su director y el cuerpo de ejecutivos fueron destituídos y reemplazados por la viuda de Marcelo Salado, un mártir de la revolución, señora a quien no le interesaban los niños ni su nuevo cargo. Así se lo dejó saber a Yara, acordando ambas que la una conservaría el título y la otra tendría carta blanca para hacer su trabajo voluntario. Era el desorden hecho ley.

Una noche, Yara recibió una llamada de auxilio que cambiaría en mucho sus afanes. El hermano de una amiga era oficial de carpeta sin mayores méritos y lo iban a fusilar en Matanzas por una vaga acusación. Allí llegaron ellas de madrugada sólo para comprobar que el fusilamiento había sido consumado sin previo juicio. Al salir, llegaba un camión con nuevos acusados y un joven señaló a uno de éstos, exclamando: "No era ése que fusilaron, éste sí fue el que mató a mi tío". Cuando Yara y su desesperada amiga le preguntaron al oficial de mando, el Capitán Rojas, cómo había podido suceder tamaña injusticia, éste les respondió que ellos no podían perder tiempo en hacer averiguaciones.

Poco antes de la entrevista con Fidel Castro en la universidad, se llevan a hecho el infame juicio y la sentencia a muerte por fusilamiento del militar Jesús Sosa Blanco, y aquel bien llamado "circo romano" pone fin a las esperanzas de Yara en la revolución. Su frecuente proximidad a los dirigentes y fácil acceso a los lugares donde estaban sucediendo todas estas cosas la llevan a la realidad de que Fidel Castro es un mentiroso y que la revolución es una farsa.

— Cuando Fidel va a la universidad, yo había matriculado Derecho y Medicina. En esos días se estaban formando los futuros presidentes universitarios; ya estaba Pedro Luis Boitel. Entonces traen a Rolando Cubela, muy gracioso, con su barbita larga y su bracito en cabestrillo: un perfecto niño bitongo. ¡Ah! pero era el que había sido designado por la revolución como presidente de la FEU [Federación Estudiantil Universitaria]. Había un maquiavelo en la universidad, llamado Mario Quevedo, que ya comenzaba a manipular. Y estaban también un muchacho muy bueno llamado Alejandro que iba a aspirar por Agronomía, Boitel que ya era presidente pero que iba a aspirar de nuevo, los hermanos Blanco que eran muy buenas gentes, y Alberto Müller y otros...

...Entonces empiezo a ver la manipulación de Quevedo, que captaba a los novatos para facilitarle la presidencia a Cubela. De pronto, me entero de que quieren cambiar los estatutos universitarios y protesto porque lo consideraba innecesario, pero Quevedo no dejaba verlos. Una noche, mi amigo Carlitos Casasús y yo nos colamos por una ventana de la imprenta y logramos hacernos de una copia, comprobando que "cualquier estudiante podrá ser expulsado si comete un acto que se considere inapropiado bajo estos estatutos". Comenzaron los ataques a los no renunciantes como Alejandro, a quien golpearon y lanzaron escalinata abajo. Al otro día vino Cubela a hacer un discurso, y yo le arrebaté el micrófono para decirles que no podían cambiar los estatutos y mil cosas más...

...Vuelvo a hablar con Fidel antes de las elecciones. De hecho, hablamos en el carro, dando vueltas durante dos horas sin parar de hablar. Yo seguía con mi letanía, con mi programa. Y entre colación y colación, le intercalé lo del fusilamiento y el Capitán Rojas. Su única reacción fue hacer un gesto como el que se espanta una mosca. Sin inmutarse me preguntó qué me parecía Cubela para la universidad y yo le contesté que desconocía cuáles eran sus méritos en la Sierra, pero la verdad es que aquí parecía un niño bitongo, "No tiene carisma ni sabe lo que está pasando en la universidad"...

...Fue entonces que me preguntó si yo querría ser presidenta en vez de Cubela, que le gustaba mi forma de decir las cosas. Yo le contesté que no me interesaba, que si ése fuera el caso ya yo me hubiera postulado, pero que lo que yo quería hacer era llevar adelante mi proyecto para arreglar las cosas en Cuba, para que no hubiera miseria y para que los viejos y los niños tuvieran un hogar digno. Me dijo que seguiríamos hablando y me bajé del auto en la universidad, no sin antes notar que Fidel Castro es la única persona que yo he visto tomarse una Coca-Cola sin respirar....

...Nombran a Elena Mederos Ministro de Bienestar Social. Ella era una buenísima persona y con una gran noción organizativa, pero ella sola no podría enfrentarse a las emergencias que había que resolver inmediatamente sobre el terreno, con el guajiro en el campo o haciéndole frente a la dura realidad de los hambrientos residentes en una cuartería...

...Me avisan de la crisis en Torrens, el Centro de Rehabilitación para Menores; el director se había ido y dejado a 600 jovencitos solos. Tuve noticias de que estaban impartiendo un cursillo en la Escuela de Derecho sobre rehabilitación de menores, sobre lo cual yo no tenía instrucción alguna y allá fuí a tomarlo. En esos días quitan a Elena Mederos y nombran a Raquel Pérez de

Miret...

...Se hacía difícil conspirar. Los cubanos tenemos el problema de que cuando nos proponen unirnos a algo que ya está marchando, nos lanzamos a organizar algo nuevo. Así, cuando existió un plan muy bien preparado para quemar las carrozas durante los carnavales, un grupito mínimo estaba poniendo una petaquita incendiaria en la misma esquina y echaba a perder todos aquellos meses de trabajo. Por eso, mi labor era la de unir ciertos grupos para evitar esos conflictos y también evitar que la gente se fuera de Cuba...

...A mí me agarran el 10 de marzo de 1961 por la delación de una muchacha que estando dentro de un grupo vio mi nombre en una lista. Mirta Alvarez era uno de sus nombres. Fue un caso más de falta de evidencia, pero allí te endilgaban cualquier cosa para justificarse: atentado contra Fidel, conspiración contra los poderes del estado, cualquier cosa. Los juicios en Cuba son algo increíble...

...En mi juicio, con otros 26 encausados, el abogado defensor alegó en mi favor algo que había oído por Radio Swan y ahí mismo le impusieron $500 de multa y un mes de suspensión por escuchar la radio extranjera. Todo era tan absurdo que daría risa si no fuera tan trágico...Queriendo implicar a Olga González y su hermano jimagua, ambos delgaditos y muy trigueños, el acusador señaló al muchacho y a Milagros Bermúdez, que es blanca, rubia, de ojos verdes y que no tenía nada que ver con el asunto...En otro momento en que pedían paredón para dos muchachos, a uno por poner una bomba y a un taxista por transportar armas, este acusador estrella señaló como taxista al que no sabía manejar. Fueron tantos los errores que el propio fiscal Fernando Flores le dijo, "Mire, compañero, mejor salga y refrésquese un poco para que vuelva a entrar"...

VIVIAN DE CASTRO

Viviana Fernández y Rodríguez, popular actriz de radio y televisión con la CMQ en Cuba y extensa trayectoria profesional en México, era conocida y admirada públicamente como Vivian de Castro. Madre de dos hijos y actriz de profunda sensibilidad, la llegada de Fidel Castro al poder fue fuente de honda preocupación y buscó asesoramiento político entre personas más capacitadas que ella en estas lides como el Dr. Alvaro de Villa, destacado intelectual y autor teatral, a quien recuerda con sincera veneración.

Comenzó a conspirar con varias organizaciones y casi sin darse cuenta de su vertiginosa involucración accedió al pedido de una colega, la China Lee, de ocupar su lugar y subir a El Escambray para entrevistarse con los insurrectos, que tenían dificultades con el suministro de los armamentos. Su asociación con grupos del clandestinaje le había permitido el visitar las casas donde estaban escondidos los armamentos que podrían hacerse llegar a los alzados. Vivian de Castro se había convertido en una mujer arriesgada. Ella era una mujer vistosa, de palabra fácil, y que sería reconocida por el público en cualquier momento; por lo tanto, ante las autoridades quedaría descartada como perfil típico del clandestinaje. Vivian sería el contacto ideal para no despertar sospechas.

Tras un breve incidente que demoró su reunión con el joven que la acompañaría y que fuera posteriormente fusilado, logró subir a El Escambray y entrevistarse con el líder de aquella operación, Osvaldo Ramírez, el 3 de octubre de 1960. En aquella única reunión, para protegerla, él le dio el sobrenombre de "Margarita".

Súbitamente, y producto de una delación, el grupo es emboscado en lo que se conoció como El Primer Cerco de El Escambray.

Acosados por una abrumadora mayoría patrullera, que incluía personal fresco traído de La Habana, se desata una violenta batalla, se desbandan los alzados y muchos son capturados. Vivian trata de adentrarse en la montaña con algunos alzados, pero alguien la agarra por el pelo y la obliga a esconderse. De los capturados, cinco son fusilados, incluyendo a Ramírez. Vivian es apresada en Los Topes de Collantes y la trasladan al hospital local, donde la mantuvieron aislada por varios días durmiendo en el suelo, sin permitírsele asearse y recibiendo tan sólo una mísera comida al día. Posteriormente la llevan a la Cárcel de Santa Clara y tras un violento interrogatorio que duró dos días con sus noches, la encarcelan con presos comunes. A los dos días la llevan a juicio, encausada con casi 200 hombres, donde la sentencian a cumplir 15 años. Al día siguiente, la llevan a la cárcel de Guanajay en La Habana, acompañada por un militar y otra presa.

— Cuando me agarraron, logré gritarles a los guajiros que yo era una artista y me identifiqué. Aquello corrió como la pólvora para disgusto de mis captores que comentaban, "Ya todo el mundo sabe que Vivian de Castro fue apresada y eso no nos conviene". Por otra parte, nunca se confirmó que había otra mujer, desaparecida. Me lo contó un guardia que me estaba cuidando y me dijo, "Usted sí que es bonita, la otra que está presa es taaan feaaaaa". Nunca la sacaron a juicio; quizás, como era desconocida, la desaparecieron. No sé si la mataron o qué hicieron con ella...

...Ya en Guanajay me concedieron la primera visita, en la que pedí a mis padres y hermanos que sacaran a mis hijos de Cuba. Mi hijo mayor, de 12 años, se iría con su padre a México, donde éste vivía desde hacía muchos años; él era cubano, compositor y director de orquesta. El pequeño, de cinco años, quedaría al cuidado de mis padres y hermanos. Mi hermana me creía un "pájaro de mal agüero" porque se negaba a aceptar que yo pasaría largos años presa y que Cuba se hundiría en el caos...¡Qué doble sorpresa se llevaría!

DORIS DELGADO, "JAPON"

Nieta de chinos, Dora Delgado tenía un tipo muy exótico cuando se unió a las fuerzas rebeldes que peleaban en la Sierra Maestra: era muy menudita, pesaba sólo 92 libras y peinaba una cortica melena negra. Un día, mientras descansaba en un bohío, se le acercó un periodista americano llamado Anderson que había subido a la Sierra, le tiró una foto y le dijo que ella era "una japonesa". Allí, Dora fue monaguillo y cumplió misiones durante un año ayudando al Padre Francisco Guzmán, que trabajaba con el Obispo de Santiago de Cuba Monseñor Pérez Serantes, sorprendiéndoles la ida de Batista el 1ro. de enero de 1959 en el Central Contramaestre, cerca de su área de operaciones con el Tercer Frente.

— Al día siguiente, el Padre Guzmán diría la misa en Santiago de Cuba; allí estaban Manuel "Barba Roja" Piñeiro y Raúl Castro, y entonces Barba Roja dijo que no se podía decir la misa. El Padre Guzmán decidió que nos fuésemos para la iglesia del Colegio Dolores y allí me dijo: "Mira, tú eres muy jovencita, hemos luchado y la única esperanza que nosotros tenemos es que Fidel Castro no tome el camino equivocado. Conozco tus principios y esto no va bien"...

... Yo era estudiante y jugadora de soft-ball, acababa de cumplir 20 años y no me arrepentía de haber conspirado contra la dictadura anterior; yo no me equivoqué, pero el que estaba al frente de todo me traicionó. Así es que, cuando el Padre me dice esto, le contesto, "Pues ya estamos virados, a trabajar, a ver si esto se endereza". Yo tuve la suerte de estar junto a una persona que sí conocía de estas cosas.

En la Sierra, el propio Fidel Castro le dio un pase para la tropa Mariana Grajales, pero no formaba parte de la tropa sino del grupo de Olguita Guevara, Violeta Casals, Ricardo Martínez,

Enrique Mendoza, Orestes Varela y Alicia Santa Coloma. Allí conoció a Errol Flynn, que se encontraba de visita en Cuba tratando de hacer una película, pero la actriz Violeta Casals negaba que él hubiera estado en La Sierra y le puso tantos requisitos y le exigió tanto dinero que el proyecto de filmación en Cuba se vino abajo. [A principios de 1959, la revista Bohemia publicó una foto de Errol Flynn con Japón en la Sierra Maestra.]

Un día, mientras cocinaba un arroz frito, el actor la llamó "Japonesa". Y al decirlo, troqueló "Japón", el nombre que en la montaña primero, y en la cárcel después, la identificaría en sus luchas por la libertad de Cuba. No fue éste, sin embargo, su único *nom de guerre*. Cuando un año más tarde salió de Miami para infiltrarse en Cuba, el jefe de esa operación, Ramón González, le dijo que "Japón" y "Japonesa" estaban muy identificados con ella y que desde ese momento, para el clandestinaje, se llamaría "Gina".

— Ya en 1960 yo había conspirado extensamente en el giro de transportes con camioneros, porque mi cuñado tenía camiones. Fue así que cuando surge un conflicto en la unificación del transporte me asignaron a mí el ver al Ministro Camacho con un grupo de camioneros... y de ahí salimos presos. Felizmente, allí estaban el Comandante Tony Santiago y el Comandante Diego Paneque y nos soltaron, pero a cada rato me agarraban de nuevo. Por eso, ya la última vez el Padre Guzmán me dijo, "Tengo que sacarte de aquí"...

...El día de la Declaración de La Habana, Diego salió para Miami en una lancha y nos volvimos a empatar ya en contrarrevolución. El Padre Guzmán temía por mí y me decía, "Dondequiera que te escondas te van a agarrar", y me llevó, junto con dos camioneros, Francisco Hernández Luzardo y Manuel Fraga Méndez, a la JOC [Juventud Obrera Católica]. Allí me entrevistó Mr. Smith, de la Embajada Americana, y al día siguiente lo visité en el cuarto piso tras dar la contraseña que me había dado...

...Mr. Smith me dijo que a mí me daba la residencia, que él me sacaba, pero que a los hombres no, porque alguien tenía que quedarse para tumbar a Fidel. Le contesté que llegado el momento propicio, igual era estar del lado de allá o de acá y le agradecí mucho sus atenciones, pero le dije que "si ellos tenían que coger pa'l Escambray, yo también iba a coger pa'l Escambray". Ahí mismo nos dieron los papeles para los tres y al día siguiente, 7 de octubre de 1960, salimos por Varadero para Miami. Una semana más tarde, fusilaban a Ramírez...

...Yo me fuí a vivir a Newark [New Jersey] y allí me inscribí en el Ejército de Liberación, pero después de hacerme las placas me dijeron que las mujeres no iban. Mis dos compañeros sí fueron a la invasión. El 31 de diciembre de 1960 volví a entrar a Cuba y el 1ro. de enero conocí a Bernardo Corrales y vino el alzamiento de Pinar del Río, rompimos el cerco y nos echaron 32,000 milicianos...

...El 5 de agosto de 1961 cambiaron la moneda en Cuba y la cosa estaba muy mala; no había quien te escondiera. Fuí a parar a casa de mi hermana y en media hora, disfrazada y todo, me cogieron Tony Santiago y Eduardo González recordando el problema del transporte, pero no me asociaron con "Gina", la alzada de Pinar del Río...

...Cuando agarraron a los muchachos en Playa Girón, ya sospechaban que yo estaría allí. Me acusaron por lo del transporte y por la salida y la entrada ilegal al país. En el juicio en La Cabaña, en la causa 538 del 61 que llamaron de "Unidad" porque ahí incluyeron gentes de varios grupos de acción, el MRR, el MRP y otros, y con la Dra. Dora Rivas como defensora, me condenaron como "La Japonesa" a 30 años. Ese mismo día, en Pinar del Río, me condenaron en ausencia como "Gina" a 20 años de prisión. Ellos sabían que ambas éramos la misma persona, pero la directora del penal en Pinar del Río dijo, "Yo no puedo partirla en dos", y el de La Cabaña le contestó, "Tráiganla para acá". Así, me condenaron a 50 años de prisión...

... Inicialmente me llevaron al Confidencial del G-2, frente por frente al Malecón y comenzaron a hacerme el papeleo como a las cuatro de la mañana. Sacaron de un cuartico con rejas a las tres muchachas acusadas del incendio de la tienda El Encanto, Dalia e Hilda Herrera y Ada González, y varias personas más y me metieron a mí sola en el cuartico. Ya sabiendo que mi familia estaba afuera, me chantajeaban con eso y cada dos horas me llamaban para interrogarme. Fue un proceso muy fuerte que duró como un mes...

...Me llevaron para Guanabacoa, donde me visitó la abogada Dra. Dora Rivas. Estando yo allí se produjo el traslado grande para Guanajay pero a mí me dejaron fuera de ése. El 15 de septiembre me vino a buscar un carro patrullero y me tiraron otra vez para una casa en que, inexplicablemente, estaba yo sola. Claro, era que habían cogido a los alzados. Tras varios días empezaron a traer gente del MRP. Habían apresado a muchos, Griselda Nogueras, Lydia Pino, Guillermina García "La Flaca", la gente del avión, Alicia Alvarez, María Antonia...la única que yo conocía de antes era Caridad Fernández López que había sido bailarina de Tropicana, de la pareja de Armando y Linda...

...Yo empecé a desesperarme y reclamaba que me devolvieran a Guanabacoa como estaba prometido, pero ignoraban mis protestas. Entonces grité que me iba a una huelga de hambre y se me unieron todas las demás. Griselda y las otras reclamaban la huelga como propia, pero ellos sabían por donde había empezado y me devolvieron a Guanabacoa. Recuerdo que era la noche del 27 de octubre, víspera de San Judas Tadeo, y las muchachitas habían conseguido flores.

MANUELA CALVO

Fundadora del Movimiento Demócrata Cristiano en 1959 y coordinadora nacional del Movimiento Femenino de la Democracia Cristiana, Manuela Calvo es una mujer de gentil aspecto pero fuerte temple que no tiene reparos en llamar a las cosas por su nombre. Concentró sus esfuerzos revolucionarios en escribir y repartir proclamas mimeografiadas, en especial las relacionadas con la ley de la patria potestad, y encontrar casas santuario para esconder a los muchachos perseguidos, transportarlos, buscarles asilo en las embajadas y, finalmente, sacarlos de Cuba.

"Juana", como se la conocía a Manuela Calvo dentro del movimiento, fue arrestada por primera vez como presunta cómplice en la fuga de varios jóvenes, seguidores del comandante Huber Matos en la Sierra Maestra, que estaban cumpliendo sentencias en el Castillo de El Morro. Al ser apresado éste y acusado de traidor a la revolución, ellos cayeron presos también. El Padre Testé pidió permiso para visitarlos y ofrecerles confesión a la vez que se preparaba la fuga. Cuando ésta se produce, Manuela se lleva a un grupo y los esconde temporalmente mientras escapan. Lo mismo hace "Beba", otra miembro del grupo. En ese arresto no pueden probarle nada y se produce un fuerte careo en su negación de cargos del que sale victoriosa.

— Una vez cumplida mi labor quedé totalmente aislada y me dediqué por completo a organizar a través de toda la Isla el movimiento femenino y a escribir y distribuir el boletín. El Dr. José Ignacio Rasco fue uno de los fundadores de la Democracia Cristiana y publicó en el <u>Diario La Marina</u> unas declaraciones firmadas con un grupo de miembros, Jesús Angulo, Eddy Carrera y otros. Después salió al exilio y el movimiento quedó clandestino...

...Por cierto, ahora nos estamos reuniendo aquí en Miami tratando de darle prestigio al movimiento por el descrédito tan grande que le ha hecho el Dr. Rasco con este problema del diálogo...

...Yo seguí haciendo y distribuyendo las proclamas en las iglesias y éstas eran copiadas una y otra vez para un efecto multiplicador. En esas actividades estaba yo cuando el 7 de septiembre de 1960 me detuvieron en el aeropuerto de Santiago de Cuba. Fue precisamente en ese viajecito donde conocí a Jorge Más Canosa que entonces tenía 17 años y trabajó mucho desde muy joven. Era muy valiente en aquella época. Jorge salió clandestino de Cuba porque si lo cogen podía ser un paredón porque era valiente. Era bien arriesgado...

...En ese viaje a Santiago de Cuba yo paré en casa de Fernández Badur y cuando concluí mi labor e hice todos los contactos, estaba sentada en el aeropuerto acompañada por el abogado Dr. Ulises Calzado porque él también regresaba a La Habana. De pronto, un militar me dice: "Venga conmigo; tengo una orden de registro porque no sabemos por qué usted está aquí". Agarré mi maletín en el que sólo llevaba una muda de ropa y lo del pasaje, y le contesté: "Ah, pues yo se lo digo muy fácil, yo acabo de venir de El Cobre en un carro de alquiler de ésos de allí". "Pero el día de la Caridad del Cobre es mañana y no hoy", ripostó. A lo que yo concluí: "Sí, es verdad que es mañana, pero yo no me meto en el molote que va a haber ahí, a mí no me gustan los molotes. Yo sólo vine a cumplir una promesa y ya me voy". Me registró mientras decía: "Vamos a ver si es verdad lo que dice". Al no encontrar nada me dejó ir...

...Al pasar junto al Dr. Calzado le dije entre dientes: "No te sientes junto a mí en el avión", y al llegar al aeropuerto le dije de pasada a Pepín Fernández Badur, que me esperaba: "No me sigas, yo me voy por otro camino". Trabajábamos de esa forma para no comprometer a nadie...

...Por fin, el 13 de octubre de 1960, a las doce de la noche, tocaron a la puerta de mi casa con ese toque especial, temido y conocido. Yo estaba divorciada y vivía sola con mi hija de 18 años y mi madre. Cuando abrí la puerta, me dijeron: "Nos tiene que acompañar, enseguida regresa; tenemos que hacerle unas preguntas". Yo pensé, "Veremos", pero dije: "Está bien, y ¿cuál es la razón?". "Es tan sólo una investigación, unas preguntas que le queremos hacer", fue la respuesta...

...Llegamos al G-2 de Quinta y 14 y me tiraron como un fardo; no me llamaron en todo el día siguiente. Era en la noche cuando comenzaban los interrogatorios, bajo luces y más luces, con un frío inaguantable, a punto de congelación. Viene uno y te pregunta, y vienen otro y otro, todos acosándote a preguntas y tú negándolo todo, como es natural...eres una santa inocente que no has hecho absolutamente nada...

...Y ahora pienso, ¿quién me iba a decir que con el problema de Ochoa, Abrantes, "el Furry" y toda esa gente, Abrantes iba a estar de preso en Guanajay...que me iba a sustituir? Sí, los eliminaron de lo más bien. Todavía queda suelto "el Furry", pero en cualquier momento cae envuelto en llamas porque el sistema es así: devora a sus propios hijos...

...A los tres días de estar en el G-2 y durante un interrogatorio quitaron el frío y escuché unas pisadas que pasaban y tuve una corazonada de que era ella, mi hija. Entonces vino Casanova y me dijo: "A su hija la tenemos al lado y dice que usted está conspirando", a lo que yo le contesto, "Mire, ella no puede decirle eso porque yo no estoy con el gobierno pero no estoy conspirando; yo no soy una niña para que ustedes me vengan con esas cosas". Y seguimos a una confrontación de que yo no era comunista y que ellos sí lo eran, y que no se podía hacer nada porque ellos se lo habían cogido todo y era inútil tratar de hacer algo en su contra...

...Quinta y 14 era la típica residencia de Miramar, con el garage separado y sus cuartos para la servidumbre. En los altos ponían a las mujeres y en los bajos a los hombres. En ambos pisos se oían toda clase de gritos, angustiosos lamentos y golpes en las paredes para desestabilizarnos. Allí llevaron a mi hija y cuando nos reunimos me dijo: "Mima, me han vuelto loca, pero yo no sabía nada de lo que me preguntaban". Esa era mi tranquilidad, siempre la mantuve al margen de todas mis actividades. A los tres días la soltaron y le dijeron, "Váyase a cuidar a su abuela, que eso es lo que tiene que hacer"...

...Tras tenerme 12 días en el G-2, agarran a Nancy Ibargollin, una jovencita que cumplió allí los 18 años y a quien no logran sacarle una palabra. Una tumba. Nancy canta muy bonito y para acallar su angustia se ponía a cantar. Entonces, "el Furry", que en esa época estaba de jefe del G-2, le mandó un recado de que si cantaba la iba a meter en un calabozo. Las persianitas ésas que tenían las ventanas en Cuba las habían clavado, pero algunas no cerraban bien; por ahí veíamos a los hombres y mujeres que traían y cuando bajaban las armas. Aquello era un desfile constante, día y noche. Así fue que vimos cuando trajeron a Jesús Carreras y a William Morgan, y cuando el problema de abril los fusilaron...

...Sin celebrarnos juicio nos llevan para Guanabacoa y luego para Guanajay pero nos devuelven porque no tenemos juicio hecho y no lo tuvimos hasta diciembre. Mi hija insistió en que tuviera un abogado, el Dr. Carro, pero ni siquiera lo dejaron hablar. Olvido su primer nombre, pero lo que no olvido es el nombre del fiscal, Armando Torres Santrail, un abogado negro, alto, que creo más tarde lo enviaron como embajador a un país africano, y Pelayo Fernández Rubio era el presidente del tribunal. Le decían "Pelayito Paredón" porque no se le escapaba nadie...

...Allí te vejan, te insultan, te dicen horrores. Y llega el punto en que uno protesta y te mandan a callar y entonces le dicen al custodio: "¡Llévesela!". El juicio duró un día entero y nos juzgaron a las dos mujeres y a los 13 hombres, quince en total. A parte de los hombres los condenaron a 25 años y al resto a nueve, a las mujeres a seis...

...Nos llevan para Guanabacoa y lo primero de que tengo conciencia es el Día de las Madres, en mayo de 1961, el día de las mangueras y todos los golpes. Todavía con las madres y los hijos de las presas de visita, nos entraron a manguerazos y chorros de agua tan fuertes que nos hacían rodar por el piso. Nos llamaron por una lista y a chorros de agua nos metieron en guaguas colegiales y nos llevaron castigadas para Guanajay, pero allí se formó la dèbacle. Eramos unas 25, Beba Canaval, Clarivel Hernández, Nancy Ibargollin, Zeida Cuesta, Minín Hernández, Hilda Pelegrín, Estrella de Oro, Berta Portillo, Violeta Blanco, la americana Geraldine Chapman. Pero eso te lo contaré más adelante, cuando hablemos de La Cárcel Compartida en Guanajay.

MARIA VIDAL

María Caridad Vidal y Tamarelle es un pilar del movimiento obrero revolucionario. Fue detenida brevemente, por primera vez, el 23 de julio de 1953 en Santiago de Cuba por las fuerzas batistianas, y el 24 de septiembre de 1961, no tan brevemente, por las castristas.

En una casa que para disimular fungía como casa de huéspedes en la calle D en El Vedado, María funda, con otros conspiradores que estaban escondidos en dicha casa, el Frente Obrero Nacional Unido que posteriormente formara parte del Movimiento 26 de Julio. Entre los escondidos estaban Jesús Soto, José María de la Aguilera, Guillermo Carranza, y Manolo Penabaz, padre. También estaban Cusa Cabrera, del Directorio Estudiantil, que más tarde se suicidó, y Sara Carranza, cuyo hermano Eladio era el líder de los telefónicos en esos momentos.

Con la excusa de que para llamar a una huelga general había que contar con quienes controlaran los sindicatos, el 26 de Julio permitió la entrada de elementos comunistas, lo cual le disgustaba mucho a María y así lo hizo saber cuando admitieron al esposo de la dueña de la casa de huéspedes, Alicia Visiedo. Se trataba de Osvaldo Sánchez Mestril, expulsado de la firma Lilly por comunista, y que más tarde fuera director del Banco de Comercio Exterior de Cuba. También quedó incluído el Partido Socialista Popular (PSP) y, con esto, el disgusto de María Vidal se agravó, pero decidió esperar a un desenlace.

Al triunfo de la revolución y llegada de Fidel Castro a La Habana, Mario Chanes de Armas, comandante de la Sierra Maestra y expedicionario del Granma, se reintegra a su trabajo en la Cervecería La Polar y no acepta trabajar para el gobierno. Tras contemplar en la televisión el ignominioso circo romano, llamado juicio, de Sosa Blanco, María se lanza a conspirar con

Mario Chanes, Jesús Silva, Emilio Figueres Andreu que era capitán del Ejército Rebelde, Angel del Toro, un policía desertor que ella escondía, y el Dr. Fernando Sánchez Amaya Pardal, comandante del asalto al Cuartel Moncada y del desembarco del Granma.

— El 6 de enero registran mi casa en la Playa Guanabo pero no hay nada comprometedor. El 17 de abril me detienen por tres días en el Puesto Naval de Guanabo y llaman a una asamblea para que el ministro de gobernación Pepín Naranjo nos ofrezca disculpas a los arrestados indebidamente. Un miliciano me vigiló durante tres días. Alrededor de la iglesia del Guanabo Viejo se producía una situación inquietante. Los comunistas decían que iban a asaltar la iglesia para sacar a los santos y golpear al párroco, el Padre Armando Jiménez Rebollar. Estábamos dispuestos a todo para evitar que tocaran al Padre. Este se tuvo que asilar porque encontraron fósforo vivo escondido dentro del órgano de la iglesia...

...Yo tenía la encomienda de viajar a Santiago de Cuba e informar al Obispo Monseñor Pérez Serantes lo que ocurría y allá me fuí el 24 de abril. Monseñor me escuchó y me entregó una maleta llena de pastorales para llevarle a Monseñor Boza Masvidal, a quien impondrían los atributos de obispo el 17 de octubre en la Catedral de La Habana, encargándome, además, que lo pusiera al tanto de todo lo que estaba sucediendo en Guanabo...

...El 24 de septiembre tocan a mi puerta agentes de Seguridad del Estado. Registraron mi casa al máximo y, entre otras cosas, se llevaron hasta el título de propiedad de mi casa y otros papeles. Me llevaron al Puesto Naval porque buscaban a otros más, incluyendo a Pablo Prieto, que abastecía de tamales a los restaurantes del área, y a quien llamaban "Campeón". El huyó y se alzó en El Escambray, donde lo apresaron y cumplió 20 años. Del puesto me llevaron a El Castillito [en Cuba y Chacón, en La

Habana], donde estaba la comandancia de la policía del G-2, o sea, Seguridad del Estado, y de ahí a la azotea. Allí habíamos muchos presos, inclusive militares castristas. Dormíamos a sol y sereno en el suelo. Y comíamos todos de la misma tapa de un latón donde nos servían los espaguetis que traían en unos tanques. Para el uso de todos nos dieron un solo tenedor. En los fosos de El Castillito oíamos los gritos de los que torturaban a diario, y desde la Fortaleza de La Cabaña, que quedaba enfrente, nos llegaban las descargas de los fusilamientos. Allí también estuvo durante cuatro días Riselda Martínez "La Chavala"...

...A los 20 días me llevaron para el G-2 de Quinta y 14, donde estuve bajo los interrogatorios de Roldán, Roichot, Canales y Marquitos Rodríguez, a quien mataron por lo de Humboldt 7. Esta había sido la casa de uno de los dueños de El Encanto y estaba frente a la del Dr. Grau San Martín, en cuya terraza él siempre tenía café y agua para los familiares que iban al G-2 a preguntar por sus presos. Allí tuve un problema con una mujer teniente, una tal Pastora, cuya cara me era conocida. Cuando por fin recordé quién era no pude contenerme y empecé a gritarle, "So sinvergüenza, ya sé quién tú eres...trabajabas en la guardarropía del Comodoro, a donde iba la gente bien..." Y por ahí me despaché. Pero pronto me apresaron y me llevaron en un carro patrullero para La Cabaña...

...Sentí un gran alivio cuando no me dejaron en La Cabaña y fuimos para el vivac de Guanabacoa, donde estaban todas las presas; allí vi a María Amalia del Puerto, que la trajeron de Seguridad del Estado. En mi causa habíamos sólo dos mujeres y 27 hombres...

...Nuestro juicio duró dos días y se celebró en el Salón de Oficiales con el Tribunal #1, presidido por Fernando Flores Ibarra, "Buchito de Sangre", y de fiscal tuvimos a Pelayo Fernández Rubio, "Pelayito Paredón". Como entre los 27 había cinco militares temía que los fusilaran. A Chanes y a Sánchez les dieron 30 años, y 20 años a Pedro Ulacia, Pepe Aceña, Roberto Cosculluela, Ramón Laurent Rojas, y a todos los demás. A las dos mujeres nos dieron 12 años. A Sánchez lo dejaron salir antes de terminar la condena porque se enfermó de los pulmones durante el infame Plan Camilo Cienfuegos en Isla de Pinos, pero no lo dejan salir de Cuba...

...En Guanabacoa se vivían momentos terribles. A diario hacíamos el rosario porque todos los días había juicios, y el día que no le mataban a una el padre, era el hermano, y si no, el hijo. La comida era intragable y no nos daban ninguna asistencia médica. Creo que ya era abril del 62 cuando nos pusimos en huelga de hambre en la galera, clamando porque viniera el Ministerio. Estuvo hasta una señora mayor que se llamaba María Utset que ya debe haber muerto. Sólo tomábamos agua. Entonces yo hice como una bocina y con Mary Martínez Ibarra que, como yo, era del Movimiento 30 de Noviembre, hicimos una escalera humana porque ésta era una prisión muy antigua y tenía las rejas muy altas. Así alertamos al pueblo de Guanabacoa de que las presas políticas estábamos en huelga de hambre. Estuvimos tres días y tres noches dando un "toque de lata", esto es, golpeando incesantemente los barrotes de las rejas con los platos vacíos, durmiendo en el suelo y sin comer...

...Como estábamos en las galeras del fondo no podíamos saber si el pueblo estaba al tanto de lo que pasaba. Pero al tercer día vino el Ministerio y no quiso hablarnos, sólo se entrevistó con la jefa del vivac, la tenienta Raisa Martín. Hicieron una lista de las que ya estábamos juzgadas y nos mandaron para Guanajay. Lo de siempre, dividirnos, rompernos...

...En Guanajay ya estaba Ana Lázara. Fuimos trasladadas María de los Angeles Habach, Mary Martínez Ibarra, Blanca Rodríguez, Riselda Martínez "La Chavala", Carmen Rosa Lora, nieta del General de la Guerra de Independencia Saturnino Lora, y muchas más. Todavía no tenían las jaulas cerradas que utilizarían después y nos trasladaron en un ómnibus, atravesando todo el pueblo. Nosotras íbamos gritando, "¡Abajo el comunismo! ¡Viva Cristo Rey!"...

CARMINA TRUEBA

Nacida en Cuba, Carmina Trueba vive la Guerra Civil en España con su familia y regresa a su patria, donde su padre español era industrial y propietario de la fábrica del Café Regil. Sus vivencias durante la Guerra Civil los alertó en 1959 contra el comunismo que se ceñía como sombría amenaza sobre Cuba.

Como la mayoría de los españoles trasplantados a Cuba que allí vivían dedicados a enraizar familias y cosechar comercios e industrias, la familia Trueba se mantuvo alejada de involucraciones políticas. Carmina estaba recién casada y dedicada a sus nuevas responsabilidades, pero su esposo y su primo Domingo "Mingo" Trueba formaban parte de una red de espionaje respaldada por la Agencia Central de Inteligencia de los EEUU (CIA), al frente de la cual se encontraba Rogelio González Corzo. "Francisco" era su nombre de guerra.

Con frecuencia, Francisco llamaba a Carmina y le decía, "Oye, ¿me invitas a comer arroz blanco con huevos y platanitos fritos...?". Tenía una linda relación con la familia Trueba. El día de su arresto, Francisco almorzó en casa de Carmina y al despedirlo, ésta le preguntó, "Francisco, ¿qué crees tú de todo esto?", a lo que él respondió, "Carmina, los americanos tienen una carta guardada y la pondrán a jugar el día que lo estimen conveniente. Mientras tanto, caeremos presos, nos moriremos de hambre o nos fusilarán". El 18 de marzo de 1961, arrestaron a Francisco y a Mingo con todos los que serían juzgados en la Causa 152 de 1961.

— Desde que cayeron presos yo estuve pendiente de ellos, dedicada a su prisión, a las visitas, a llevarles las jabas con alguna comida. Cuando reclamé el cadáver de Mingo también reclamé el de Francisco, pensando en que un día podría devolvérselo a una Mater Dolorosa. Fue tan grande el impacto, el shock que yo sufrí en el cementerio, enterrándolos, que allí mismo me hice la promesa de no seguir viviendo ajena a todo esto como hasta entonces. Mi casa quedó aislada por todos, como si hubiera sido presa de una plaga contagiosa. Sólo quedaron algunos amigos fieles. Los hermanos Ambas, Paco el de "La Casa Paco", y Pepe el de "El Viajante", ambos restaurantes de Miami, llevaban a mis padres a verme a la cárcel y se ocuparon de ellos hasta su final. Es más, Pepe no salió de Cuba hasta que yo salí de prisión. No sabemos donde terminan los Ambas y empiezan los Trueba...

...Mi primer paso fue el asilar a mi hermano Pedro y mi marido en la Embajada de Venezuela, que era la casa de los Arcos, al lado de la Embajada de España y la casa de Honduras. La casa de Honduras pertenecía a Venezuela y allí estuvieron hasta que embarcaron. Mingo y mi marido tenían un tercero, mi cuñado, que continuó la labor de ellos hasta que tuvo que escapar clandestinamente y yo lo llevé hasta la costa...

...Desde ahí comencé a conspirar vertiginosamente. Estaba obsesa. No había piedra ni obstáculo en mi camino que yo no salvara. Yo vivía con mis padres. Mi padre se negaba a salir de Cuba porque "no había sido previsor" y no tenía medios con que subsistir en el exterior sin ser carga para la familia. Entonces caen presos mi primo Pepín y mi suegro. Aumentaban mis responsabilidades, además de mis viejos, mi suegra era una mujer ya mayor y era yo la que cargaba las dos jabas a la prisión...

...Después del fracaso de Playa Girón todo fue en picada, el grupo estaba muy limitado. Desde la Embajada de España yo empecé a llevar las finanzas del MRR para ayudar a los presos. Me enviaban el dinero desde Miami y siguiendo una lista se les entregaba a los miembros del MRR, en algunos casos hasta para pagar a los abogados en los juicios. Nunca me encontraron un papel y gracias a Dios que nada de esto me salió cuando caí presa...

...Con mi cuñado comencé a trasladar aparatos transmisores de un lugar a otro, a asilar perseguidos, a sacar gente clandestinamente. Recuerdo que un día mi cuñado me encargó recoger un equipo de transmisión en el piso 11 del edificio López Serrano a las siete de la noche. Dejé mi Mercedes al costado y al entrar al edificio llena de temor, veo un bar en la planta baja y pienso, "Necesito tomar algo que me ayude a tener valor". Con paso firme me acerco a la barra y le pido al cantinero, "Déme un coñac". El hombre, sorprendido, me pregunta, "¿Lo quiere estréit?". Al contestarle que sí, me sirvió un Tres Copas. Me lo tomé de un sorbo, seguido por un vaso de agua. El cantinero se dio cuenta de que yo no estaba acostumbrada a eso y sólo me dijo, "Que le vaya bien". Cumpliendo órdenes, no subí directo al 11 sino que me bajé en el siete y luego retomé otro hasta el 11. Allí me esperaba la persona que me entregó la pesada bolsa y caminé, bien desnivelada por el peso, hasta el carro, donde me esperaba la persona que haría la entrega. Fuimos hasta Santos Suárez y pude regresar a mi casa pasadas las diez de la noche, dándole a mi padre toda clase de explicaciones...

...A un señor lo asilamos, a punta de pistola, en la Embajada de Argentina, que era la casa de los Solís, frente a El Carmelo. Adentro ya estaba Manolo Villamañán y me abrió la puerta mientras yo pasaba de brazo con el señor. Y digo a punta de pistola porque los que nos habían dejado allí estaban vigilando por si se presentaba algún tropiezo. A este hombre no lo podían agarrar. Cuando Manolo nos entra, ya el guardia venía de regreso de la esquina. Yo pasé allí la tarde y parte de la noche como si hubiera estado haciendo una visita y salí cuando la guardia había cambiado. Este hombre no olvida la fecha de su asilo y siempre se acuerda de llamarme. Esto me llega al alma, porque hay cantidad de asilados por quienes muchos se jugaron vida y libertad y jamás han llamado a sus asiladores para siquiera saber cómo están...

...Un día se produce un incidente. Me visita una mujer que ahora está aquí, pero que estando presa empieza a trabajar para el G-2 siguiendo instrucciones de la CIA. Y en una de sus salidas me alerta, "Carmina, tienes que irte". Yo me sorprendo y le riposto, "No, si yo no tengo nada que ver contigo y no sé por qué me dices eso...". Pero ella insistía, "Tienes que irte, cuando Mongo Grau te avise tienes que irte. Te vienen a buscar". Ella no era de mi causa, pero en mi causa había otras dos personas con iguales instrucciones, a las que les habían dicho, "Tú habla de los que ya están fuera pero no hables de los que aún estén aquí"...

...Cuando el recado de Mongo Grau llegó a mi casa, mi madre pensó que era del G-2 y dijo que yo estaba en Miami; yo llevaba un mes en casa de los Caldevilla, en la Embajada de España. Había navegado con buena suerte desde Playa Girón en abril del 61 hasta noviembre del 63, cuando matan a Kennedy. Pero en diciembre, les digo a los Caldevilla que me gustaría pasar la Nochebuena con mamá y papá. Al anochecer del 24 me llevaron para casa, yo pensando que no tendría que volver a la embajada. Pero el día 26, de pronto entraron a la casa 14 guardias y practicaron un registro minucioso; no encontraron nada porque todo yo lo tenía en la embajada...

...Estuve incomunicada hasta el 11 de enero en una galera de la Villa Marista del G-2 con tan sólo un catre y una lata de chorizos para hacer mis necesidades. El aire a punto de congelación y las luces cegadoras por todas partes no me dejaban pensar ni la hora en que vivía. Me llamaban a interrogatorio a toda hora, total, para yo negar todas las acusaciones. Por fin, un día me dicen que me van a trasladar para Guanajay tan pronto firme mi declaración mientras me celebran el juicio. Pero después de tantos días encerrada, yo no veía nada, absolutamente nada, y me negué a firmar sin leer. Y aunque me la leyeron yo dije que sólo firmaba si aclaraba que ésta me la habían leído...

...Me llevaron para Guanajay hasta el juicio en La Cabaña, donde me pidieron 30 años y me los dejaron en 20. El fiscal fue Flores Ibarra, el mismo de mi primo Mingo. Y no por mí, sino por Mingo, juro que aunque lo que yo más quiero en el mundo es volver a Cuba, jamás volveré estando allí Fidel, Raúl, Flores Ibarra y Pardo Llada. Con ninguno de los cuatro tengo arreglo. Renuncio. Y me sería bien triste no poder volver...

...En Guanajay tengo la suerte de caer en una galera al lado de Sara del Toro y de Hortensia Baquero, acusada de ser agente de la CIA. Su hijo mayor era el presidente de los Jóvenes Comunistas y otros dos hijos la iban a visitar. El esposo, Jaime Crombet, también estaba preso por no haber delatado a Hortensia...

...En enero prenden a Polita y Mongo Grau y en junio me devuelven al G-2, donde me retienen hasta mayo de 1966: ¡un año menos 15 días! Todo, bajo el pretexto de involucrarme en la causa de los Grau. En ese año, el 25 de octubre muere mamá, el día que yo más he sufrido durante toda mi prisión pensando en cuánto me necesitó ella y en lo viejito que estaba mi padre, que ahora se quedaba solo, con mis hermanos exiliados y yo presa...

...En el G-2 me gané el Cielo. Durante ese año pude servir de consuelo a todas las presas que allí llegaban, las lancheras, las contrarrevolucionarias, cada caso era una tragedia. Cuando murió mamá, pedí que me llevaran a la funeraria y al entierro para acompañar a mi padre y me dijeron: "Nosotros fuimos conscientes con el dolor de Vicente Grau Imperatori y contigo no vamos a ser menos". Me llevaron entre escoltas con metralletas. Como estaba allí el Padre Miyares, les pedí que me dejaran confesar y comulgar; se opusieron de entrada pero al final me lo permitieron, casi a dos metros de ellos. En prisión, cuando recibíamos las hostias que manos piadosas nos hacían llegar clandestinamente, yo las partía y las distribuía entre las comulgantes. Hoy, la recibo directamente en la boca...no podría hacerlo...tocarla con mis manos...

...Nosotros teníamos una capillita en el cementerio. A la izquierda habíamos enterrado a Mingo y a Francisco. También enterré allí a una presa camagüeyana, compañera mía del colegio El Sagrado Corazón, Lolín Correoso. Estando en la cárcel la operaron de la vagina primero y luego del pecho, y murió. Partía el alma de cualquiera el ver a mi padre. Aquel viejito solo, liquidado. En sus esfuerzos por llegar a mí conoció a un pintor español que había estado preso con Fidel Castro en México y éste se brindó para pedir que el G-2 revisara mi caso. Pero después que le leyeron mis cargos, me dijo, "¡Tú no eres una niña, tú eres un terremoto!" A su queja de que mi padre estaba tan solo yo le contestaba que él no conocía el dulce sabor de la resistencia. Me abrumaba para que yo aceptara el plan de trabajo y pudiera regresar a casa...

...Llegó el momento en que todo me daba igual...mi madre muerta, mi padre solo, mis hermanos fuera...pesaba mis sentimientos uno contra el otro...lo mismo me daba cumplir los 20 años que me llevaran al paredón...pero, ¿y mi padre solo y abandonado por mí? Me tuvieron un año y medio sembrando caña y café en una granja antes de dejarme ir para cuidar a mi padre. Nosotros estábamos en el giro del café y yo derramaba lágrimas sobre aquellas maticas de caturra que jamás crecieron ni dieron fruto, con aquellas botas que me quedaban enormes y pesaban un quintal. Yo lloraba a toda hora y como decía el director de Guanajay, "Para algunas presas, el plan de rehabilitación es suave, pero para María del Carmen Trueba es un parto con cuarentena". Olimpia Cifuentes me ayudaba a cavar los zurcos cuando terminaba con los de ella, porque había tareas que cumplir...

...De Guanajay me llevaron para Guanabacoa. En Guanabacoa nací yo...y en Guanabacoa teníamos la fábrica del Café Regil...pero yo nunca había visitado la cárcel. Como era una cárcel para comunes, a la entrada, imponente, había un letrero sobre mármol que decía, "Odia el delito, compadece al delincuente".

ESPERANZA PEÑA

Mucho antes de 1954, cuando su esposo la saca de Cuba hacia su primer exilio tras el golpe de estado de Batista y su abierta oposición a ese gobierno, Esperanza Peña ya había exhibido pruebas de su determinación. Enamorada de la carrera de Medicina y con la ambición de ser siquiatra, pasó por encima de la oposición de su padre y a escondidas matriculó Medicina en la Universidad de La Habana con el apoyo oculto de su madre. A los tres años de estar estudiando, ganó por oposición la codiciada posición de alumna interna en el Hospital Universitario Calixto García y no tuvo más remedio que confesarle a su padre que estaba estudiando Medicina.

Aquel engaño, unido al encubrimiento materno, provocó un disgusto tal que casi da al traste con la unión de la familia. Resignada, pero infeliz, Esperanza matriculó Farmacia. Aplicó a esta carrera sus asignaturas de Medicina y al graduarse le entregó el título a su padre diciéndole, "Aquí tienes a tu hija ya farmacéutica, pero jamás me verás detrás de un mostrador". Y cumplió su palabra.

Matricula entonces Pedagogía porque es la única carrera que ofrece 18 asignaturas de Sicología. Casi al finalizar la carrera, surge en la Universidad Católica Santo Tomás de Villanueva la carrera de Sicología y se gradúa allí. Una incomprensible fuerza empujaba a Esperanza a lograr esta meta. Era como si fuese de vida o muerte el que ella tuviera acceso a esas especialidades. Años más tarde, en prisión, sus conocimientos de medicina, farmacia y sicología aliviarían el sufrimiento y hasta salvarían las vidas de muchas presas políticas en las cárceles castristas.

Al triunfo de la revolución, Esperanza, su esposo y la hijita de ambos regresan del exilio a Cuba aunque con poco entusiasmo porque conocían a Fidel Castro y desconfiaban de sus mañas.

Desde muy temprano confirmaron sus temores y comenzaron a conspirar. En las propias palabras de Esperanza, "empezamos a agitarnos porque es lo que llevamos en la sangre".

Cuando los carros patrulleros rodearon su casa de 15 y J en El Vedado, Esperanza ayudó a su esposo a saltar un muro al fondo del garage y huir para una casa de seguridad. Al preguntar los milicianos por Carlos Rivera, ella pudo contestar con naturalidad que éste no se encontraba en casa, por lo cual le harían pagar más tarde. Esperanza le había conseguido a él asilo con la Embajada de Ecuador, que ella atendía, y logró sacarlo el 24 de diciembre de 1962. Ese mismo día le llegaba el telegrama de autorización para que su hija abandonara el país. En el aeropuerto, el Embajador le ofreció, "Quédese aquí con su niña y yo los saco a los tres". Pero su compromiso con el Frente Unido Occidental la mantuvo en Cuba.

Esperanza era jefa de la Comandancia 2 de La Habana que contaba con el apoyo de la CIA. Justamente el 20 de mayo de 1964, cuando debían producir un levantamiento interno conjuntamente con una invasión de afuera, los apresaron, posiblemente como resultado de una delación por parte de alguien que había infiltrado al grupo. En su casa tenían una planta transmisora que no lograron encontrar y con ella enviaban mensajes al barco madre "Rex" que llegaba a Cuba y sacaba a perseguidos a la vez que desembarcaba armas en grandes cantidades. Un día, persiguiendo a unos "matavacas" que robaban ganado para vender su carne en el mercado negro, los guardas encuentran en una zona de Pinar del Río que la arena estaba recién movida, y creyendo que allí estaba enterrada la res, acecharon a los culpables para cuando vinieran a desenterrarla. En vez de los matavacas, llegaron unos guajiros en carreta a sacar el alijo de armas y ahí mismo agarraron el hilo y cayó la causa completa.

El jefe Marqués Novo, alias "Plácido", pudo esconderse en una casa de tabaco desde donde se batió a tiros hasta el final, dándole candela a la casa con toda la documentación que tenía arriba y que incluía hasta nombres de los casos que radicaban en los EEUU.

Cuenta Esperanza que hay varios libros que citan este hecho. En uno de ellos, El Secreto de Plácido Enjuno, los castristas la mencionan como Elisa, en otros le dan su nombre de guerra, "Irene".

Las fuerzas de Seguridad del Estado irrumpieron en su casa a las tres de la mañana y menos a su mamá y un sobrinito de sólo cinco años, se llevaron presos a todos en la familia, su hermana y su cuñado italiano que eran los dueños de Montecatini y no estaban involucrados en nada, sus sobrinos, y su hermano, que con el esposo de Esperanza importaba de Bélgica productos fotográficos y de esa fuente Esperanza pasaba informaciones a la CIA. Tras dos meses en el G-2 sin poder probarle nada, soltaron a un hermano.

— En "Las Neveritas" del G-2 en Villa Marista me tuvieron sola durante seis meses. Llamaban así a estas celdas porque se cerraban por fuera con unos pasadores como los de los frigoríficos de carne. De vez en cuando metían a otra mujer para ver si podía sacarme algo, ¡pobrecitos! Me llevaban a interrogatorio a las siete de la noche y me tenían hasta las siete de la mañana tratando de vencerme. En la planta baja golpeaban a mi sobrino Jorge Enrique de la Torre, cuyo nombre de guerra era "Aníbal", para que yo escuchara sus gritos, lo torturaban cerca de mí para ablandarme. Tenía 17 años cuando aquello y para mí era mi adoración, el hijo varón que nunca tuve, porque yo tenía una niña. Para salvarlo a él del paredón, yo me eché la culpa de muchísimas cosas, porque a mí no me iban a fusilar pero a él sí... Utilizaban todos los recursos sicológicos imaginables, pero como yo sabía un poquito de eso...

...Lázaro el mulatón era mi interrogador asignado, pero cada noche me interrogaban en rueda, preguntándome todos lo mismo para ver si yo me contradecía y me agarraban fuera de base. Yo les decía con toda mi calma, "Miren, yo necesito que me pregunten uno a la vez porque si me preguntan juntos yo no puedo entender ni atender a ninguno, así es que, por favor, pregúntenme uno a uno para que esto salga bien; si no, que salga como ustedes quieran". Gracias a Dios, usando el mismo tono de ellos pude ir sobrellevando los interrogatorios a pesar del debilitamiento, porque sólo me daban unas lentejas incomibles y yo mojaba el pan en el agüita y después tomaba un poquito de recuelo de café. Tenía 6.5 de hemoglobina...

...A mi causa la llamaban La Causa de los 4,000. Yo no sé si en efecto hubo 4,000 arrestados, pero de nuestro grupo hubo 25 hombres fusilados. Nosotros habíamos organizado todo en Pinar del Río y La Habana hasta la provincia de Matanzas bajo nuestro jefe Marqués Esteban Novo, cuyo último nombre de guerra fue "Plácido". El resto de las provincias correspondía a otro grupo...

...El juicio fue terrible. Fue el 16 de diciembre de 1964. Entre los juzgados recuerdo a Elio Puro Anaya, sobrino del jefe Lázaro Anaya y a un pobrecito hombre de Cabañas a quien yo había regalado dos gomas para hacer viajes y llevar recados. Cuando al comenzar el juicio preguntan "¿Usted quiere declarar?", yo dije que sí para ayudarlo a él pero no me hicieron caso. A cada minuto lo enredaban más y yo sin poder hacer nada. Varias veces me subí en el banco y gritaba para que me pusieran atención. Al final, tras las conclusiones del fiscal cerraron los libros y me dijeron, "Declare ahora". Les contesté que yo no era analfabeta, que sabía que nada valía tras las conclusiones del fiscal pero como allí había público que luego iba a repetir lo sucedido, dije que yo sí iba a declarar. El abogado de la Embajada de Italia quiso defenderme pero no lo acepté. El iba para defender a mi hermana y mi cuñado...

...El pobrecito acusado salió condenado al paredón. Cuando salió, su hijito de 13 años corrió a abrazarse a sus rodillas llorando... ¡Fue una escena desgarradora...indescriptible! Pero en esa gente no había alma, no había humanidad...

...Me condenaron a 30 años de prisión. Gracias a los esfuerzos de la Embajada de Italia, a mi hermana Josefina Peña le dieron 18 años pero la liberaron antes de tiempo, y a su esposo, Vasco Cechi, casi lo obligaron a aceptar un chantaje de que si ayudaba al gobierno de Castro a instalar unas máquinas para hacer pastas y pizzas, le daban la libertad a ellos y a su hijo. Aceptó el arreglo y cumplió su parte en libertad condicional mientras le mantenían a la esposa e hijo presos como rehenes. El gobierno cumplió su parte del trato pero sólo porque la Embajada estaba de por medio...

...Tras esos seis meses en Seguridad, me llevaron directamente para Ingreso de la cárcel de Guanajay donde ya se encontraban varias de mi causa, Bertica Rodríguez, Mercedes Rico, Araceli Rodríguez San Román que era la sobrina del jefe, una muchachita de Isla de Pinos a quien llamábamos "La Niña" y a cuyo padre habían fusilado, Mariluz Solís, Irma Martínez Llorca, y Carmelina Casanova que era bibliotecaria y trabajó mucho aquí en Miami por el presidio político y que ya murió...

...Inicialmente me llevaron al pabellón "C" bajos, pero pronto me subieron al "C" altos por mis conocimientos de medicina y farmacia, proponiéndome instalar allí el botiquín para que yo pudiera darles ayuda a mis compañeras con algunas medicinas, tomándoles la presión...Nadie puede imaginarse lo que es poner una inyección a la vena para curar un ataque de asma en plena oscuridad, sin luz, con una vela. Pobrecita Olga Alvarez, padecía de un asma brutal, que no había forma de reducírsela. Otra padecía de unos graves trastornos ginecológicos y le pusieron una inyección a la que era alérgica. Cuando me la trajeron estaba negra de pies a cabeza y pasé las mil, de noche, sin luz, tratando de revivirla y sacarla del shock...pasamos momentos durísimos, durísimos...

...Dios tiene maneras misteriosas de proporcionarnos el camino. A lo largo de mi presidio, El me puso en los lugares donde yo era más necesaria. Fue en América Libre donde pude atender a María Vidal que tuvo unas situaciones increíbles de descompensación nerviosa, de neurosis con intentos de evasividad...Si Dios no me hubiera proporcionado esos conocimientos y no me hubiera puesto al alcance de María, yo no sé qué hubiera sido de esa muchacha. Eran tan crueles con ella, abusaban tanto de ella, que era lo suficiente para que se hubiera matado en la prisión...

...Ya en el 79 la campaña de divulgación sobre el presidio había prendido a nivel internacional y se estaban haciendo muchas gestiones por nuestra libertad. Comenzaron a salir las presas, pero mi turno no llegaba, a pesar de innumerables gestiones hechas hasta a nivel de embajadas. En una de esas visitas en que los carceleros llevan a los extranjeros a ver los servicios tan generosos que tienen para con los presos, llevaron a un oftalmólogo. Como yo conocía un poquito de medicina, cuando me fueron a hacer una campimetría hice trampa con la luz y el ángulo visual...resultado, que tenía un glaucoma muy serio. El oculista, magnífica persona, dijo que aquello era grave y que cualquier día me iba a levantar ya ciega. Gracias a ese informe, me arreglaron los papeles para subirme la edad y me dieron la libertad, pero no dejaban salir a mi mamá y mi hermano, y yo no me iba sin ellos...

...Un detalle curioso de que "lo que se hereda no se hurta". Al irse mi esposo y mi hija, encontré en una gaveta de la niña un creyón de labios vacío...¡relleno con fósforo vivo!. Ella y sus amiguitas del Philips School ya estaban en la etapa de letreritos y cartelitos en los cines, el fósforo vivo estaba al caer. Cuando le pregunté por esto, me contestó, "Bueno, no te quejes, que de tí y de mi padre lo heredé".

ESTRELLA RIESGO

La víspera del Día de Reyes, el 5 de enero de 1969, Estrella Riesgo se apresta a irrumpir por la fuerza en la Base Naval de EEUU en Guantánamo, Cuba con 100 arriesgados cubanos. Con apenas 18 años había contraído matrimonio con el que sería el padre de sus dos hijitas. Al tomar el poder el gobierno de Fidel Castro, comienzan las desavenencias en el matrimonio y cuando Estrella decide irse del país, ya Lázaro Gustavo Gálvez, teniente de la Marina y funcionario del gobierno, se ha divorciado de ella y contraído matrimonio con su segunda esposa. Aunque él le promete darle el permiso para sacar a las niñas, le aclara a posteriori que el Partido Comunista le prohibe darles el permiso.

El hermano de Estrella le avisa que un amigo suyo tiene un camión-rastra "para dar un viajecito" y realizan el primer intento de fuga la víspera de San Lázaro, el 17 de diciembre de 1963, pero llega una contraorden y tienen que regresar a La Habana desde Guantánamo, en el otro extremo de la Isla. Estrella había mentido, diciendo que llevaba a las niñas a Pinar del Río, donde vivía su abuela. Tan pronto regresaron, el padre de las niñas las abrumó con preguntas sobre el viaje que habían dado con su madre al campo, inquería sobre el paseo en camión, el nombre del lugar y si había mar, tratando de confirmar sus sospechas...

— Nuevamente, el 3 de enero tomamos un ómnibus hacia Oriente. Estuvimos en esa guagua toda la noche del 3 y todo el día y la noche del 4; finalmente, llegamos a Santiago de Cuba al amanecer del 5. Allí estuvimos paseando hasta que se hizo de noche y nos montamos en la rastra que nos esperaba al fondo de la terminal de ómnibus. Hicimos un recorrido recogiendo gente que estaba en el mismo plan; éramos más de cien...¡algo increíble! Pasamos toda la noche en el camino desde Santiago hasta Guantánamo...

...Nuestro propósito era entrar con la rastra, pero eso no fue posible porque ya casi en los albores del día 6 la rastra se cae en un zanjón y queda virada de lado. A la orden de "¡Todos al piso, tírese todo el mundo!", yo agarré a la niña mayor, alguien toma a la pequeña y nos echamos a correr. Desde donde quedó virada la rastra no se veía la base. Yo estaba medio atontada, después de tres noches sin dormir con las niñas tiradas sobre mí, apretujada entre hombres, mujeres y chiquillos dando gritos...me tambaleo y pierdo tiempo en echarme a correr, tropiezo con unos palos y caigo al suelo con la niña sobre mí y me queda una pierna atrapada entre los palos...no es fácil levantarse de una situación así...una persona me ayudó a levantarme pero ya había perdido tiempo para brincar la cerca de la frontera...

...De pronto aparece un "fronterizo" [guardafronteras], metralleta en mano, gritando, "¡Qué te pares te digo, que te pares, que te voy a tirar!", y por ahí empezó a gritar las obscenidades más vulgares. Cruzaba junto a nosotras Carmita Alonso con su hijita. El fronterizo logró echarnos para atrás y los demás que llegaron nos hicieron un cerco y nos tiraron al piso. Entonces empezaron a disparar a tiro limpio y yo sentía cómo las balas silbaban sobre mi cabeza...Tenía la boca reseca, con esa resequedad que da la pólvora. Yo pegué la cabeza a la tierra, abracé a mi hijita, empecé a rezar y mientras esperaba la muerte decía, "Aquí hay que morirse, dicen que los tiros no duelen, que no se sienten, ahora, a morirnos"...

...Cuando llegan los guardias, nos separan en tres grupos, a las mujeres de los hombres y de los niños. Rastrillan las metralletas y llega en motocicleta el que parece ser el soldado principal y manda a parar el tiroteo. Suena otro tiro y la sangre de un herido salpica a mi hermano que está en el suelo, y un señor santiaguero, ya mayor, le grita, "¡Asesino, lo mataste!". El jefe le da un tiro en la pierna y lo lanzan sobre un camión donde casi se desangra...

...De allí nos pasaron por dos o tres campamentos, nos retrataron varias veces, nos llevaron a Seguridad en Santiago y allí estuvimos tres días. Aquel cuartucho era lo más deprimente del mundo. El pañal con que mi hijita tuvo que revolcarse por la tierra de la base estaba más limpio que los colchones de aquellas literas. En ese cuartico éramos 25, entre niños y mayores. Para repartir entre cinco o seis niños, pasaban una latica de leche con agua. A nosotros nos daban un agua de chícharos o garbanzos repleta de gorgojos. Vivian me decía, "Mami, qué rica la papa", y aquella comida estaba llena de bichos enteros...

...Nos mandaron para Villa Marista en La Habana. Allí volvieron a retratarnos. Mi hermana vino a recoger la niña pero no pudo impedir que el padre se la llevara. Mi madre y yo estuvimos presas juntas en la granja el primer año. Logré, por medio de abogados, tener algunas visitas, pero la niña me rechazaba. Ya estaba tan adoctrinada por el padre y la madrastra que ella misma me decía: "Usted no es mi mamá, mi familia es ésta y usted no tiene que venir a verme. Y a mi hermanita que se llevaron para los Estados Unidos le van a sacar los ojos, porque allí matan a los niños y les sacan los ojos". Y hasta el sol de hoy no he vuelto a ver a mi hija...

...El chofer de la rastra, Eufemio "Mane" Delgado, es el que se hace cargo de la niña, la entra a la base y la trae con él para el exilio. La cuida durante varios días mientras mi papá desde Cuba localiza a una tía mía aquí y ella se hace cargo de la niña porque Mane tiene cuatro hijos y era mucho para él. Hasta que mi padre me hizo saber que mi hija estaba a salvo yo creí enloquecer. No hay palabras con las que pueda describir mi angustia...

...El padre de las niñas estaba obseso con reclamar a Estrellita hasta tal extremo que hizo una reclamación contra este gobierno y se celebró un juicio aquí en Estados Unidos ofreciendo mi libertad a cambio de que la niña fuese devuelta a Cuba. Hubo que custodiar a Estrellita, teñirle el pelo y mantenerla oculta para que no la fueran a secuestrar. Fue muy duro, pero por fin el juez le dio la patria potestad a mi tía...

...Mi tía tiene cinco hijos, todos varones, y de pronto llegó a esa familia una hembrita. Se encariñaron con ella como propia y le dieron una educación extraordinaria, como pocas niñas reciben... colegio de monjas, clases de piano, viajes...

...Mientras yo estuve presa le decían, "Si quieres a tu mamá reza por ella". Pero cuando llegué yo, comenzaron los problemas con el consabido "¡Ay, si te vas con tu mamá me muero!". Era una verdadera odisea. La niña estaba en una edad muy mala, ya tenía 12 años y llevaba 10 sin verme. Yo me había hecho peluquera al llegar aquí pero nunca tuve el gusto de darle un recortico siquiera, la llevaban a otra peluquería. Nunca pude repasarle una tarea. Cada vez que quería verla, ella tenía que estudiar o que dar un viaje. Yo pude haberla obligado o pleiteado con abogados, pero consideré que iba a crearle un trauma muy serio y renuncié a tenerla. Pensé que algún día ella recapacitaría, que era mejor darle tiempo al tiempo...

MERCEDES ROSSELLO

El ya mencionado televisado circo romano o juicio sin proceso legal y pena de muerte al militar Jesús Sosa Blanco, y la lectura de la Rebelión en la Granja y del Comunismo sin Máscara sólo necesitaron, como colofón, el que Mercedes Rosselló fuese testigo de un ataque con ametralladoras contra un grupo de hombres indefensos que salían de un edificio agitando pañuelos blancos. Esta no era la limpia revolución que vendría a solucionar todos los males de una Cuba sumida en la convulsión de una guerra entre hermanos.

Casada y con una hijita de tres años, Mercedes vivía cómodamente y sin mayores inquietudes políticas aunque no del todo ajena al dolor de su patria. Su familia vivía en una residencia en Almendares pero Mercedes quiso comprar una linda casa en Alturas del Vedado. En 1958 había alquilado una casa en ese reparto y grande fue su sorpresa cuando al llegar a inspeccionarla supo que era propiedad de su compañera del colegio Las Ursulinas, Delia Amengual. Pero mayor fue su asombro al enterarse de que el esposo de Delia, Clodovildo Bosque, era miembro del 26 de Julio y estaba huyendo porque en el jardín de esa casa había enterrados armas y parque.

Ya con el gobierno revolucionario en el poder y con el cinismo que caracterizaría a esta nueva e indefinible clase, en los días posteriores a ser promulgada la Ley de Reforma Urbana, Delia llamó a Mercedes diciéndole, "Tú ves, Mercy, si te hubieras quedado alquilando mi casa, ahora el gobierno te la hubiera regalado", a lo que Mercedes le contestó, "No, gracias, porque la que tengo ahora me la compró mi esposo y ésta sí es mía; yo no entiendo estas leyes nuevas y extrañas".

Por esas torcidas vueltas que da la vida, esa Delia vive hoy en la casa que el esposo le regaló a Mercedes y que les fuera confiscada. Quizás fue el premio que le dieron a Delia, con su uniforme de miliciana y revólver al cinto, por delatar a su propio padre, que fue apresado al abordar un avión hacia el exilio.

En marzo de 1961 apresaron al sobrino del esposo de Mercedes, ex-alumno de Belén y recién graduado de médico que se había alzado con otros jóvenes de la familia en El Escambray. Mercedes ya no pudo mantenerse al margen de los acontecimientos. Empezó a esconder a jóvenes perseguidos para evitar que los fusilaran. En sus propias palabras, "los del ejército no eran del ejército; los de la marina no eran de la marina; los de la policía no eran de la policía... Fidel sacó de allí a todos los que sabían y los reemplazó con mugre, con peludos analfabetos, gentes que nunca estudiaron y nunca aprendieron nada de nada...por eso hubo tantos fusilados y tantos muertos y tantas acusaciones, porque él lo propició".

Mercedes estaba de parto en la Clínica El Sagrado Corazón cuando comenzó el bombardeo al Cuartel de Columbia el 15 de abril de 1961 como preámbulo a la invasión por la Bahía de Cochinos. Sin saber que tenía gemelos en un embarazo extrauterino, le extrajeron uno y le dejaron el otro, lo cual la mantenía en una gravedad extrema y angustiada porque su esposo no estaba junto a ella. ¡Lejos estaba Mercedes de saber que ya lo habían arrestado en la casa! A sus súplicas, su hermana Margot y Cary Roque fueron para la casa a ver qué pasaba y entonces las arrestaron a ellas también, bayonetas al pecho.

Mientras Mercedes se agravaba por minuto, volando en fiebre, milicianos con armas largas intentaban llevarla con ellos mientras sus médicos, el Dr. Pablo Amézaga y el Dr. Sánchez Rojas, se oponían valientemente. Era necesaria una nueva operación para salvarle la vida. Ella sólo atinaba a murmurarle a su atribulada madre, "Vete para la casa, mami, y no dejes que se lleven a la niña ¡no se la entregues a nadie!". A las pocas horas de operada ya la estaban interrogando y amenazando, hasta que la llevaron para la Seguridad del Estado en Quinta y 14 en una frenética carrera en automóvil. Viendo que apenas podía caminar con los puntos de la herida aún abiertos, fue un mulato el que le brindó apoyo al llegar, cubierta tan sólo con la batica del hospital.

— Llegué esperando encontrar a mi hermana y a Cary, pero las demás presas, a quienes yo no conocía, me contaron que ya se las habían llevado y que allí estaban todas ellas para ayudarme. De las tres colombinas me dieron una, allí no había sábanas ni almohadas. Con los saquitos que ellas tenían me improvisaron un colchoncicto para que no durmiera sobre el alambre. Estaban la China Polo y Reina Peñate, que me bañaba y me cuidaba. Si conseguían un solo jugo, me lo daban a mí. Yo tenía poco más de dos millones de glóbulos rojos y estaba flaquita que daba pena...

...Pero ésos eran seres inhumanos a quienes nada les importaba. A los dos días me metieron con aquella batica en la celda helada durante varias horas hasta que me puse morada, casi sin circulación, temblando sin poder parar. A las seis de la mañana me sacaron y me llevaron al despacho de Alvarez Normandía y comenzó el terrible interrogatorio, con fotos para identificar, que si conocía a Raimundo Torres, que era mi esposo, que si conocía a Margot mi hermana, que si conocía esos carros — a lo que contesté, "Claro, si ustedes se los llevaron y los he visto parqueados aquí, frente al edificio". De nuevo para la celda helada...

...Dios me protegió de que no cogiera una infección, metida en esa cochiquera que era Quinta y 14, con nueve días de operada, los puntos sin cerrar, sangrando y sin atención médica. Por fin me llevaron al Hospital Militar y a los dos días para Guanabacoa. Nadie que no sea una presa puede comprender lo que surgió entre nosotras y nos mantiene unidas como una sola. Cuando una no sabe si el esposo está vivo o muerto, o si se han llevado a tus hijos, y te dicen que tu madre anda como loca, sólo la ayuda de las otras presas te permite seguir viviendo...

...En Guanabacoa encontré a mi hermana y conocí a Mariel Swab, Elena Porgark, Olga Alvarez, y Sara Odio, que fue como una madre para mí. En su maldad, Fidel nos sacó a mujeres de hogar para mezclarnos con las comunes, pero ellas nos respetaban. Las presas me decían "Lágrima Infinita" porque yo no paraba de llorar, pero después del juicio me cantaban Veinte Años no es Nada, de Carlos Gardel, porque como hubo cinco fusilamientos en nuestra causa, a los demás tuvieron que bajarnos las condenas, de 30 a 20 años...

...Ya Cary Roque contó de nuestro juicio; los sobrevivientes jamás olvidaremos esos dos días de ensañamiento y crueldad contra seres indefensos...El cínico de Pelayito Paredón burlándose de aquellas mujeres que se desmayaban de impotencia y de dolor...y transidas de angustia, las pobres madres de hijos condenados al paredón, gritando, "¡Mi vida por la de mi hijo!"...

SELMA HAZIM

A los pocos días de tomar Fidel Castro el poder, fue intervenido el negocio de tornería con maderas finas para fabricar ensaladeras, castañuelas, copas y otros artículos que como souvenirs turísticos distribuía a lo largo de la Isla y exportaba el padre de Selma Hazim. A la par, el banco del futuro suegro de Zelma, donde ella trabajaba, fue intervenido también. Selma consiguió trabajo en la fábrica de galletas Suki, propiedad de un buen amigo de la familia que también era dueño de los chorizos Alférez y de una agencia de los automóviles Ford. Le llegó su turno de intervención a la Suki a manos de un personaje de la televisión, "Ñico Rutina", y el choque ideológico no se hizo esperar.

El cuñado de Selma cursaba estudios como alférez de fragata de la Marina de Guerra y aunque su carrera no era partidista, al irse Batista se presentó ante las nuevas autoridades, sólo para ser vilipendiado y arrestado brevemente, porque entre éstas no existía la noción de qué hacer en esos casos. Alrededor de él, la turba arrolladora destrozaba vidrieras y parquímetros, saqueaba casas y negocios. Los Hazim lo perdieron todo.

Su casa era un hervidero. Selma se unió al MRR (Movimiento de Recuperación Revolucionaria), más tarde al DELMAR (Movimiento Revolucionario Democrático) y con ambos conspiró hasta su arresto el 10 de noviembre de 1960.

— Antonio Cervantes era un teniente del G-2, bien parecido, cuya misión era el infiltrarse en los grupos que se sospechaba eran desafectos al régimen y allí enamoraba a la mujer que creía fácil presa de su pasión. La esposa de un jefe de grupo, una mujer muy decente, se enamoró de él y le dio acceso a información de lo que se iba a hacer, inclusive de la contraseña. Por ella cayeron los primeros siete, pero al no saberlo yo, se me aparece un capitán, también infiltrado, que me da la contraseña para recoger un material. Todo estaba listo para volar el Túnel de La Habana. En ese momento llegan mi hermana y su esposo, ya graduado y vestido de uniforme. El no se involucraba en nada, temiendo que lo juzgara un consejo de guerra. Al aclarar yo, "No temas, él es mi cuñado y de confiar", entró a la casa un mundo de policías, parecía que iban a tomar el Palacio Presidencial...

...Menos a mis padres y abuelita, nos llevaron a todos presos. A mis hermanos y hermanas, y a mi cuñado. Quisieron llevarse hasta a los niños de mi hermana, que estaba divorciada y vuelta a casar, pero el padre de los niños era de la Policía y fue revolucionario. Alguien le avisó que la Policía se llevaba a sus hijos y él fue y se los arrebató, aunque más tarde tuvo que renunciar por esto...

...Nos llevaron a Quinta y 14, donde permanecimos cinco días. Por fin soltaron a mis hermanas pero a mí me acusaron de sabotaje y sin juicio me llevaron directo para Guanajay por pocos días, llevándome más tarde para Guanabacoa. En Quinta y 14 me tuvieron en un cuarto helado, con un televisor a toda voz. Me interrogaban unos y otros; cuando creía que me iban a dejar dormir un rato, volvían a empezar con un nuevo grupo de interrogadores. En mi causa éramos 30, tres éramos mujeres: la Dra. Violeta Blanco, María Rosa Richis y yo...

...Fuimos juzgados en La Cabaña, en un simulacro de juicio, por un solo fiscal y juez: Manuel "Barba Roja" Piñeiro. Ya todo estaba hecho. El estuvo sentado y leyendo el periódico todo el tiempo, con los pies sobre el buró. Los abogados hablaban y hablaban y él ni se enteraba, pero tampoco me dejaba declarar. En un momento, me miró y cuando me dijo, "A tí te voy a echar 30 años, pero puedes declarar ahora", yo le contesté, "No, gracias, porque de todas maneras aquí no va a existir más verdad que la de ustedes"...

...Entonces pidieron la pena de muerte para mi cuñado porque era militar pero al no existir pruebas contra él, mi familia se movilizó lo indecible y lograron que le conmutaran la pena a 20 años, con lo cual tuvieron, por fuerza, que rebajar mi pena a 15 años. Cuando llegué a Guanabacoa me pusieron en una celda con otras tres mujeres que cayeron muy al principio y que apodaban "las batistianas" y "las esbirras". Estuvimos juntas poco tiempo porque ellas eran de provincia y las trasladaron para Oriente.

ANA LAZARA RODRIGUEZ

A modo de introducción: Cuando el libro que ha escrito Ana Lázara Rodríguez vea la luz, podremos valorar, en su exacta magnitud, el amor patrio y la valentía que acompañaron a esta mujer durante el proceso insurreccional y los años de cautiverio. Agradecemos a Ana Lázara que comparta con nosotros, por adelantado, fragmentos de su historia, aún inédita.

Con apenas 21 años, Ana Lázara Rodríguez se lanzó a la lucha por derrocar el gobierno de Fulgencio Batista tras el golpe de estado del 10 de marzo de 1952, pero ya en 1956 mantenía preocupantes conversaciones con un amigo de la niñez en su nativo Bejucal, cerca de la capital habanera. El joven, Angel María Pérez de Armas, pertenecía a la Juventud Comunista y compartía con ella los planes que le habían preparado para el futuro: cuando la revolución triunfara, iría a México a tomar un curso de avioneta y luego a Checoslovaquia a convertirse en piloto de jets. Para ella, era evidente el estrés que le provocaba a su amigo el aceptar algo planificado con tanta antelación y sin saber a ciencia cierta si era lo que él quería hacer. Años más tarde éste cambiaría su militancia y saldría al exilio.

Por una parte, ella desesperaba porque Batista cayera, pero, por otra parte, le angustiaba la incógnita que presentaba el ascenso de Fidel Castro al poder. La confesión de Angel le daba la medida de hasta qué punto ya el Partido tenía planes totales sobre Cuba y la colocaba en una difícil disyuntiva. Ana Lázara estudiaba Medicina en la Universidad de La Habana y formaba parte de un grupo que se alistaba para alzarse en la montaña pero continuó luchando en el llano. Se sentía dividida dentro de sí misma.

A la huída de Batista y toma del poder por Fidel Castro, Ana Lázara hace una pronta transferencia de lucha y no descansa en tratar de convencer a sus ilusos compañeros del peligro que se cernía sobre Cuba. Ellos justificaban los errores de la inexperiencia; ella escudriñaba el futuro. Entre ellos se abría una brecha que se tornaría insalvable, aunque era menos arriesgado continuar peleando desde dentro del recinto universitario que afrontar en los grupos de calle el peligro de la infiltración.

No obstante, se unió al grupo de acción y sabotaje del Movimiento de Recuperación Revolucionaria (MRR). Tal como temía, su grupo estaba infiltrado por una tal Isis Nimo; más tarde comprobaría que trabajaba para la Seguridad del Estado. Desconfiando de ella, Ana Lázara inventa una trampa y la comparte con su compañera de lucha Olga González Macías. Hablan de un presunto contrabando de armas y lo sitúan, hipotéticamente, frente a la casa de una amiga de Olga. Ana Lázara finge tener que esconderse por unos días pero no revela la casa de las armas. Olga era más allegada a Isis y le confía la dirección. Efectivamente, las fuerzas de Seguridad allanaron la casa y desde las paredes hasta los muebles los hicieron añicos. Al pobre dueño de la casa se lo llevaron para interrogarlo pero lo soltaron al comprobar su inocencia. En la oscuridad, desde la casa de la amiga, ellas contemplaban el destrozo. Fue un hecho penoso, pero era la única forma de desenmascarar a Isis antes de que pusiera en peligro las vidas de los jóvenes conspiradores.

— Olga y yo caímos en la misma causa; ella cumplió una prisión muy larga. Isis era una mujer muy inteligente y yo creo que tras este hecho ella sospechó algo e hizo redoblar la vigilancia sobre mí. Pero yo usaba todos los métodos imaginables para escaparme...me colgaba de una guagua y a la media cuadra escapaba por el fondo, entraba a un edificio y salía por la puerta de servicio, y así...

...Un día, al llegar a casa, mi madre me dijo que unos compañeros de la universidad habían estado tres veces buscándome.

Enseguida supe que ya estaba cercada y tuve dos opciones: o me escapaba por los tejados o los esperaba. Y no tuve que esperar mucho. Al rato llegaron a buscarme en forma muy aparatosa pero llamaba la atención lo atemorizados que estaban. Yo era una sola persona y desarmada y ellos eran muchos, así es que para proteger a mi madre, enseguida les dije que mi cuarto estaba en la planta alta, facilitándoles el registro. Sin razón palanqueaban las armas, y yo, al comprobar el miedo de los adversarios me armé de una especie de conciencia de reto, "cuqueándolos", contestando sus preguntas en tono de burla. Una actitud un poco suicida. Sólo encontraron un poco de azufre que yo usaba para la piel, un dinero que era de mi hermana y una caja con una cabeza de rata disecada...

...Me llevaron para la pre-delictiva Guanabacoa hasta el juicio de la Causa 102 con Flores Ibarra como fiscal, que pidió cinco penas de muerte. Felizmente, uno de los muchachos era menor de edad e hijo de mexicano y cubana y el Embajador de México intercedió por ellos. Les conmutaron las penas de muerte por 30 años de prisión domiciliaria. Entre las mujeres que estaban conmigo recuerdo a Ilia Herrera, Nelly Urtiaga, Milagros Bermúdez, Yara Borges, Olga González Macías y Genoveva Canaval.

GISELA SANCHEZ
CANDIDA MELBA DE FERIA

Fue en 1976 que arrestaron a Gisela Sánchez y a su tía Cándida Melba de Feria. Ya habían pasado más de quince años de haber sido institucionalizados la tortura y el terror como sistema de la tenebrosa Seguridad del Estado, tanto en la Villa Marista como en Quinta y 14 y otras dependencias. Las experiencias vividas en 1976 y narradas por ambas nos retrotraen a la peor época represiva del gobierno castrista.

Gisela cursaba la escuela primaria en un convento de monjas en Antilla, Oriente, mientras vivía en casa de sus abuelos. Las hordas castristas habían arrasado con todas las propiedades de la familia y las fincas ganadera, de caña, de cría de puercos, y de cosecha de frutas. En la casa existía una oposición abierta contra el gobierno, pero no fue hasta que Gisela cambió de escuela para la secundaria básica que comprobó cuánta razón tenía su familia. El adoctrinamiento que ella recibía debía, a su vez, impartirlo a otros estudiantes. Además, el programa obligatorio conocido como "la escuela al campo", para niños y jóvenes de ambos sexos, que eran trasladados a vivir durante meses en rústicos albergues campestres, aislados de sus familias mientras realizaban labores agrícolas, daba al traste con cuanta enseñanza Gisela hubiera conocido.

Apenas tenía 16 años cuando pasó a estudiar el pre-universitario en Holguín y comenzó a trabajar con la CIA para ayudar a derrocar el infame gobierno. Su tía Melba encabezaba uno de estos grupos pero era a otro jefe a quien Gisela pasaba datos sobre las actividades de la escuela al campo y la carga que entraba y salía del puerto de Antilla. Al finalizar el pre-universitario, Gisela se mudó para la casa de sus tías Melba y Esther en La Habana tras obligársele a abandonar los estudios. No pertenecía a organizaciones juveniles comunistas ni a comités ni a federaciones. La consideraban, por lo tanto, anti-social y no le permitieron seguir estudiando.

El grupo con el que trabajaba se componía mayormente de jóvenes católicos pero a veces se incorporaba alguien de quien siempre se desconfiaba, aunque si se producía una firme recomendación de otros, al final se le aceptaba. Ese fue el caso de Guido González, "una espinita que tenía clavada" Gisela Sánchez.

Durante uno de los frecuentes viajes que hace a Oriente buscando información le avisan de Inmigración que tenía aprobada su salida para España. Regresa a La Habana y cuando ya ha abordado el avión, la Seguridad del Estado le ordena desembarcar, diciéndole que su puesto hay que darlo para una emergencia. Nunca la volvieron a llamar. Aquello le dio el aviso de que anduviese con cautela.

Sus cuidados no le valieron de mucho. Vestida con pijama y bata, acostada con una fuerte gripe y fiebre de 40 grados, de pronto se vio rodeada por un grupo de milicianos negros, que habían subido hasta su cuarto como persiguiendo al peor de los criminales. Sin dejarla siquiera preguntar por qué la arrestaban, al intentar vestirse, el jefe del grupo le puso el revólver al pecho diciéndole "No puede moverse". Esto molestó a Gisela y de un empujón se quitó aquella mano de encima, provocando que la agarraran con más fuerza y se la llevaran sin dejarla siquiera despedirse de sus tías. Meses más tarde se enteraría de que tras un exhaustivo registro, a su tía Melba se la llevaron presa también.

Fueron incontables e incansables los esfuerzos realizados por la Seguridad del Estado para convencer a Gisela de cooperar con ellos. Su hermano estaba totalmente integrado a la revolución y a él se le encomendó el reclutamiento de Gisela. Le ofrecían conmutarle la pena a ella si accedía a trabajar para Seguridad en

Cuba o en los Estados Unidos. Pero ellos no la comprendían. Nieta de un mambí que ganó el grado de coronel peleando junto al General Antonio Maceo en la Guerra de Independencia, Gisela heredó de su abuelo la dignidad y el amor patrio que le faltaban a su hermano.

Los meses en la Villa Marista, sin juicio, fueron una tortura sin igual. Durante semanas permaneció con la misma pijama y la misma bata con las que fuese arrestada, sin dársele la oportunidad de asearse. La comida era una burla, un perro caliente con moho en los extremos, o unos espaguetis secos, o un pedazo de pan duro. En un vasito le servían dos dedos de agua una vez al día. Con un alambrito sacado del bastidor sobre el que dormía iba rayando en la pared lo que ella podía calcular era el final de cada día. A veces durante los interrogatorios, sobre la mesa del Teniente Briera, lograba ver un calendario que la orientaba con respecto a las semanas transcurridas.

Gisela es, aún hoy, una mujer de llamativa belleza e intrigante dulzura. Es alta, rubia, de tez muy blanca y tiene una enigmática sonrisa que parece comprender sabiamente todo lo que sucede a su alrededor. Es de esperar que sus carceleros se sintieran defraudados por su actitud indoblegable. Le hablaban mal de su familia, predisponiéndola contra "esos traidores que la habían abandonado y no querían volver a verla jamás". Y aunque afirma que "nunca la tocaron" menos cuando la guiaban en la oscuridad, sí le murmuraban bien bajito, "Aquí estás sola y no te puedes defender, nosotros te podemos hacer lo que queramos", amenazando con violarla y abusar de ella si no cooperaba con sus captores. Eran peores las torturas síquicas que cualesquiera otras. El aislamiento en que vivía y el silencio sepulcral tras los interrogatorios de día y de noche, sin saber la hora ni el mes en que estaba viviendo, le fueron agudizando los sentidos hasta poder reconocer, mientras la llevaban por un pasillo, los pasos de su tía Melba.

Un día, ya presa de la angustia pero con el deseo de comunicarse con ella, Gisela rayó una bandeja de metal con una cuchara y puso, "Tía, estoy bien, preocupada por tí", esperanzada en que la bandeja pasara un día por la celda de Melba, como en efecto sucedió. El castigo no se hizó esperar. Gisela fue llevada a una helada celda de castigo. Allí creyó morir congelada y, ya resignada, sintió que se acercaba su hora final. La sacaron en un estado tal que ya no podía mover las mandíbulas ni hablar, y los pies, manos y piernas tan entumecidos que estaban insensibles al tacto. Gracias a este castigo supo que su mensaje a "Tía" había llegado.

Sorpresivamente, le permitieron recibir ropa interior, un pantalón y una blusa para sustituir la bata de casa con que saliera de su casa. La ducha a la que tuvo acceso era un tubo por el que salía un chorrito que cuando apenas comenzaba a gotear lo cerraban y no salía más agua. Cuando trataba de dormir un poquito, venían a buscarla y entraban y salían sólo para decirle, "Te íbamos a entrevistar, pero ahora no, ahora no". A los diez minutos, se repetía el mismo proceso, quizás esta vez con mujeres custodias que, en palabras de la propia Gisela, "son peores que los hombres" e insultan con las más soeces obscenidades y las peores vejaciones.

Después de varios tormentosos meses en Villa Marista, aún sin juicio, le dijeron, "Te vamos a llevar para la granja; te vamos a sacar de aquí", y tras una espera de varios días la llevaron para la granja Nuevo Amanecer en El Cano, en las afueras de La Habana.

— Me trasladaron para la granja en la jaula, yo sola, encerrada por completo. Allí llegamos a las 12 de la noche, me dieron un uniforme de presa, unos zapatos de tenis tres números mayores que el mío, y un colchoncito enrollado. Me dijeron, "Vaya para allá con esa combatiente"...¡las famosas mujeres de la granja!...

...Me llevaron para el pabellón de las presas comunes donde estuve durante nueve interminables meses como castigo por mi actitud en Seguridad del Estado. Antes de entrar, desde el segundo piso, donde estaban las criminales y las homosexuales, me gritaban, "¡Carne fresca! ¡carne fresca!". Estaba entrando en un mundo donde una se siente que está cayendo en un abismo que no termina, que no tiene final, es infinito. Es como hundirte en el vacío...

...La combatiente me dijo al llegar al pabellón, "Tú vas a dormir aquí". El lugar estaba lleno de mujeres negras; la única blanca era yo. En un pasillo había miles de mujeres tiradas sobre el piso porque no había camas, sólo literas y colchones malolientes. El mal olor era insoportable, todo estaba sucio. Y aquella cantidad de mujeres alrededor tuyo, mirándote, gritándote, ¡era horrible! Agarré mi colchón y sin zafarlo lo tiré al piso para sentarme. Así pasé la noche hasta que por la mañana vino otra militar para llevarme al lugar donde podría dormir...

...Este lugar era más infernal aún que la Seguridad del Estado, porque allá te torturan sicológicamente pero sabes dónde estás, qué te rodea. Aquí no. Te rodea un mundo del que no sabes qué cosa puedes esperar ni qué te puede pasar. En la oficina me explicaron todo lo que me podía pasar. Y en más de una ocasión me tuvieron que cerrar el cuarto donde yo estaba y tuvo que venir la guarnición para controlar a las mujeres homosexuales que querían picarme la cara. Aquellas mujeres me hicieron pasar momentos muy difíciles allí porque querían caerme arriba, querían violarme... eran unas animales, aunque entre las combatientes y las comunes habían algunas que no tenían esa mala calidad...

...Cinco meses más tarde llegó mi tía Melba al pabellón de las comunes. Yo no la reconocí; mi espanto al verla fue tan grande que yo sólo atinaba a gritarle insultos a toda aquella milicia,

"¡Nunca los voy a perdonar!...¡ustedes son unos asesinos!". Sólo pesaba 90 libras, traía el pelo larguísimo y desaliñado, muy mal color y una expresión que parecía un fantasma, como si hubiera salido de un electroshock... ¡La habían destruído! Yo me puse en un estado tal que Asela Pelayo, una negrita flaquita que era malísima, se portó de lo mejor, le cedió su cama y no permitió que yo le dejara mi cama a mi tía...

...No obstante, allí, con sus años y su carácter, regalándoles cigarros y alguna comida que mandaban de casa, logró granjearse la amistad de algunas en aquel vendaval de gentes extrañas, para que cejaran en sus intentos contra mí. Llegaron, inclusive, a alertarla cuando ellas iban a usar drogas, "Tía, esta noche no baje acá porque tenemos un toque...". Mientras tanto, el teniente Lester Rodríguez seguía presionándome en persona, o a través de mi hermano, para que colaborara con ellos. Fueron nueve meses infernales, metidas en unos baños asquerosos y oscuros que no te dejaban ver ni lo que ibas a pisar. Cuando conseguías agua tenías que bañarte con los zapatos puestos porque no sabías con qué ibas a tropezar; aquello era asqueroso, escandaloso. La droga estaba allí a la orden del día, la tomaban, la olían, se tomaban los desodorantes con benadrilina...

...Hasta la guarnición de los militares que nos cuidaban tenía que venir; estas mujeres acababan con cualquiera, hasta las camas les tiraban encima. Terminas extenuada, ni dormir puedes, con un ojo cerrado y el otro abierto, siempre a la defensiva para que no te roben, para que no te piquen, para que no te maten. Estás en la cama y se te tiran encima y te acaban, te destruyen, te rompen la ropa, te golpean, te halan el pelo, te cortan en cualquier parte con las cucharas que tienen afiladas, pero siempre prefieren cortarte la cara. Entre ellas, todos los días había sangre, por robo, por droga. Pasé dos sustos grandes pero, gracias a Dios, nunca llegaron a cortarme...

...Yo logré unirme a un grupo de las comunes presas por robo, mujeres que eran administradoras de mercados que habían desfalcado o robaban telas para revender y ganar unos pesos en la calle. Así no estaba tan sola y lograba cierta protección contra las otras. Finalmente, a los nueve meses, y aún sin juicio, me sacaron de las comunes y a tía Melba y a mí nos llevaron con las presas políticas. Conocíamos a muchas desde lejos porque no nos dejaban acercarnos a las políticas, pero a veces pudimos mandarles un recado. El cambio fue un bálsamo, vernos frente a tanta limpieza y entre gentes como una misma...

...Un año más tarde nos llevaron a juicio. Un juicio muy singular porque no puedes hablar. Todo lo hizo una abogada de apellido Galbán. Si te preguntan, "¿Tiene algo que objetar?", antes de que contestes, te dicen, "Su abogado contestará por usted". Y así, te endilgan 25 años de cárcel y no puedes objetar nada. Aún después de la sentencia me siguieron hostigando con el proselitismo y el que yo adoctrinara en la escuela. Me amenazaban con mi familia, con mi hermanito menor que vivía en Oriente. Me ayudó mucho una presa, bellísima persona, Onelia Izquierdo. Era una presa de años y me dio consejos que nunca he podido olvidar y me hicieron sentir completamente fresca y relajada, lista para seguir resistiendo...

...Yo sufría mucho con las requisas y me rebelaba porque entonces era mucho menos tolerante que ahora. Mi carácter quizás era muy fuerte. En la requisa te revisan por si tienes papeles ocultos, te tocan la blusa y por las piernas hacia abajo. Pero a mí me querían quitar la ropa, y yo me opuse porque a las demás no se lo hacían. Me trajeron a la jefa del penal, me opuse fuertemente y me quitaron la visita. Por las rejas de la ventana yo veía a mi madre bajo el sol a media cuadra, y me la enseñaban para que yo cediera. Remberta González, una militar, me decía, "Ahí se va a pasar ella el día entero pero tú no mereces ver a tu madre". Y yo les decía, "Ya mi tía y las demás salieron a visita y han contado lo que han hecho ustedes y los que quedan mal son ustedes, no yo". Amenazaba con llevarme a "Las Tapiadas", lo cual me aterraba, porque no hay nada más cruel que las tapiadas. Llegó el momento en que no pude aguantar más y le dí una bofetada. Y me llevaron de nuevo para el pabellón...

...Tuve experiencias contrastantes. Una reeducadora, Modesta Hernández, se echó a llorar cuando yo le hablé, de verdad, al corazón. Era una buena mujer. Pero otra militar negra, Angela Cari, que parecía un hombre, un sargento, te insultaba y trataba como si fueses un perro rabioso. Para hacerte una requisa te sacaba al patio, al sol hirviendo, y te dejaba allí a su gusto, sin agua, dos, cuatro, diez horas. Al regresar, te lo habían destruído todo, sólo por maldad...

...Ya en el exilio vine a saber que Ana Lázara y otras dos estuvieron en las tapiadas cinco años, cinco años corridos en una celda tapiada. Me contaron que con un fósforo miraban la oscuridad de la pared y veían los hongos más extraños que han visto jamás...

...Cuando nosotras llegamos ya no existía el plan de las plantadas y fuimos a reeducación. Creo que sólo quedaban 15 ó 20 plantadas. No recuerdo todos los nombres: Polita Grau, Georgina Cid, Aleja Sánchez, América Quesada, y La Niña de El Escambray, con quien pude hablar algunas veces. Recuerdo su retraimiento, siempre silente, su cara triste, a veces aceptaba la comida y a veces no, la volvieron loca para el resto de su vida. Pobrecita, pobrecita...

...En diciembre del 78 fue el primer indulto, el segundo en enero del 79 y el tercero en marzo del 79. En éste, nos liberaron a las dos, el 13 de marzo de 1979, con la condición de que teníamos que irnos del país. Nos avisaron en la factoría de costura, pero como nos manteníamos en comunicación clandestina con el

Combinado del Este, ya teníamos la noticia. Y como nos hicieron esperar muchos días, fuimos a la oficina del penal y la desbaratamos toda. Nos llevaron a nuestras casas respectivas. Tía y yo llegamos a la nuestra a las dos de la mañana; yo quise sentarme en la sala y sentirme en casa, ella quiso sentarse en la acera con el cielo como techo infinito...

...Tan pronto salimos de la cárcel yo me casé con mi novio de entonces, que me visitaba en la cárcel y cargó conmigo la cruz de mi encierro. Un día creí que la Seguridad me estaba buscando de nuevo; no recuerdo siquiera cómo recorrí unos pocos pasos hasta la casa y él me sostenía mientras me decía, "Tienes que caminar, camina, son unos pasos nada más". Años después nos separaríamos...

...Todo lo vivido valió la pena y si tuviera que volverlo a hacer, así lo haría aunque tuviera que agonizar de nuevo todo lo pasado. Hay que cobrar conciencia del deber. Todos tenemos que hacer algo por la patria para que no vuelva a pasar en Cuba lo que está pasando, pero esta vez sin la CIA, sólo lo haría con cubanos. Al llegar a Miami tuvimos muchas entrevistas con la CIA y el FBI, y la CIA quiso que trabajáramos de nuevo para ellos pero yo les contesté que jamás volvería a trabajar con un extranjero por mi patria.

Es ahora Melba de Feria quien tercia en la conversación. Mujer de setenta y pico de años, apenas cinco pies de estatura y frágil apariencia, no es, precisamente, el prototipo de una desafiante y aguerrida revolucionaria. Pero vibra en ella la sangre mambisa de su padre y con firmeza le añade a lo anterior:

— Jamás hubo en Cuba un presidio político de mujeres tan grande y tan abusivo. A mí me negaban la comida y me interrogaban hasta casi matarme, porque como jefa del grupo yo sabía lo que no sabía mi sobrina. Pero la conciencia de estar cumpliendo con un deber la mantiene a una en pie. Recuerdo cuando el teniente me dijo: "Tu padre debe estar abochornado", y yo le riposté, "¡No! Mi padre está orgulloso de mí porque yo estoy presa por luchar contra los comunistas como él luchó contra los españoles". Me castigaron una vez más, pero su frase me sirvió de acicate para seguir peleando, no con la CIA, pero seguir peleando. Empezamos a luchar en el 62 hasta que caímos en el 76...14 años de lucha. A la CIA nunca les aceptamos un solo centavo, porque así la lucha es más limpia. Y ya nosotros no teníamos dinero. Todo nos lo habían quitado.

Todo lo dieron por Cuba

(*) Fotos: Maggie Rodríguez

Cary Roque, al centro, con Margot y Mercedes Rossello. (*)

Cary Roque antes de ser apresada.

Nenita González de Sousa, Miriam Garcia de Castro, Esperanza Peña, María Elena Pujol, Sara del Toro de Odio. (*)

María de los Angeles Habach, Manuela Calvo, Carmina Trueba, Vivian de Castro. (*)

Reina Peñate, antes de ser apresada.

Vivian de Castro, antes de ser apresada.

Reina Peñate, Doris Delgado "Japón", Riselda Martínez "La Chavala", Mary Martínez Ibarra. (*)

Todo lo dieron por Cuba

Gisela Sánchez, Nena González, Marta Oliva. (*)

Gisela Sánchez antes de ser apresada.

Mignon Medrano con Margarita Ruiz y Mirta Iglesias, que colaboraron extensamente con las entrevistas y transcripciones (*).

Polita Grau con Mignon Medrano. (*)

Albertina O'Farrill días antes de ser apresada.

Albertina O'Farrill con Polita Grau.

Todo lo dieron por Cuba

Radio Martí hizo un reconocimiento a las presas políticas; durante dicho acto aparece, en esta foto, Nenita Caramés.

Nenita Caramés, antes de ser apresada.

Carmina Trueba con María Márquez, que organizó la ceremonia.

Ana Lázara Rodríguez haciendo uso de la palabra durante el acto de Radio Martí.

Ante una réplica de las cárceles cubanas, en reciente exhibición, aparecen Cary Roque, "La Chavala", Marta de la Paz, (+)Melba de Feria y Mercedes Rosselló; detrás, Annette Escandón, María Elena Pujol, Gisela Sánchez, Miriam García de Castro y Esperanza Peña.

Todo lo dieron por Cuba

Fotos originales de un pasillo de tapiadas para hombres en el Combinado del Este. Obsérvense las planchas de hierro sobre las puertas, antes y después de quitarlas para la visita de Naciones Unidas.

Yara Borges, dos meses antes de ser encarcelada.

Yara Borges, 1994

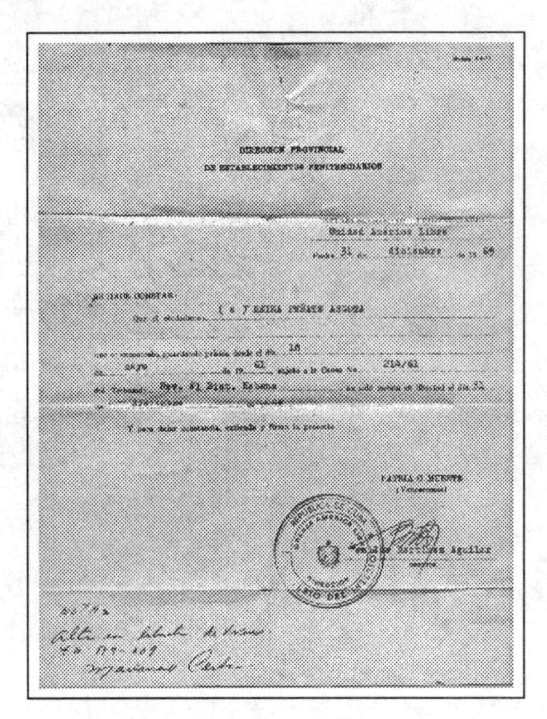

Carta de Libertad de Reina Peñate

MIL NOVECIENTOS SESENTA Y UNO

Bahía de Cochinos, Fusilamientos, Exodo, Sabotajes, Ateísmo, y Represión: Se consolida la Tiranía Castrista

"...Murieron ocho estudiantes,
sí, pero el plomo no ha muerto.
Ya no existe primavera:
todo es un perpetuo invierno,
porque estepas opresoras
lanzaron puñales yertos
con perfidia solapada
en un día de año nuevo.
La noche con su bochorno
trajo un luto de luceros,
y voces multiplicadas
por un encono siniestro
repiten como hace un siglo:
¡Atención...Apunten...Fuego!..."

Fragmento de "Un Siglo Después"
(Aniversario del 27 de noviembre de 1871,
fusilamiento de ocho estudiantes de Medicina)
Luis Mario.

Desde su arribo al poder el primero de enero de 1959, Fidel Castro y sus secuaces lanzaron una ola de terror contra el pueblo de Cuba, arrasando a su paso con vidas y propiedades. Los fusilamientos y juicios sumarísimos, los tribunales de justicia revolucionaria sin proceso legal, las leyes retroactivas y otros desmanes mancharon sus manos desde el primer día. Pero, son los sucesos acaecidos durante 1961 los que, verdaderamente, contribuyen a consolidar la tiranía castrista y se implanta en Cuba un régimen de gobierno marxista-leninista.

El 3 de enero, el presidente de los Estados Unidos Dwight Eisenhower rompe relaciones diplomáticas con Cuba. Otros 14 rompimientos lo habían precedido, como Costa Rica en septiembre de 1961, en protesta por los fusilamientos. Le siguen otros, entre ellos, Venezuela y Panamá. Pero se estrechan nuevas alianzas con gobiernos comunistas.

El clandestinaje crece como respuesta del pueblo contra la tiranía castrista. Queman 300,000 toneladas de azúcar por valor de $6 millones en un sabotaje al Central Hershey y arden decenas de millares de arrobas en colonias cañeras a lo largo de la Isla. La mayor tienda de Cuba, El Encanto, es arrasada por otro sabotaje al monto de $5 millones. Las refinerías de la Esso, Shell y Texaco son víctimas de sabotajes. La oposición al gobierno parece estar ganando terreno con incendios en las tiendas tencents de las calles Monte y Obispo en La Habana, la Sears de Guantánamo, el Palacio de Bellas Artes, el periódico Avance Nacionalizado y otros. Pero, frente a estos logros, las hordas castristas continúan confiscándoles a los fusilados, presos y exiliados sus cajas de seguridad en los bancos. También confiscan tesoros en oro, plata y objetos de arte, que fueran escondidos entre los muros de las mansiones familiares Aspuru, Gómez Mena, Fernández del Valle y muchas otras.

El 17 de abril se produce el desembarco de unos 1,300 valientes patriotas de la Brigada de Asalto 2506 en la Bahía de Cochinos. Cuando falla la prometida cobertura aérea, los que no son apresados mueren peleando hasta la última bala o mueren asfixiados en una rastra mientras el desalmado Osmani Cienfuegos vomita el veneno de su epitafio: "Mejor asfixiados, así nos ahorramos el fusilarlos".

Los civiles que son arrestados para desarticular las células del clandestinaje se cuentan por decenas de millares. Los hacinan en cárceles, teatros y centros deportivos sin agua ni comida. Son insuficientes las instalaciones sanitarias; las mujeres carecen de la más elemental higiene, se presentan partos y abortos. Las escenas son dantescas y esta situación se prolonga por alrededor de dos semanas. Uno de los retenidos en el Teatro Blanquita, Alvaro D. Insua, hoy reportero de Radio Martí, relata que "en el escenario había acumulados maderos, alambres y materiales de construcción, y al entrar por una ventana el sol de la mañana y alumbrar el escenario, se proyectaba sobre el techo una enorme cruz"...como símbolo de la crucifixión del pueblo de Cuba.

Liberan a numerosos detenidos, pero el régimen retiene a la mayor parte por sus acciones conspirativas. Se establece una verdadera red de centros de confinamiento por todo el país. Los campos de concentración son ya una realidad como parte del sistema represivo de la revolución comunista.

Tras la ignominiosa traición de la administración del presidente John F. Kennedy a los patriotas cubanos, las deserciones se producen en avalancha desde todos los niveles. Para tomar un corte seccional: Eduardo Tomeu, respetado piloto de larga carrera; Jorge Sotús, héroe de la batalla de El Uvero; Juan Orta, secretario particular de Fidel Castro; Joaquín Viadero e Ignacio Fiterre, diplomáticos (este último deserta con la misión completa en La Haya); Vicente Rubiera, líder sindical de los telefónicos; René Cabel, cantante. "Todo está perdido; los americanos nos han traicionado" es la frase que como denominador común lanza al exilio a la mayoría de los que estaban determinados a resistir hasta lograr el derrocamiento del régimen.

Y a los que no se iban de propia voluntad, los explusa el gobierno. Llegan a La Coruña 450 monjas y curas, y otros tantos a Palm Beach y Venezuela hasta sobrepasar la cifra de 2,000. Se ordena la prohibición de procesiones religiosas. A bordo del

"COVADONGA", de bandera española, confinan durante tres días a 136 religiosos, en su mayoría sacerdotes y monjas cubanos llevados por la fuerza, mientras aguardan la orden de zarpar. El gobierno ha ordenado retenerlo en espera de otro pasajero. En un automóvil de la Seguridad del Estado, que chirriando gomas entra hasta el propio punto de atraque del barco, conducen al prisionero más preciado: el Obispo Auxiliar de La Habana y Rector de la Universidad Católica Santo Tomás de Villanueva, Monseñor Eduardo Boza Masvidal.

Tras su arresto por presuntamente "atentar contra los poderes del Estado", lo expulsan de Cuba. Con la blanca sotana ennegrecida de churre, una barba de muchos días sin aseo, y humillantes esposas apretando sus muñecas, con firme y digno paso encabeza el grupo de sacerdotes que parte hacia España. Desde la escalerilla, Monseñor bendice a los que con sus armas en alto apuntan contra él. Corre la voz como pólvora por entre el pueblo, los que alcanzan a llegar a tiempo se lanzan a afrontar el riesgo, y agitando blancos pañuelos se agolpan en el Malecón para despedir al valiente y vilipendiado prelado.

Los fusilamientos no cesan. Son cientos. Si añadimos los dos años anteriores, son miles. Ejecutan al pediatra Julio Antonio Yebra. Caen fusilados en la famosa Causa 152, entre otros valientes, el ex-comandante rebelde y ex-ministro de agricultura **Humberto Sorí Marín, Domingo "Mingo" Trueba, Manuel "Ñongo" Puig, Rafael Díaz Hanscom, Eufemio Fernández, Nemesio Rodríguez, y Rogelio Fernández Corzo**, quien bajo el nombre de guerra "Francisco" encabezó la más sólida y peligrosa red del clandestinaje contra Fidel Castro. La esposa de Puig, Ofelia Arango y Cortina, y una veintena más fueron sentenciados a prisión. La secretaria de "Francisco" en estas lides, María Comella y Anglada, aguerrida rama de un fuerte tronco familiar católico que produjo 12 hijos, sale bajo asilo diplomático hacia Venezuela y más tarde a España, donde, arrostrando peligros, dedica su exilio a continuar la lucha por su patria y prestar ayuda a los nuevos refugiados cubanos que allí buscan santuario.

Se movilizan 60,000 milicianos para llevar a cabo "La Limpia de El Escambray" bajo la dirección del comandante Menéndez Tomassevich y apagar ese foco insurreccional que podría dar al traste con la traición castrista. Fusilan a William Morgan, quien hace llegar al exterior su testamento político.

Bajo la dirección de Dulce María Escalona, el gobierno confisca y nacionaliza todas las escuelas privadas, laicas y religiosas, incluyendo la Universidad Católica Santo Tomás de Villanueva, que ya habían sido ocupadas por la fuerza en el mes de mayo. También confiscan círculos sociales, regionales y de recreo, capitalinos y provinciales, y clubes privados. Confiscan todas las compañías norteamericanas, lo cual lleva aparejado el despido de sus antiguos empleados por centenares y, en casos como el de la Cuban Electric Company, la protesta pública y el apaleamiento de 600 empleados por la fuerza policial. Confiscan todos los negocios nacionales y se instituyen los "consolidados" de todos los sectores, comenzando por las barberías, peluquerías y conexos y terminando por las joyerías, ópticas y conexos. Clausuran los 25 Congresos Obreros de Sindicatos Nacionales. Se crea la Unión de Pioneros de la Revolución para niños de entre 7 y 13 años, cuya misión principal es formar fanáticos del castrismo como comunistas y fungir como delatores incondicionales para defender la revolución.

Se ordena la prohibición de tener moneda extranjera y monedas de oro engarzadas en joyería, y se dispone, sorpresivamente para la población, la emisión de un nuevo papel moneda y la incineración de la moneda circulante en la planta eléctrica Antonio Guiteras. Se autoriza el cambio del viejo por el nuevo papel moneda hasta $200. El exceso, hasta $10,000, será depositado en una cuenta especial a nombre del usuario. Los muebles y otros bienes propiedad de los que abandonen el país, que no hayan pasado ya a propiedad de los milicianos y los comités de vigilancia, serán depositados en los almacenes de la Reforma Urbana. Los mejores serán enviados a la Unión Soviética.

El control sobre la vida ciudadana es absoluto. El Estado es el único dueño, único beneficiario, único proveedor. Por si quedaba alguna duda, el primero de diciembre de 1961, en la Universidad Popular, Fidel Castro explica la formación del Partido y justifica que el documento emitido cuando el asalto al Moncada "fue escrito con el cuidado suficiente para exponer una serie de puntos fundamentales evitando, al mismo tiempo, hacer planteamientos que pudieran dar lugar a que el campo de acción nuestro dentro de la revolución quedara limitado...si no hubiésemos escrito ese documento con cuidado, si hubiese sido un programa más radical...el movimiento revolucionario de lucha contra Batista no habría adquirido la amplitud que adquirió y que hizo posible la victoria". Y declara a viva voz: "...Teníamos, sencillamente, que aplicar el socialismo científico...¡Lo digo aquí con entera satisfacción y con entera confianza: soy marxista-leninista y seré marxista-leninista hasta el último día de mi vida...!".

Y mientras la voraz maquinaria sigue tragándose a borbotones las propiedades, vidas y libertades, en Teresita Saavedra, joven catequista de la Parroquia La Caridad en Sancti Spiritus, late con incontrolable fuerza su militancia católica y comienza a trabajar contra el comunismo escondiendo a algunos perseguidos. Es apresada por el propio joven que la enamora, cumpliendo órdenes del jefe del G-2 Bernardo Arias Castillo. Bajo una fuerte dosis de pentotal para forzarla a hablar, su propio novio, con Arias Castillo y un grupo de guardias, la interrogan hasta dejarla casi inconsciente, la desnudan y la violan colectivamente. Posteriormente, le cuentan entre burlas cómo la habían disfrutado.

De vuelta en su casa, destrozados los nervios por la experiencia vivida, vienen a buscarla para interrogarla de nuevo. Su padre, un humilde herrero, trata de protegerla. Ante el terror de volver a sufrir nuevas torturas a manos de sus depravados captores, Teresita se encierra en su cuarto, se rocía con alcohol y se prende fuego. La revolución no sólo fusila en el paredón.

EL SISTEMA CARCELARIO PARA PRESAS POLITICAS DEL REGIMEN CASTRISTA

"No es el poder sino el miedo el que corrompe. El miedo a perder el poder corrompe a los que lo ostentan y el miedo al flagelo del poder corrompe a los que lo sufren...Dentro de un sistema que niega la existencia de los derechos humanos básicos, el miedo tiende a ser la orden del día. Miedo al encarcelamiento, miedo a la tortura, miedo a la muerte, miedo a perder amigos, familia, propiedad o medios de vida, miedo a la pobreza, miedo al aislamiento, miedo al fracaso...Pero aún bajo la más aplastante maquinaria estatal el coraje se alza una y otra vez, porque el miedo no es el estado natural del hombre civilizado."

Aung San Suu Kyi en "Freedom from Fear"
Fundadora de la Liga Nacional para la Democracia
Premio Nobel de la Paz 1991
Premio Sakharov a la Libertad de Pensamiento 1990
Condenada a prisión domiciliaria en Rangún, Birmania, desde 1989.

Carecemos de relatos de primera mano sobre el sistema carcelario para las mujeres en provincias. Conocemos de San Severino en Matanzas, de El Caney y Baracoa en Oriente, de Guanajay y Kilo 5 [kilómetro cinco] en Pinar del Río, y de algunas otras aisladas. No obstante, hemos querido relatar las circunstancias que han prevalecido en los centros de detención y cárceles en La Habana y sus alrededores porque, casi invariablemente, el arresto y encarcelamiento de las mujeres observó un patrón establecido.

Primero, arresto e interrogatorio por Seguridad del Estado en el llamado Confidencial (la Policía del G-2 en El Castillito de Chacón y Cuba), la Villa Marista, y Quinta y 14 en Miramar. En estas dependencias se las mantenía incomunicadas, sin atención médica, con un solo baño para cientos de mujeres y sin facilidades para asearse, con poca agua y pésima comida llena de insectos y gusanos, generalmente servida sin cubiertos sobre platos o tapas de lata. Se les infligían torturas sicológicas y físicas durante meses.

Posteriormente, las presas eran trasladadas a la cárcel preventiva o pre-delictiva de Guanabacoa donde permanecían varios meses, o quizás años, sin celebrárseles juicio. Los llamados juicios, casi siempre celebrados en la Fortaleza de La Cabaña, carecían de todo vestigio legal, comedias montadas entre crueles burlas y risas, con las sentencias ya redactadas desde antes de su comparecencia y un morboso ensañamiento contra las acusadas y sus familiares. Fueron tristemente famosas las celdas subterráneas conocidas como las Tapiadas de Guanabacoa.

De Guanabacoa pasaban para el Reclusorio Nacional de Mujeres en Guanajay, cárcel que en 1944 había mandado a construir el presidente Grau San Martín, con pequeñas celdas personales habilitadas con una cama individual, su lavamanos y su servicio sanitario. Baste decir que en cada una de éstas los castristas hacinaron a ocho o 10 mujeres a la vez, y la cama individual pasó a ser sustituída por seis literas de saco de yute, enmarcadas por tubos de metal y colgadas de la pared con cadenas. Durante el día, era necesario sujetar en alto las literas contra la pared y coger turno para acostarse en el piso o mantenerse de pie. También Guanajay tiene su historial de Tapiadas.

Como castigo por protestar la falta de comida, atención médica y trato humanitario, un grupo de 65 mujeres fue trasladado a la cárcel de Baracoa en el extremo oriental de la Isla, otro infierno de Tapiadas y Gavetas.

América Libre encierra en su nombre el colmo del cinismo.

Llamada así por ser una granja agrícola para trabajar las presas, era la finca "Hurra" que le fuera confiscada a Sara del Toro y su esposo Amador Odio cuando ambos fueron apresados y encarcelados.

Aún cuando un armisticio les trae a muchas la libertad, todavía se le añade al sistema otra cárcel, Nuevo Amanecer, una escuela a medio construir en El Wajay que se dice fue la finca del Maestro Ernesto Lecuona. Y en los 80, en una sección para hombres llamada Mecanización, crean para las nuevas presas "algo tenebroso, muy oscuro, llamado Manto Negro".

LA CARCEL COMPARTIDA: GUANABACOA

"¿Sabes tú lo que es una Tapiada de Guanabacoa? Es una bartolina con una plancha de hierro por puerta, un muro de piedra por cama, y en el piso un hueco para hacer las necesidades cuando las ratas no saltan del hueco para morderte. Las Tapiadas de Guanabacoa son muy húmedas, están soterradas a mucha profundidad."

Cary Roque.

Guanabacoa es una imponente estructura de sello colonial en la que cumplieron condena las presas políticas bajo increíbles condiciones infrahumanas. No obstante, los testimonios expresados sobre este penal por las presas políticas, mujeres de firmes convicciones religiosas, puros ideales patrióticos, y una aguda sensibilidad, mantienen un denominador común: el sentido de hermandad que cobra vida entre ellas y el impacto que reciben cuando se enfrentan al sórdido mundo de las presas comunes.

Para ayudarnos a comprender mejor su rechazo a cualquier promiscuidad con las presas comunes en Guanabacoa, pondremos sólo un caso antes de relacionar testimonios más extensos. María Cristina "Nena" González de Sousa comenzó a conspirar traficando con medicinas y petacas incendiarias y fue arrestada cuando Dalia Jorge delató a todo el MRP. Tras cumplir tres años fue puesta en libertad y reincidió, conspirando nuevamente. Esta vez cumplió cinco años en Guanabacoa separada de las comunes por una reja cuya llave tenía una loca que había asesinado a su amante. En especial recuerda a "Martillito", presa común que había matado a tres hombres a martillazos. A pesar de la sordidez de su encarcelamiento, Nena habla poco de su prisión, haciendo énfasis en presas como "María Josefa Utset, presa de 70 años, viuda, digna mujer" y "Alicia Pons, una viejecita que sólo tenía dos hijos: uno que fue con la invasión y creemos que murió; y el otro que se infiltró, y al hacer contacto con ella los apresaron a los dos. Lo fusilaron una madrugada y las presas sufrimos esto con ella, viéndola rezar en silencio su rosario, su único consuelo...". Y ahora, escuchemos:

TESTIMONIOS QUE RESUMEN RELATOS SIMILARES

ANA LAZARA RODRIGUEZ:

— Originalmente, Guanabacoa tenía un muro central que dividía un patio del otro y separaba un ala del edificio de la otra ala. Cuando nosotras llegamos, sólo un ala estaba activada y la otra parecía medio destruída o abandonada pero la inauguraron para las comunes porque enseguida la nuestra se llenó. Guanabacoa era una prisión preventiva y era enorme la desproporción existente entre la antigua población penal y la de ahora...

...Cuando yo llegué en marzo, aquello estaba lleno y no cabía una presa más. Mi celda tenía literas para seis y había gente que desarmaba su cama de día para volver a armarla de noche. Eso hizo que aún antes de llevarnos a juicio ellos decidieran empezar a trasladarnos porque la galera nuestra, sobre todo, comenzaba a ser conflictiva y tuvimos las primeras escaramuzas...

...El problema radicaba en la incongruencia de las órdenes. La política era tan cambiante que lo que estaba permitido hoy estaba prohibido al día siguiente y a los tres días estaba permitido otra vez. Por ejemplo, se nos decía tener derecho cada una a ver a un abogado por tiempo ilimitado para preparar el juicio. Ah, pero a la hora de aplicar esta norma, se le aplicaba a las comunes y no a nosotras. Entonces, a lo mejor se aparecía un tipo diciendo que era tu abogado y tú no tenías forma de verificar si tu familia te lo mandaba o no. Por supuesto, tú no le confiabas nada a él. Y un día venía para que firmaras un papel porque el juicio era al día siguiente y él no había tenido tiempo de preparar el sumario...

...Para mí, el problema más grave, el que más me impresionaba era el que hubiera tanta gente con esposos, padres, hermanos, o novios próximos a una pena de muerte. Era un lugar muy triste, aunque no fue la más dura porque todavía no se había establecido el uniforme. Y lo mismo no dejaban entrar una jaba con comida que dejaban entrar una jaba sin requisar, con la comida acabada de hacer...

...En Guanabacoa me lanzo a mi primera fuga, con Margarita Blanco y Ada Castellanos. Nos querían apretar tanto que llegaron a desalojar todas las galeras y nos metieron a todas en una sola galera. Una sola significa una ducha y un lavamanos para una cantidad sin límite de mujeres, o sea, tienes que ponerte en turno para todo, aunque te estés orinando o tengas diarreas; eso crea una tensión especial. Eso lo hacían para provocar problemas y, claro, la primera reacción de las presas es, "OK, a trasladarlo todo", pero luego viene aquello de, "Voy a aprovechar el baño en la galera que queda abierta y como quizás sea el último que me dé en mucho tiempo, voy a disfrutarlo, me voy a tomar mi santa calma...". Por supuesto, que el día entero no alcanza para todo el mundo y empezó la bronca...

...Comenzaron a cerrar las galeras lentamente pero me dio tiempo a ver que entre la nuestra y la última, muy en lo alto, había un espacio. Si yo lograba que la última se quedara abierta, podría intentar la fuga. Primero tendría que conseguir que la llavera creyera que ya la había cerrado y, luego, aparentar que sí estaba cerrada. Lo último sería decidir qué hacer una vez que ya estuviera encaramada allá arriba...Tendría que llegar al patio, lo cual no era gran logro porque el patio quedaba dentro de la prisión, el techo era inmensamente alto porque era una prisión muy antigua, la carretera circunvalaba toda la prisión y, para rematar, los enormes muros estaban pintados de blanco...

...Nos ayudó que en la víspera de San Juan los guardias estaban entretenidos con un toque de santo, o sea, tambores y cánticos de una religión africana en honor a sus santos y no nos detectaron. Logramos escapar y estuvimos tres meses en la calle sin siquiera comunicarnos con nuestras familias para no comprometerlas, pero sin lograr asilo en una embajada con rango de embajada; casi todas las otras eran legaciones o sedes comerciales, y la Iglesia no se comprometía a ayudar. La de México, ya se sabía, era la única que te dejaba entrar por una puerta y por la otra dejaban entrar a la Seguridad del Estado...Las tres nos mantuvimos juntas y juntas nos agarraron otra vez...

...Cuando nos llegan los rumores de la inminente invasión aquello fue un conflicto de deseos. Si la invasión triunfaba antes de un fusilamiento ya anunciado había esperanzas de que no fusilaran, pero si la invasión fracasaba antes de nuestros juicios, entonces aumentarían las penas de muerte y las condenas serían más severas. Guanabacoa: lugar impredecible, cargado de tensión y de tristeza.

CARY ROQUE:

— En un nuevo traslado de Guanajay para Guanabacoa, nos pusieron con un grupo de las comunes. Ya habían reformado Guanabacoa y tenía un muro. La parte de atrás estaba repleta de comunes y nosotras éramos treintipico en la galera 4. En la 5 estaba sola, separada, La Niña de El Escambray. Todos los días nos hacían recuentos. Un día que yo, al fin, había logrado baño, me estaba bañando cuando un miliciano me gritó que saliera para el recuento. Yo le dije, "No, yo no puedo salir desnuda, por lo tanto, cuéntame desde aquí si quieres y si no, no me cuentes". A los tres días nos llamaron a una Corte Disciplinaria. Llegaron cuatro milicianas al patio y nos hicieron un juicio por indisciplina y nosotras lo rechazamos, no lo admitimos, no nos dio la gana de admitirlo. ¿Por qué nos iban a hacer un juicio por indisciplina, sin razón? Aquello terminó a piñazos...Entró la guarnición y nos mandaron a ocho para las Tapiadas... Gladys Hernández, Riselda "La Chavala" Martínez, María Magdalena "Maruca" Alvarez, María Amalia Fernández del Cueto, Teresita Vidal, Dora "Japón" Delgado, Olguita Morgan y yo...

...¿Sabes tú lo que es una Tapiada de Guanabacoa? Pues bien, es como una bartolina, con una hermética plancha de hierro por puerta, tiene un muro como cama de piedra, y en el piso un hueco con dos planchitas de concreto, llamadas "patines", para poner los pies, agacharte y hacer tus necesidades, cuando puedes y las ratas no te saltan desde el hueco para morderte. Del techo cuelga una cadena para soltar agua sobre ese hueco cuando dan agua, y ése es el mismo hueco donde cae el agua para bañarte, también cuando te dan agua. Estando allí con Teresita Vidal se tupió el inodoro aquel, salió el excremento y nosotras pidiendo a gritos que nos sacaran de aquella podredumbre que ya nos llegaba a las rodillas. Cuando nos tuvieron así durante 48 horas, nos sacaron y nos llevaron para otra Tapiada donde estaba Gladys Hernández. Allí nos turnábamos para dormir en la cama de piedra y las otras dos nos poníamos en cuclillas junto a la pared porque no había espacio para sentarnos en el piso y estirar las piernas...

...Las Tapiadas de Guanabacoa tienen una peculiaridad sobre las de otras cárceles: son soterradas. Sí, están bajo tierra, exactamente bajo la galera #4, soterradas completamente a mucha profundidad y sin ventilación, con una humedad indescriptible, por eso las llaman "Los Pozos"...

...A la sazón llevaron para las Tapiadas a un grupo de comunes por indisciplina, según ellos. Creimos volvernos locas con aquellas mujeres, que para distraerse cantaban día y noche tocando con manos y puños contra la puerta de metal como si fuera una tumbadora. Aquello resonaba y resonaba sin fin...¡Un mes completo!...

...Cuando cumplimos el castigo y nos regresaron a la galera, María Amalia me confió que tenía un plan de fuga que quería compartir conmigo, nosotras éramos muy unidas. Se lo dijimos a las del grupo nuestro, Mary Martínez Ibarra, Japón y la Chavala. María Amalia tenía su contacto, una miliciana, para pasarle una segueta dentro de un colchón. Todo funcionó a la perfección. Durante una semana segueteamos los barrotes de la ventana sobre la cama de Japón, frente a la de la Dra. Vega, y para que no se oyera el ruido, las muchachitas cantaban o hablaban en voz alta...

...Entonces, ya en plan de fuga nos trajeron a Aida Valdés Santana que era de la microfracción [grupo de la vieja guardia comunista, molesto con la línea unipersonal con que gobernaba Fidel Castro]. Nos llamó la atención que en vez de llevarla con Hilda Felipe y su gente a una cárcel especial, nos la plantaran para que ella contara cómo pensábamos, cómo vivíamos. Ellos nunca pudieron ablandarnos. Aunque hubiera alguna diferencia o un roce entre nosotras, jamás trascendía de la puerta para afuera. Si a una la castigaban a la Tapiada, íbamos 15 con ella; éramos un bloque impenetrable...

...Entra la miliciana y nos dice, "Aquí tienen a una presa que no es igual que ustedes porque ella es comunista arrepentida y por eso está aquí". Tan pronto Aida aclaró su posición, nosotras fuimos muy parejas con ella y le dijimos, "Mira, nosotras creemos que los comunistas te trajeron para acá pensando que íbamos a comerte por una pata porque eres comunista, pero aquí hay un respeto absoluto al derecho de cada una como ser humano. Tienes tu espacio, pero aquí hay leyes, aquí no se chismea con ellos, aquí no se habla con el verdeolivo. Aquí, o tú eres plantada o te tienes que ir"...

...Pero teníamos la fuga metida por el medio y acordamos, "Esto es de hablarle *one-two-three*" y así lo hicimos. Yo me senté frente a ella y se puso más blanca que una vela. Entonces le dije, "Mira, ¿tú ves esa ventana?..la estamos segueteando. Nos vamos cinco y el resto lo sabe, todas están cooperando. Nosotras llevamos juntas muchos años y no desconfiamos unas de otras. Si esto se sabe es por tí y tu cabeza rueda por "el polaco" [el hueco]. Esa mujer se llenó de pánico: si la llamaban para ir al médico se negaba a ir sola, pedía que la acompañara otra presa para tener testigos de que ella no hablaba. Los milicianos no entendían lo que pasaba porque nosotras sí íbamos solas cuando nos sacaban a cualquier cosa...

... Yo sí creo que ella es del G-2 pero, por supuesto, no delató la fuga y eventualmente la sacaron de entre nosotras y la pusieron en la otra galera con La Niña de El Escambray y Polita Grau, que ya había llegado. La Niña tuvo a Aida entre ceja y ceja desde el primer momento y a pesar de su hermetismo tuvo con ella una fuerte bronca y alertaba a Pola, "te la han echado para conocer cosas de tu causa que el G-2 no pudo averiguar"...

...Fue una presa común, una negrita llamada Ileana Ruiz Terry, la que nos ayudó en la fuga ciento por ciento, amontonando arena bajo la ventana por la cual nos tiraríamos desde la tercera litera más alta desde el piso, la de Calala. Siendo yo la más alta y delgada del grupo, salí la primera, descolgándome por una sábana para ir recibiendo a las otras en la caída. Además, como La Chavala era gordita, dos tendrían que subirla al techo. Cosas graciosas que pasan en los momentos de gran tensión: La Chavala no acababa de tirarse y al preguntarle la causa de la demora nos dijo que "se estaba empolvando por última vez". Durante días habíamos estado triturando un ladrillo hasta reducirlo a polvo, para salir a la calle con un aspecto presentable...

...El primer guardia estaba borracho como una uva porque se había vaciado una botella de ron. Cuando Mary Martínez se agarró del techo, esa parte estaba rota, cayó sobre un cable de 220 que le quemó la nariz, le partió la boca y la lanzó por el aire contra el pavimento. El shock hizo parpadear las luces y esto alertó a los guardianes. Japón era la única que ya estaba sobre el techo y pudo haberse fugado, pero al vernos imposibilitadas de seguirla no quiso brincar el muro. Empezaron a tirarnos fuerte, fuerte, durante varios minutos, mientras nuestras compañeras les gritaban, "¡Asesinos, asesinos!"...

...De nuevo para las Tapiadas. Guanabacoa empeoraba por día. Allí, para colmo de males, cogimos piojos. Japón y yo nos pelamos al rape con unas tijeritas. Si daban visita era cada seis meses, si daban jabas era cada seis meses también. Ese rigor lo mantenían para controlar a las de la granja, bajo amenazas de llevarlas castigadas para Guanabacoa.

MARIA VIDAL:

— Durante el tiempo que estuvimos trasladadas fuera de Guanabacoa, metieron a las presas comunes. Al regreso, yo llegué medio muerta y me tiré en una cama. Me cuenta Mary Habach que las ratas y los ratones me caminaban sobre el brazo. Aquello era terrible. Si ibas al baño, o sea, al hueco en el piso, tenías que estar mirando para atrás porque había una rata enorme que saltaba sobre tí desde un hueco para morderte. Las comunes fueron llevadas para Guanajay y dejaron aquello tan sucio que era increíble. Hasta las paredes estaban llenas de excremento, y entre litera y litera estaban los papeles también sucios de excremento. Y siempre nos tocaba limpiar lo de las presas comunes.

Lo mismo nos pasó en América Libre.

DORA DELGADO, "JAPON":

— Lo que más me impactó al llegar a Guanabacoa fue la cocina. Tenía un charco de fango al frente y una morena terriblemente sucia cocinando. Estuve como tres días sin poder comer. A mí nunca me han metido miedo las paredes altas ni las rejas ni el dormir en el piso, porque yo he estado alzada en el monte y sé vivir bajo las peores condiciones, pero comer esa mugre y tener que estar hasta un mes sin bañarme era insoportable...

...Lo más triste de Guanabacoa, sin embargo, era el conocer tantos juicios de paredón y ver a aquellas mujeres, que las llevaban al juicio y las traían destrozadas, porque cuando el viento estaba a favor se oían las descargas de los fusilamientos en La Cabaña...Y tú no tenías palabras con que consolarlas...

...Se sufrió mucho, pero la verdadera prisión la sufrieron las familias de las presas. Esas fueron las verdaderas presas, que llevaron el verdadero peso de la prisión. Por ejemplo, después que terminaba la visita y yo le explicaba a mi hermana que mis golpes eran porque había habido una fajazón, ya yo me olvidaba de eso, pero ella cogía por esa carretera interminable bajo el sol, para empezar su diaria odisea buscando las poquitas cosas disponibles para su propio sustento y, a la vez, tratar de guardar algo para llevarme a la próxima visita, sin siquiera saber en cuál cárcel o provincia yo iba a estar ni si habría un transporte para llegar a verme...

...En las mismas guaguas que se llevan a las comunes para Guanajay nos traen a nosotras para Guanabacoa el 5 de abril de 1967. Otra vez a limpiar galeras que dejaron sucias, llenas de cucarachas y ratas. Cada galera era para 10 ó 12 mujeres y habían metido cuarentipico en cada una. De nuevo cae en 14 el

Día de las Madres. Fue un mes lleno de broncas con la milicia, de golpes, fue un mes terrible. El día 6 vinieron con una lista a la galera 1 y llamaron a Caridad Roque, a mí y a otras. Según llamaban, las demás decían, "Oye, guárdame una cama buena, y si hay mangos cógeme uno", porque pensábamos que íbamos para la granja. Pero cuando ellas notaron que sacaban a cinco de aquí, dos de allá y cuatro de otro lugar, y oyeron los nombres, dijeron, "Esto nos huele a queso...¿que el primer traslado para la granja sea con esta gente?...¡oigan, muchachitas, cualquier cosa que pase, griten!"...

...Efectivamente, al final del largo y oscuro pasillo esperaba por nosotras el propio Ramiro Valdés frente a unos 600 hombres. Yo no podía gritar y alertar porque las galeras estaban abiertas y ellas se hubieran lanzado a una masacre segura. Seguí caminando, detrás de mí venía Pola y al notar mi reacción también disimuló. Eso sirvió para que las otras hicieran lo mismo. Pero cuando las que se quedaron supieron que nos habían llevado para Guanajay con las comunes, empezaron a romper todo lo que estaba a su alcance y a dar un toque de lata que fue famoso en la historia del penal...

...Quisiera agregar al relato de la fuga de Guanabacoa que cuando nos agarraron los verdeolivos y nos arrastraron para la galera, llevaban unas armas largas que parecían unos mosquetes antiguos, de los que nos empezamos a burlar. No sabíamos que eran lanzagases. Los dispararon a quemarropa y con los fogonazos le quemaron la cara, le desbarataron la cara a Luisa Pérez...fue tremenda bronca, golpes van y vienen...a todas nos quemaron a fogonazos. Sin darnos atención médica nos tiraron como a puercos para las celdas y varios días después nos separaron en distintos lugares...

...Cuando nos impusieron el Plan de Trabajo Camilo Cienfuegos, que nos dijeron fue presentado a Fidel Castro por Ricardo Bofill para que pusiera a los presos políticos a producir, a mí me pusieron a recoger tomates en un huerto. Aproveché la oportunidad y me rellené el sombrero con tomates, pero todos se me cayeron delante del guardia. Otros días nos comíamos todo a lo que teníamos acceso, tomates, berenjenas... y de paso arrancábamos las matas, destrozábamos todo...el huerto se ripió.

SELMA HAZIM:

— Efectivamente, fue en Guanabacoa que la Dra. Vega, "en nombre de todas las presas políticas" le sonó una bofetada a Sanjurjo que era jefe del penal. Alguien de allí, que estaba relacionado con mi familia me avisó que a las últimas 14, las que llevábamos meses sin visita, nos tenían que hacer resistencia porque iban a sacarnos de todas maneras. A mí me sorprendió ver que nos dieran visita por el Día de las Madres y que la visita fuera en un dormitorio, que no se prestaba. Además, entraron como 50 ó 60 hombres vestidos de civil, con los brazos hacia atrás como si los tuvieran amarrados y caminando como si estuvieran borrachos. De pronto, se formó una tremenda batahola, nos dieron golpes de todos colores, acabaron con Luisa Pérez, a Teresita Baztanzuri casi le fracturan los brazos. Yo me defendí lo mejor que pude pero me dieron muchísimos golpes y a las 14 nos sacaron arrastradas para una jaula que esperaba afuera...

...Logramos decirles a los familiares que no se fueran, que esperaran hasta el final...aquellas pobres madres tiradas frente a los camiones para impedir que nos llevaran sin saber hacia dónde. Lo que queríamos era que el último grupo viera lo que pasaba porque el escándalo había que darlo ya. Nos pegaron que parecía como si fuésemos hombres, no parecía que les estuvieran pegando a mujeres, como a hombres nos dieron...

...A nosotras nos sacan, pero a los gritos de, "Muchachitas, nos llevan para Guanajay pero tengan cuidado que aquí esto está tomado por Ramiro Valdés", son las 80 que quedan las que se les enfrentan a Ramiro Valdés y sus 600 secuaces...Por cada presa indefensa, casi ocho hombres armados. Las presas hicieron resistencia, no dejando que les cerraran la reja y todas salieron para el patio. Lucharon como fieras, hasta donde pudieron, contra aquella cantidad de hombres. Entonces ellos trajeron a los bomberos de Corrales, con los camiones más grandes y las mangueras más gordas que había, y empezaron a lanzar chorros de agua a presión contra las indefensas mujeres y sus familias. Pero las más fuertes, como Vivian de Castro y Carmen Gil, se agarraron a aquella manguera y le cortaron el pitón. Allí está escondido y algún día volverá a aparecer...

...Con este relato yo no estoy haciendo propaganda contra Fidel Castro porque sobran verdades de su crueldad para luchar contra él. Estaba en estado Raquel Romero con una barriga enorme y le apuntaban la manguera contra la barriga. Entonces esta señora mayor, alta y gruesa, llamada Carmen, la envolvió con su propio cuerpo y les gritaba, "A ella no, a mí es a quien tienen que echarme la manguera de agua". Si no llega a protegerla así, esa muchacha muere ahí mismo de parto y pierde el embarazo. Le dieron de golpes que aquello fue la dèbacle. El hijito nació en prisión.

MARIA DE LOS ANGELES HABACH:

— En Guanabacoa yo tuve una Tapiada bien violenta, me mandaron como castigo por un problema de indisciplina que tuve en la granja. Creo que fue porque yo no quise retractarme de algo que dije. Aparte de que es muy sucia, en los altos es una cárcel de comunes, nunca estuvo habilitada para políticas. Allí estaban algunas castigadas porque no aceptaban ponerse el uniforme. Pero en este segundo castigo ellas no se enteran de que yo estoy abajo [en las soterradas] porque me llevan directamente. Aquellas Tapiadas sí son violentas porque también meten presos comunes. Yo temblaba, pero calladita. Me pasaba el día rezando y no chistaba para que no se enteraran de que estaba allí. Yo estaba en la última Tapiada y por un huequito podía ver un pedazo del pasillo; allí no puede verse nada, pero sí oí cuando trajeron a unos presos comunes y los metieron en las Tapiadas del frente...

...Un día, cuando la llavera me abrió la puerta para que saliera a limpiar la galera, le dije que yo no salía al pasillo. Más tarde supe que a la jefa de orden interior le extrañaba mi negativa y le dijo al director que me vigilaran. La razón era que yo los oí hablando las peores obscenidades y terminaron diciendo, "¿Ya tú viste el material?"...Eran de la peor calaña. Violaban hasta las rejas y cuando hablaban te violaban los oídos. Nadie puede imaginarse cuánta es la humillación que se sufre entre gente así.

ESPERANZA PEÑA:

— Salimos de Guanabacoa por un "toque de lata"...¿sabes tú lo que es un toque de lata? Pues mira, a nosotras nos servían la comida en unas piezas como bandejas lisas de lata, que les llamábamos "las checas", y el agua en unos jarritos también de lata. Un día, sacan un grupo de 45 en el que iban Polita y una monjita llamada Pauline Turcheck, que fue profesora de las Dominicas Americanas. Nosotras no sabíamos para donde las llevaban y empezamos a investigar con los familiares, pero nadie sabía dónde estaban. Ante la negativa del penal de decirnos qué habían hecho con ellas, recurrimos al único medio de protesta que estaba a nuestro alcance: un toque de lata. Estuvimos golpeando los barrotes de las celdas con los jarritos y las checas, gritando "Rah, Rah, Rah" durante tres días sin parar. Hicimos con las checas lo que hicimos en Guanajay con los ladrillos. El pueblo entero de Guanabacoa supo lo que estaba pasando y se formó tremendo escándalo. Trataron de reducirnos con chorros de agua a presión, nos lanzaban contra el piso y rodábamos de pared a pared, pero no lograron doblegarnos...

...En Guanabacoa tuvimos al Dr. Pedro de Céspedes, alto y delgado, de buen aspecto pero médico inmisericorde, enemigo declarado de las presas políticas. Se negaba a recetar medicinas y cuando existía una emergencia y había que sacar el caso a un hospital, él no lo mandaba. Como ejemplo, Carmelina Casanova, una bibliotecaria que formaba parte de mi causa, padecía de úlceras en el estómago. Al llegar yo a Guanabacoa, los guardias me dijeron, "Nosotros le abrimos la reja y usted pasa a la enfermería para atender a sus compañeras". Así me sacaban y pude ver a Carmelina, que se sentía muy mal. Al día siguiente, cuando llegó el Dr. Céspedes le dije, "Hay que mandar este caso para el hospital inmediatamente porque tiene úlceras múltiples y sangrantes y la situación es ésta, ésta y ésta...". Discutimos, y el hombre empecinado, negado a admitir la realidad. Ya yo estaba alterada y al ver que no estaba dispuesto a dar su brazo a torcer, le dije a la jefa del orden interior, "Mire, Cabadilla, mientras ustedes tengan aquí a este animal no me llamen más, y si esta mujer se muere, la responsabilidad es de ustedes". La jefa le contó todo al director y salvaron a Carmelina Casanova, llevándola para el hospital...

...Igual pasaba con los casos de asma, que eran frecuentes por la profunda humedad y la falta de higiene. El intentaba resolverlo todo con un poquito de aerosol mientras que la mujer necesitaba un poco de aminofilina a la vena. Pero Dios me acompañaba en todo momento y me inspiraba para yo aliviar o curar los peores casos. Recuerdo a una presa común que tenía tremenda pudrición en las piernas por úlceras varicosas; daba asco mirarla. Las lavé con una solución antiséptica y logré conseguir un líquido llamado Venilín para las úlceras de estómago. Raspé las costras, avivé las llagas y me dije, "Si esto sirve para las úlceras de estómago tiene que servir para las úlceras de várices". Con esto y una cataplasma logré curarla del todo y salvarle las piernas a esa pobre mujer.

NENITA CARAMES:

— Nos dijeron que era un traslado para la granja, pero pronto comprobamos que era otra mentira en aquella larga cadena. Estaban trayendo a las comunes para Guanajay y a nosotras nos estaban regresando para Guanabacoa. Tras un día entero al sol, cansadas, tiradas por el patio, llegaron las guaguas cargadas de comunes y en esas mismas nos llevaron a nosotras...

...Lo que nos dejaron estas mujeres es indescriptible, hubo que vivirlo...Una peste inaguantable a cuanta inmundicia una rechaza. Allí cogimos piojos y ladillas hasta tener que afeitarnos nuestras partes. Eran infecciones por todos lados. De nuevo tuvimos que compartir el hueco en el piso, paradas sobre aquellos hierros oxidados y mientras hacíamos nuestras necesidades, ver las ratas y las cucarachas al acecho. Con el calor salían ratas y ratones por todas partes, una me cayó sobre un pie y todavía tengo esa terrible impresión...Polita les tenía terror, pero Albertina y las demás se lanzaron a matar la rata...

...De Guanabacoa recuerdo las bocinas y el pito que nos pusieron como castigo. Tras 72 horas de aquel ruido infernal que reventaba los oídos, Vivian de Castro y María Vidal no podían aguantar mucho más, yo me tapaba la cabeza pero era inútil....De pronto, La Niña de El Escambray grita que quiere ir al baño y la dejaron salir. Ahí mismo agarró los cables eléctricos con la mano y los desprendió para callar el pito. Salió disparada por el aire y cayó negra al piso, no se mató por milagro de Dios, pero estaba negra, negra. Se impresionaron tanto con eso, que jamás reconectaron el pito.

MERCEDES ROSSELLO:

— Guanabacoa era realmente tétrica, recuerda a La Cabaña. Al entrar, hay un salón cuadrado con dos mesas largas y unos bancos, y nosotras dormíamos lo mismo en las colombinas que sobre las mesas que sobre los banquillos. A cada lado había un pasillo de cuyas paredes colgaban las literas con cadenas. Para pasar tenía que ir pidiendo permiso a unas y a otras. Al final, una barandita de cemento y el baño, dos huellas marcadas en el cemento para poner los pies y, en el medio, un hueco. Todo había que hacerlo en el aire...

...Cuando llegué a Guanabacoa ya traía los puntos de mi cesárea casi podridos, con fetidez. Allí me reuní de nuevo con mi hermana y ella, Cary, Maribel y Emilia Tamarit trataban de curarme, hasta que lograron me llevaran al Hospital Militar a que me quitaran los puntos. Después, ellas mismas me limpiaban con alcohol, lo cual era tremendo logro. Allí sólo nos daban dos cubos de agua cada 15 días, o sea, tomabas el agua vieja de hasta 15 días y tenías que repartirla entre tomarla, bañarte y limpiar el hueco... Conectaban unas mangueras a las pilas y llenaban nuestros cubos, y entonces abrían las pilas y empezaban los gritos de "¡Apúrate, Fulana, apúrate!" de querer bañarnos y lavarnos la cabeza todas a la vez. De pronto desconectaban el agua y te quedabas a la mitad, sólo con el cubo ...¿podrá creerse que, en nuestra desesperación, hasta hemos tomado agua del baño... de aquel fétido inodoro?...

...Ellos administraban todo a su capricho. O te daban agua con la regularidad de los 15 días o te la quitaban del todo. O te daban patio todos los días o no te abrían la reja. O te daban leche un día y no te la daban más nunca...

...Una noche, como acostumbraban a hacer bien entrada la noche cuando iba a suceder algo, las llaveras comenzaron a pasar sonando las llaves. Y si era anunciando la llegada de un carro, sabíamos que era visita del Ministerio. Nos llamaron a todos los pabellones y anunciaron que iban a permitir que nuestros hijos pasaran una noche con nosotras, que les podíamos mandar un telegrama para que los trajeran. ¡La felicidad era indescriptible!...¡Poder pasar una noche, aunque fuera en esas camitas inmundas, abrazadas a nuestros hijitos!...Mi hermana Margot desconfiaba y pensaba que estaban tramando algo, pero, en mí la ilusión podía más que cualquier razonamiento...

...Sólo duró una noche y nadie durmió. De pronto, sin explicación alguna, entraron los del Ministerio y los guardias con enormes carros-bombas, y con chorros de agua a presión empezaron a dar manguerazos contra paredes y ventanas con un ruido ensordecedor, todo esto con los niños aterrados, abrazados a nosotras y gritando, "¡Mamita!... ¡Mamita!". Ni siquiera pudimos darles de comer las laticas que habían traído nuestros familiares. Las presas empezaron a gritar y a dar un toque de lata que duró las tres o cuatro horas de esa brutalidad...¡Aquello era el mismo infierno!...A la mañana siguiente, nuestros padres y madres estaban durmiendo afuera esperando para recoger a los niños...¿Cómo íbamos a sospechar que nos iban a hacer semejante traición? ¡Juramos que más nunca nos dejaríamos engañar a costa de nuestros hijos!...

...No teníamos colchonetas ni sábanas ni almohadas. Con cartuchos y periódicos hacíamos un colchoncito. Pasaron muchos meses antes que dejaran a los familiares traernos una colchoneta finita, de mínimo espesor. Al menos, nosotras tratábamos de mantenernos con cierta limpieza, porque allí las ratas caminaban por las cadenas de las literas y nos pasábamos dos y tres días sin dormir, montando guardia contra ellas. A una rata que parió allí, entre las rocas, le pusimos "Bruno", que era el nombre de un custodio negro que era muy malo con nosotras. Asela Piñeiro estaba en el baño cuando le saltó la rata del hueco y empezó a parir...¡Pobrecita muchacha! Empezó a gritar y se volvió como loca cuando esa rata parió; se enfermó de los nervios y estuvo bien, bien malita.

LA CARCEL COMPARTIDA: GUANAJAY

"Cuando salgan de este engaleramiento, estas mujeres saldrán caminando en cuatro patas."

Manolo Martínez, Jefe de Prisiones de Cuba
Guanajay, enero de 1963

Siguiendo el antiguo catastro que demarcaba seis provincias, antes de que el régimen castrista redemarcara un total de 14 provincias, podíamos tomar la Carretera Central desde La Habana hacia el oeste y llegábamos a Guanajay, el primer pueblo en la provincia de Pinar del Río. Como mencionamos anteriormente, fue allí que en 1944 el presidente Dr. Ramón Grau San Martín hizo construir el Reclusorio Nacional para Mujeres. Cada celda constaba de una camita personal con su propio lavamanos y su inodoro. En el período carcelario que reseñamos hoy, cada una de estas celdas alberga de seis a 10 mujeres con ese mismo servicio sanitario...pero sin agua. Nunca soñó el Dr. Grau que en esa cárcel sufrirían su sobrina Polita y miles de presas políticas las más refinadas torturas sicológicas y el vejaminoso maltrato que ha hecho del presidio político de Cuba el "más cruel, inhumano y degradante que ha conocido América".

TESTIMONIOS QUE RESUMEN RELATOS SIMILARES

"Cuando nos trajeron un latón lleno de huesos para la comida, las setecientas y pico de mujeres nos asomamos a las ventanas y empezamos a ladrar como perros: "Jau, jau, jau..." durante horas. Les levantamos al pueblo de Guanajay."

Esperanza Peña.

ESPERANZA PEÑA:

— A María Vidal la azocaban, la maltrataban interminablemente, abusaban mucho de ella por la situación que ella tenía. Dios me ayudó mucho para yo poder ayudarla, porque a María lo único que ya le quedaba por delante era matarse en la prisión. El maltrato era a todas, las torturaban, las arrastraban a golpes, las metían en las terribles Tapiadas de Guanajay, que son tan oscuras que apenas se ve la checa que le tiran a una con la comida...

...Nos traían la comida en latones de basura limpios, no estaban sucios. La echaban ahí para todas, como si fuera comida para los puercos...y nosotras, a comer como animales. Una vez, nos mandaron con las muchachitas el latón lleno de esos huesos que se usan para hacer sopa y que se les queda pegada alguna carnecita, les echaron una salsa de tomate por encima y ésa era la comida. Nos preguntó un guardia, "Muchachitas, ¿saben lo que hay de comida hoy?", y levantando un hueso en alto dijo, "¡Esto!". Nosotras le contestamos, "Ah, no la suban, déjenla ahí". Y nos asomamos por las ventanas, setecientas y pico de mujeres... ¡ladrando!...

...Ladramos como perros, "¡Jau, jau, jau!" por horas, hasta que levantamos al pueblo de Guanajay completo... más de setecientas mujeres ladrando como perros por los huesos. Empezamos a ladrar en el pabellón C alto, luego siguió el C bajo, luego el D alto y bajo, y se contagió el penal completo. Trataban de reducirnos y no podían, hasta que al fin nos dijeron, "Espérense, tranquilícense, que les vamos a resolver el problema". Fue la primera y última vez que los vimos deponer su guapería ante nosotras. El logro fue que en vez de los huesos nos mandaron un huevito frito para cada una, y lo de menos era el huevito, con gusto nos hubiéramos quedado sin comer por lo que disfrutamos dándoles el show a estos tipos...

...Cada vez que podíamos nos las cobrábamos. En Guanajay logramos construir un radiecito que entramos pieza a pieza y, dirigidas por alguien desde afuera, las muchachitas lo fueron armando. Las llaveras sabían que nosotras estábamos al tanto de las noticias y se volvían locas tratando de encontrar el radiecito. Pero cuando venían y anunciaban: "¡Requisa!", nosotras amarrábamos un cordelito al radio y por la misma ventana que tirábamos la basura para que cayera abajo, en los basureros que nos ponían para ese fin, allá iba el radiecito como si fuera basura...para recogerlo de nuevo tirando del cordelito al terminar la requisa. Al cordelito, que también usaríamos para otras cosas, le pusimos por nombre "U-2". Si había traslado, nos llevábamos el radiecito, y cuando desmantelaron Guanajay lo sacamos y nunca lo pudieron encontrar...

...En Guanajay tuvimos que inventar mucho. Primero cocinábamos en un fogón de tizones, hecho de cualquier lata redonda a la que le abríamos un hueco por el frente y hacíamos los tizones con revistas y periódicos. Una sujetaba los tizones y la otra cocinaba arriba. Luego inventamos "el chencho". Decir "el chencho" entre las presas es recordar con alegría y gratitud lo que representó para nosotras. Los hacíamos de un ladrillo que con un clavo íbamos rebajando y adentro le poníamos una resistencia. Luego tomábamos las partes amarillas que tienen los bombillos, las aplastábamos y colocábamos una a cada lado; ésos eran los aisladores. Con un alambre lo conectábamos a la electricidad y hacíamos un fogoncito eléctrico...

...Cuando querían encontrar al chencho y anunciaban una requisa, nosotras teníamos el escondite perfecto. Siempre usamos unos ladrillos para levantar el cubo de agua del piso y las llaveras estaban acostumbradas a ver los ladrillos colocados debajo del cubo. En realidad, ahí era que estaban escondidos los chenchos.

VIVIAN DE CASTRO:

— Desde que yo entré a la prisión empecé a tener problemas porque cada vez que pasaba algo que no me gustara metía mi protesta y entonces me quitaron las cartas y las visitas desde el principio. Un día llegó el director de prisiones que era un viejo comunista español que parecía ser una persona decente, idealista, con menos odio y maldad que éstos de ahora. Con él estaba la jefa de la prisión, una mujer que nos odiaba a los contrarrevolucionarios; era flaca, blanca, rubia, no era negra como todas las que la siguieron. Ellos subieron al único pabellón donde yo estuve, el pabellón D, que era el de las rebeldes, el de castigo...

...Cuando bajaban, la oí cuando le decía a él, "Yo no las puedo tratar; a mí nadie me puede obligar a que las trate". Ahí mismo me acerqué a la reja y le dije al director, "Venga acá, ¿y usted no va a hablar con nosotras?", a lo que me contestó, "Bien, dígame qué es lo que tenemos que hablar". Me faltó tiempo para decirle que allí nos trataban como perros y que si la revolución era tan justa por qué no nos daban cartas ni visitas, que no teníamos agua y que la comida tenía gusanos. La jefa de la prisión gritaba, "¡Eso es mentira, todo lo que ella dice es mentira!". Y ahí empezó una huelga y el toque de lata, una bulla tremenda ese toque de lata...

...Me sacaron con un grupito y nos llevaron castigadas para las Tapiadas de Guanabacoa donde estuvimos dos meses. Allí fue donde nos agarró lo de Bahía de Cochinos y las milicianas entraron con las bayonetas caladas y nosotras nos les tiramos encima, estábamos como enloquecidas a un punto tal que ellas tuvieron que retirar las bayonetas. Fueron momentos horrendos porque nos tenían amenazadas con matarnos si triunfaban los invasores y nosotras pensábamos que no importaba, porque íbamos a ganar...

...Los guardianes, en su mayoría, simpatizaban con nosotros porque eran personas de muy baja educación y se sorprendían de cómo nosotras hablábamos y nos reíamos y hasta cantábamos. Eramos muy diferentes a las presas comunes, que eran por lo general personas sin principios, sin moral, abandonadas por sus familias. Nuestras familias nos acompañaron a lo largo del presidio, nos ayudaron y no nos abandonaron en ningún momento...

...Pero, de pronto, cambiaron aquella guarnición y trajeron gente nueva. Cuando yo los vi llegar me dieron unos escalofríos que temblaba de pies a cabeza. Eran unas gentes de color cetrino, verdeolivos como su uniforme, con los rostros ceñudos. Entraron como una manada salvaje, con miradas tan cargadas de odio que el peso de su odio llegaba a nosotras. Y, ¿por qué?, porque nosotras no compartíamos su gusto por el nuevo sistema y porque nosotras queríamos a nuestra tierra y todavía hoy no nos acostumbramos a vivir sin la savia, sin la tierra que nos alimenta, porque nos faltan las raíces...

...Llegar a Guanajay y mirar aquellas ventanitas repletas de mujeres con las que tendría que compartir muchos años de mi vida tuvo un impacto imborrable en mí. Allí encontramos amigas afines y otras no tan afines pero todas nos ayudamos y nos mantuvimos unidas en la mala. Las había más educadas, menos educadas, más rabiosas, menos rabiosas, quienes se retraían, quienes arrostraban lo que había que arrostrar. Comulgáramos o no con ciertas actitudes, todas nos respetamos y nos respaldamos...¿Por qué? Porque teníamos una cosa muy importante en común: el amor a la Patria, el amor a la libertad. En mi grupo inmediato estaban Ana María Rojas, la Dra. Isabel Rodríguez, Lydia Herrera, Sinesia Drake, Esther Ferro, Mechito Rodríguez, y tantas otras...María Isabel López "La Gallega" que ahora vive en Australia y que fue como una hermana para mí...

...Párrafo aparte es Pola Grau. De ella tengo un recuerdo muy especial porque me dio valor y una gran lección estando juntas durante un castigo en Guanajay. Yo nunca viví en Palacio ni fuí rica; no era pobre paupérrima, pero nunca fuí rica. La riqueza no la alcanza todo el mundo y Pola sí fue una mujer rica y hasta vivió en Palacio donde fue primera dama como sobrina del presidente. Un día, sentadas frente a frente, nos entregan un plato de harina que no servía, estaba llena de gusanos, no había quien se la tragara. Las lágrimas me caían dentro del plato pero yo no me podía tragar aquello. Y Pola, que había comido en los mejores restaurantes del mundo, por no doblegarse, con la cabeza en alto y sin mirar para el plato se tragaba una cucharada tras la otra...

...Fueron 10 años de castigos tan crueles, a veces unos más largos que otros, como el que duró tres años entre el traslado a Baracoa, y al regreso, el encierro en celdas y Tapiadas. Tras un castigo que fue muy bárbaro y muy largo, le dije, "Pola, ¡ya no puedo más!" Y Pola, con esa calma que la caracteriza, me dijo, "Mira, Vivian, Dios nunca nos da una carga más pesada que la que cada uno puede llevar; si El nos está dando esta carga es porque nosotras podemos llevarla, tú puedes...".

YARA BORGES:

— No hicimos más que llegar a Guanajay y nos pusimos en huelga. Nos dieron la bienvenida con que había que ponerse los uniformes azules de las comunes y no podía aguantarse la peste que tenían, era insoportable. Además, las visitas eran con una malla separando a la presa del familiar y no se permitía la entrada de comidas. Para hacernos más agradable el ambiente, pintaron las celdas del "D" con aceite, en verde repelente y en carmelita caca-de-mono... ¡tremendo recibimiento! Los primeros seis meses tuvimos la única directora que se preocupó por nosotras, María Huerta. Era una negra de sesentipico de años que era muy pobre, con un profundo sentido de la justicia social y un gran corazón. Fue la única que nos trató como a presas políticas...

...Los que vinieron después nunca nos vieron como tales, sino como rehenes, como desechables, como conejillos de Indias, tanto sicológica como físicamente. Mi única satisfacción era que cuando una vez al año nos visitaba el G-2 con sicólogos y todos ésos, a las muchachitas las tenían que arrastrar y patear para llevarlas al interrogatorio y yo, por mi parte, era recibida con el consabido, "Usted no, porque usted es contrarrevolucionaria". Y ahí empezaba yo con mi perorata de que ellos eran los que habían traicionado la revolución y estaban presos dentro de un uniforme y tienen que decir lo que les mandan y, mientras tanto, yo era libre en mi celda de dos por tres metros aunque estuviera con tres más porque mi alma era libre...hasta que decían, "Llévensela de aquí"...

...Una vez me trasladaron para el pabellón "B" alto y en el "B" bajo estaban las comunes, no por robo o algo así, sino que eran lo más terrible del mundo, mujeres con sífilis que estaban mal del cerebro y actuaban de manera irracional. A varias comunes les dieron visita de sus niños y en un momento determinado las engaleraron con niños y todo. Empezaron a gritar y a dar un toque de lata y ahí mismo apagaron las luces y entró la guarnición dando manguerazos con chorros de agua a presión, lanzando a esas mujeres y a esos angelitos contra las paredes sin compasión. En la galera que quedaba bajo la mía había una presa con sus dos hijitos, un niñito de unos seis años y una niñita como de tres. Efectivamente, a la niñita le partieron la cabeza al lanzarla contra la pared con el chorro de agua...Teresita Vidal y yo temblábamos de ira, de pies a cabeza, como dos hojas y empezamos a golpear los barrotes a pura mano hasta caer exhaustas...

...En la celda teníamos un inodoro que nunca tuvo agua, sólo cuando la traían en un cubo. Yo estuve 21 días sin poder dar de cuerpo; me era imposible hacerlo delante de mis compañeras, no podía...

DORIS DELGADO "JAPON":

— Ya yo estaba en Guanajay cuando murió mi mamá. Llevaba cinco años de cárcel y durante ese tiempo sólo la pude ver cuatro veces. Fue cuando estuve en la Tapiada de Pilar Mora. A Pilar le quitaron de la pared el retrato de su hermano Menelao Mora, muerto en el ataque al Palacio Presidencial el 13 de marzo de 1957, durante el gobierno de Batista. Formamos una tremenda fajazón y a todas nos llevaron castigadas. Cuando las que quedaban se enteraron de esto, empezaron a dar un toque de lata y a romper cosas; lo mismo hicimos nosotras cuando las castigaron a ellas. Ante eso, dijo el director, "Miren, esto es una cadena, a esta gente no se les puede tratar así, hay que hacer algo"...

...Fue entonces que se ahorcó Alba, una presa común. Las comunes tenían su propio pabellón y estaban clasificadas. Esta muchacha, que era muy fina y muy callada, era de Mayarí y le traían a su hijito de visita. Ella tuvo un problema con otra común, Irma Vargas, y como castigo mandan a Alba a servirnos la comida en la Tapiada. Ella le pidió al director, un hombre joven, que no dejara que su hijito la viera con el uniforme de clasificada. El día antes de la visita todavía no le había contestado y ella volvió a preguntarle al director, quien le dijo que le avisaría. Cuando vino a la Tapiada a las cuatro de la tarde, a traernos un poco de agua que nos dieron ese día, nos aconsejó que nos portásemos bien para poder reunirnos con nuestras compañeras. Nos extrañó esa actitud y le preguntamos, "Alba, ¿tú te vas a trasladar?", y nos contestó, "Sí, creo que sí". A las cinco de la tarde la encontraron ahorcada en su celda.

MERCEDES ROSSELLO:

— Las visitas en Guanajay fueron horribles. Nos separaba un

muro y nos decían, "Todas las manos abajo, ahora pueden darse un beso". Si una se dejaba llevar por la emoción y tocaba al familiar, nos cancelaban la visita. Cuando los familiares entraban, desnudaban a los niños, y a las madres de las presas las desnudaban delante de los niños. Mi mamá no quería llevarme a mi hijita por las cosas que veía y oía allí... Las visitas eran demoledoras, con 200 personas dando gritos. Al regresar a las galeras parecía que veníamos de una entrada de golpes, todas destruídas. En primer lugar, vivíamos en una mentira. Si preguntaban cómo estábamos, no contábamos que nos tenían molidas a golpes, o que nos sacaban las muelas sin anestesia. Cualquier fallo y el castigo era no volver a verlos en varios meses. Cuando yo regresé de Baracoa para Guanajay, sólo por gritarle a Margot, "Mi hermana, estoy bien", me tuvieron tres meses castigada...

...Ahora ya puedo contar que en presidio yo tenía un radiecito; en él oíamos La Voz de América; cuando la noticia de que el Presidente Kennedy entregó la bandera, parecíamos sardinas en lata, apretadas para poder oir. Así supimos de la crisis de los cohetes o crisis de octubre. Acto seguido de conocerse la situación, plantaron ametralladoras 50 alrededor de la cárcel de Guanajay. Nosotras pasamos la noche sin dormir, pero ellos también. Fueron muchas las noches que pasábamos sin dormir; siempre había un ruido, siempre estaban fabricando algo...Esta vez eran unas casillas largas, con las bocas de las 50 hacia nosotras, pero no las vimos hasta que por la noche nos enfocaron unos enormes reflectores y nos gritaban, "¡Las haremos polvo y cenizas...Si llega el imperialismo, todas morirán, las haremos polvo y cenizas! ¡No asomen la cabeza, porque todas las cárceles están dinamitadas y van a morir!...¡Polvo y cenizas!". Eso siguió hasta que terminó la crisis de octubre...

...Cuando ellos implementaron el plan de rehabilitación ya no dejaron entrar a nadie más al pabellón "D", donde estábamos las más antiguas, porque decían que nosotras influenciábamos a las nuevas para que no aceptaran la reeducación. Eso no era cierto. Nosotras estábamos en contra del plan, pero entendíamos que cada una que lo aceptaba tenía sus razones para hacerlo a cambio de rebajar sus condenas...dramas familiares en que sus hijos o padres ancianos habían quedado abandonados, o había razones económicas... Muchas eran mujeres muy valerosas que lucharon muy duro en la calle y fue muy doloroso para ellas el aceptar el plan...

...Dejaban de ser presas políticas plantadas, porque ya entonces las obligaban a cantar la Internacional y asistir a actos oficiales. Las que llevaban a trabajar al huerto trataban de esconder algunas fresitas para nosotras. Fueron presas con una trayectoria limpia y no se les puede juzgar. Otras aceptaron con facilidad el plan porque llegaron últimas y ellos hacían de todo, les facilitaban todo para ganárselas...picnics y visitas de presos en rehabilitación...

...Lo que más fuerza me daba para seguir eran mis convicciones y el sufrimiento de ver cómo se enfermaban mis compañeras y no les daban atención médica; todo lo que lográbamos era a fuerza de gritos y de amenazas y de castigos. Julia González murió por un problema en el vientre porque cuando vinieron a atenderla ya tenía septicemia. Lydia Pérez murió de parto con unas hemorragias incontenibles mientras nosotras gritábamos, "Dr. Espinosa, saque a Lydia que se muere, saque a Lydia". Cuando se formó un tiroteo, Carola Peña envolvió en una colchoneta y escondimos debajo de una litera a Natasha, la niñita de dos años de Onelia, y a Fernandito, el bebito de seis meses de Raquel Romero, si no, los hubieran matado allí mismo...

...La propaganda internacional iba cobrando más fuerza cada vez, y cuando traían comisiones extranjeras de visita, inclusive las soviéticas, no las entraban a los reclusorios porque ellos sabían que allí habían quienes hablaban inglés u otros idiomas y que les iban a contar la verdad. Los paseaban por afuera nada más. Cuando hacían requisas nos quitaban lo poco que nos traían nuestros familiares, inclusive las camas. Teníamos que dormir en el piso y comer sin cuchara ni tenedor. Las que tuvimos la suerte de que nuestros familiares nos consiguieran un cepillo de dientes, al terminar de comer se lo prestábamos a las otras. Pasábamos frío porque nos quitaban la ropa; se lo llevaban todo. Nos engaleraban pero nos sacaban cuando teníamos que limpiar los servicios, los inodoros, los pasillos y pabellones que eran inmensos, y luego nos volvían a encerrar. Ah, y por cualquier cosa que no les gustara, nos quitaban el agua....Así estuvimos años en Guanajay.

ANA LAZARA RODRIGUEZ:

— Miriam Ortega, Esther Campos y yo estuvimos plantadas hasta el final. Las tres estuvimos aisladas durante los últimos cinco años de prisión, solas las tres...

...Mi segunda fuga se produce desde Guanajay, a los 20 días de la primera fuga desde Guanabacoa. De nuevo fuimos dos trigueñas y una pelirroja pero esta vez, en lugar de "Chonchi" Castellanos la pelirroja era Teresita Vidal. Cuando nos fugamos, nosotras hicimos nuestro propio peine del campo. Así es que cuando dos contingentes de 200 hombres cada uno comenzaron a peinar el campo y se toparon, no habían dado con nosotras. Fruto de su inexperiencia, de pronto Teresita nos dice, "Voy a buscar dinero", y antes de que pudiéramos atajarla, porque la voz corre muy lejos en el campo, se nos perdió en la oscuridad de la noche...Al rato, sentimos el disparo dando el alto. A Teresita la apresaron enseguida...

...Cuando Margarita y yo logramos salir a la calle, mi frustración no tuvo límites por lo mucho que la gente había cambiado.

Estaban tan aterrados que, no por simpatía con el gobierno, sino por miedo, eran capaces de cualquier cosa. Encontré a algunos increíblemente valientes, pero eran pocos. Eso me hizo un daño interior tremendo y sentí mucho desprecio por mucha gente. Sentí que lo que estaban resistiendo mis compañeras era tan diferente a lo que yo encontré en la calle, que era como vivir en dos mundos diferentes y ya yo no encajaba en ninguno de los dos...Me entregué.

MARY MARTINEZ IBARRA:

— El verdadero sentido de hermandad se alcanzaba cuando una llegaba a Guanajay. Ya sabíamos que ése era nuestro destino final, que el resto de nuestras vidas lo íbamos a compartir allí con las demás presas. Guanajay era el fin de la vida, el fin de todo. Y había que rechazar la esperanza para no caer luego en el desengaño y la frustración; era necesario desarrollar una superprotección contra lo que tienes que aguantar durante los próximos 20 ó 30 años de tu vida en una prisión...

...El organismo humano tiene recursos increíbles; nadie sabe esto mejor que un preso. No hay científico que comprenda que siempre que tenga una mente disciplinada, un ser humano puede estar parado sobre un ladrillo 45 días...un preso sí lo entiende. Una mente disciplinada te protege contra los maltratos, si no, quedas amargada, derrotada, sin ganas de vivir. La hermandad que nosotras desarrollamos nos dio fuerzas y nos unió más que a nuestras propias familias, porque nos contábamos, una y otra vez, desde nuestra niñez hasta el hoy, y cuando ya no tuvimos más nada nuestro que contar, empezamos a contarnos las vidas de los vecinos. Por las noches, la que más facilidad tuviera contaba para todas un libro o una película. Esperábamos la noche con ansiedad para oir la película de turno y pedíamos a la relatora que la diera con lujo de detalles y que la contara "en colores". Estaba de moda "Sissy Emperatriz" y con el relato de su historia, los trajes de la época y los bailes en la corte, nos quedábamos tan pendientes que no se oía ni un suspiro...

...En Guanajay teníamos todo tipo de presas: médicos, peluqueras, enfermeras, monjas, estudiantes, obreras. Estaban la Dra. Isabel Rodríguez y la Dra. Vega, que era una mujer muy recta, muy vertical...

...Llegó a Guanajay un nuevo director. Este fue el director en la cárcel de Isla de Pinos cuando cayó sobre los hombres, con todo su rigor, el Plan de Trabajo Camilo Cienfuegos, que tuvo como resultado muchos muertos y golpizas de todas clases. Vino para Guanajay dispuesto a acabar también con nosotras las mujeres para obligarnos a trabajar. El chantaje era que si no aceptábamos el plan, nos mezclaban con las comunes. Y para nosotras eso hubiera sido el peor de los castigos; habría que ver a aquellas comunes para comprender nuestro temor. A la larga o a la corta, nosotras íbamos a tener que salir a trabajar, pero era muy triste salir sin siquiera una manifestación de rebeldía tras nuestra conducta intransigente como presas plantadas...

...La jefa de orden interior se apareció con una lista y nos llamó a cuatro para el primer trabajo, que era caminar unas tres cuadras hasta la cocina para buscar los latones de basura en que nos daban la comida. Bien. Eso lo hicimos siempre, pero ahora era parte del trabajo forzado. Eramos Elsa Mentado, Chonchi Castellanos, Rebeca Olivera y yo. Recuerdo que todas en el comedor nos miraban con ojos de que aquello iba a ser muy duro. Esperaban a que nosotras nos reviráramos allí para entonces, todas a la vez, hacer suyo el problema. Yo no dije una palabra, pero cuando salimos y caminamos una cuadra, les dije a los guardias, "Ahora que estamos lejos del pabellón y de las muchachitas, para que ellas no se vean envueltas en un problema, les digo que yo no voy". Y las otras, igual...

...Entonces vino la guarnición y empezaron los golpes. Ellos siempre nos daban con los puños y cordones eléctricos trenzados. Nuestros zapatos eran de tenis, y todavía yo no sé cómo un tenis mío fue a parar lejísimos, en medio del patio, donde yo ni siquiera había estado. Ni tirándolo un hombre con toda su fuerza podría haber llegado tan lejos. Allá quedó mi tenis para siempre, blanco del sol y del sereno sobre aquel campo verde. Y con un solo tenis me llevaron para la Tapiada; era lo que tenía puesto y no tenía derecho a más nada. ¡A dormir en el piso las cuatro durante varios meses!...

...Esta no era mi primera Tapiada, que duró seis meses y que fue la peor, horrible, horrible, espantosa. La compartí con Reina Peñate. Tenía menos de dos metros de largo y metro y medio de ancho. Nos tenían sin agua, vivíamos en la podredumbre con el mal olor de un retrete lleno de excrementos y orines para el que sólo nos daban agua cada 15 días. Entonces, teníamos una carrera contra el tiempo para descargar el retrete, limpiarlo, tratar de recoger agua en un lavamanos mínimo, poner una tirita desde una ventanita y poder colgar un pedazo de sábana para bañarnos por separado, una de espaldas a la otra, y, por último, levantar la colchoneta y sostenerla con otra tirita para que no se mojara porque el agua descargaba sobre el lugar donde dormíamos... todo esto, esperando que no cortaran el agua antes de tiempo...

...Nos bañábamos cada 15 días y lo peor era cuando teníamos la menstruación, sin higiene ni trapos con que contener la sangre. Recuerdo que como los custodios eran hombres y mujeres, una presa tuvo que pedirle a un hombre un poco de algodón y aquello fue una humillación para todas. A veces había que arrancar pedazos de la colchoneta para solucionar la necesidad tan grande que teníamos. Yo no sé cómo no cogimos una infección tremenda, pero veníamos de familias muy sanas. Además, nosotras no éramos como las comunes, que se desnudaban y se bañaban juntas. Nosotras conservábamos el pudor, y si había oportunidad de lavar una blusa, las demás nos virábamos de espaldas mientras la otra lavaba su blusa...

...Por eso, Polita Grau tomó un día una funda de almohada, le abrió tres huecos para los brazos y la cabeza y nos dijo, "Este modelito se llama Palacio, y me lo pondré cada vez que tenga la oportunidad de lavar mi blusa". Acto seguido, todas procedimos a imitar el invento de Polita para estar cubiertas cuando llegara el ansiado momento de lavar nuestra única blusa...

...A pesar de todas estas vicisitudes, nosotras sobrevivíamos gracias a nuestra fe y nuestro sentido del humor. Al igual que las demás, a pesar de la total oscuridad, Reina y yo nos sabíamos de memoria cada ranura, cada rayita, cada manchita de nuestra Tapiada, no porque quisiéramos aprenderlo sino porque nos sobraba el tiempo. El piso era de granito y tenía manchas chiquitas negras, blancas y grises de las piedrecitas. Una noche, con cierto temor, me dice Reina, "¿Tú has notado una mancha nueva en el piso, mayor que las demás?"...Al yo decirle que sí, nos sobrecogió el terror. Aquel lugar era territorio de arañas peludas y ambas, que no le temíamos enfrentarnos a la muerte, les teníamos pánico a las arañas peludas, pero las presas nunca decíamos a qué temíamos porque eso era un arma que los custodios podrían utilizar en contra nuestra...

...Empezamos a alertar a las demás diciéndoles, "Ocho Patas aquí", y de tanto repetirlo fuimos metiéndonos más y más miedo y las dos terminamos encaramadas en el retrete. De otra Tapiada nos calmaban y alentaban, porque temían que aquello desencadenara en un ataque de nervios y nos ofrecieron unos cigarros que tenían guardados. Con mil trabajos comenzamos a halarlos con una tirita, pero nunca logramos traerlos del todo. Otra nos conminó, "Tienen que ser valientes y matar a Ocho Patas". Y decidimos ser valientes y la emprendimos a zapatazos, en la espesa oscuridad, contra Ocho Patas. Así pasamos horas para descubrir, con un hilito de luz en la mañana, que habíamos estado golpeando durante toda la noche, hasta destruirlo, el escapulario de Reina...

...Mi peor recuerdo de allí es de cuando para acallar nuestros gritos de "¡Hambre, hambre!" y que no alertáramos al pueblo, nos pusieron unos altoparlantes con una estación de radio y chillidos de estática a toda voz, con unos ruidos tan agudos que reventaban los oídos de escucharlos sólo unos segundos. Yo pude descubrir que si gritaba a la par, un grito largo y profundo, me descompresaba los oídos al establecer un equilibrio. Hubo presas que perdieron el oído del todo, a otras se les reventaron los tímpanos y los oídos les supuraron por mucho tiempo. A muchas se les aflojaron los dientes y las muelas de tanto apretarlos para soportar el ruido. Así estuvimos, de día y de noche, durante cinco días...

...Cuando regresaron las muchachitas del traslado a Baracoa, dieron un castigo terrible sin ton ni son. Estábamos engaleradas de dos en dos, juntas estaban Teresita Bastanzuri y Silvia Perdomo. Yo conocí a Teresita, jovencita, en el G-2. Y Silvia era una muchacha muy dulce a quien le gustaban las artes y la música y también pintaba; tenía dos niños pequeñitos. Se llevaba muy bien con todas y nunca hablaba mal de nadie. Tenía el pelo negro, largo y lacio. Y cuando la llavera entró a su galera a hacerle una requisa, la agarró por el pelo y se quedó con mechones completos entre las manos. Los mechones de aquel pelo tan lindo andaban por el piso. La golpeadura que les dieron a las dos fue tremenda y nosotras sufriendo, porque estábamos engaleradas y no podíamos salir a compartir con ellas. Cuando todo terminó, de la galera de los bajos le dijeron, "Sylvia, te voy a mandar un cigarro", pero no había con quién. Entonces, Sylvia recogió aquellos mechones que le habían arrancado y fue amarrando pelo con pelo hasta hacer una larga cadeneta, la deslizó por la ventana y subió el cigarro...

...Vivíamos en tal estado de tensión y de protesta por todo, que cuando a Fidel le dio el barrenillo de los deportes y que todo el mundo tenía que parar el trabajo al mediodía y practicar un deporte, la llavera se para en la puerta principal y dice, "Reina Peñate, ¡reporte!"...pero, ¿qué entiende Reina?..."Reina Peñate, ¡deporte!"...Y Reina saltó como una avispa, gritando horrores, de quiénes se creían ellos que eran, comunistas asquerosos obligándola a hacer deportes, que la mataran de una vez, pero que ella no iba a hacer deportes...Por fin, alguien logró pararla y le explicó que lo dicho era "reporte" y no "deporte", a lo que contestó muy serena, "Ah, bien, que me reporten, pero que no me obliguen...".

MANUELA CALVO:

— Yo tuve tres traslados para Guanajay: dos desde Guanabacoa y uno desde Baracoa. El primero siguió al Día de las Madres con los golpes y los manguerazos. Nos opusimos a ese traslado hasta que quitaran a la directora Leila Vázquez...ya conocíamos el rigor del penal, no nos dieron visitas ni cartas cuando estuvimos allí y nos aplicaban el mismo reglamento que a las comunes..."No vamos, nos tienen que matar". A golpes y a manguerazos de agua nos sacaron para Guanajay y nos repartieron por todos los pabellones, pero a la semana sacaron a Leila Vázquez...

...Nombraron a una señora de color, María Argüelles, comunista por convicción y convencida de que nosotras estábamos equivocadas. Le explicábamos que ese sistema no servía y en esa lucha pasamos mucho tiempo. Nada cambiaba. Nos quitaban las visitas y las cartas, nos hacían requisas y se llevaban lo poquito que dejaban pasar: azúcar, gofio, leche condensada y, a veces, alguna carne asada que ellos picoteaban para revisarla y nos llegaba hecha un asco. Después, nuestras protestas, los castigos y las Tapiadas. Era el mismo círculo vicioso de siempre...

...También hubo una fuga de siete muchachitas cuando un pabellón se quedó sin llave y le pusieron un candado con una cadena; claro, el candado se partió y se pudo abrir. Caía un aguacero de esos que no permite ver ni a dos metros y se fugaron Nancy Ibargollin, Hilda Pelegrín, Raquel Romero, Dora Victoria Reyes Gómez, María Antonieta López y Vivian de Castro. Milagros Bermúdez tuvo que quedarse en el suelo pegadita al muro porque en ese momento escampó y la posta recomenzó su recorrido. Cuando descubrieron la fuga empezaron a desmochar cuanta mata había en el penal y, nosotras, a cantar: "Ahí no están, no las busquen en las matas, que ya se fueron, ahí no están"...

...Nuestro regreso de Baracoa a Guanajay tuvo matices importantes. Nos despidieron haciendo burlas de que, en Guanajay, no llovería en respuesta a nuestros rosarios y oraciones en el patio. Culatearon los camiones y nos empujaron en los dos camiones hasta Santiago de Cuba. Cuando pasamos por Guantánamo dábamos gritos de que éramos presas políticas y sacamos el pueblo entero a la calle. Nos escoltaban los "caballitos" de la Policía en motocicletas, pero nosotras no parábamos de gritar, "¡Somos presas políticas!"..."¡Hay que tumbar este gobierno!"..."¡Fidel Castro, asesino!"..."¡Abajo el comunismo!". Las gentes se amotinaban en las esquinas. Nos llevaron hasta el aeropuerto de Santiago y de allí nos volaron a la FAR, para no entrarnos por el aeropuerto de Rancho Boyeros...

...De la FAR nos llevaron para Guanajay hacinadas en el piso de un camión, cubiertas con la misma loneta. Entonces, cuando llegamos a Guanajay culatearon el camión bien pegadito hasta la misma reja del pabellón y empezaron a bajarnos a pescozones. Nos dieron golpes y gaznatones de todo tipo. La pobre Reina se cayó al bajarse y perder el equilibrio y, ya en el piso, le dieron patadas de todos colores. Así, a puro golpe, nos metieron en las celdas; cada una tenía tres colombinas sucias y rotas, sostenidas una sobre la otra. Había una con un hueco tan grande que la de abajo apenas podía moverse de una esquinita, por si la de arriba le caía encima. Allí pasamos tres meses engaleradas y sin visita, sin salir ni a ver el sol. El único alimento era un panecito duro y un pozuelito de agua de frijol que nos daban a las tres de la tarde...hasta el próximo día a las tres de la tarde...

...Algunas no pudieron resistir esto sin tener problemas de salud y hubo que inyectarlas por desmayos, pero sin sacarlas de la celda. Yo pude resistir bien hasta que nos sacaron a los tres meses, pero hubo que llevarme directo a la enfermería a ponerme un suero porque no me podía levantar. Ahí me empezaron la pérdida de memoria y las migrañas que sigo padeciendo...

...Las presas comunes pudieron disfrutar de la capillita del reclusorio, donde un sacerdote iba a celebrar misa, pero cuando llegamos nosotras, las políticas, la desmantelaron y en su lugar pusieron un taller de confecciones, al que nos obligaron a ir a trabajar cuando terminó nuestro castigo. Allí hacíamos los uniformes para el ejército y, de paso, hacíamos horrores. Como yo no entendía la máquina de coser "merrow" me pusieron a cortar, y si me tocaba la talla 38 la convertía en 32. Las que trabajaban en el huerto se achicharraban al sol dando pico y guataca, pero hacían sus diabluras cuando podían...saboteaban las siembras, se robaban algunas frutas y verduras y nos las llevaban escondidas entre los muslos, en lo que llamábamos "la valija diplomática".

MARIA VIDAL:

— De Baracoa nos regresaron a nuestro mismo pabellón, el "D", que ya era conocido como "El Pabellón de las Leonas" y "El Pabellón de las Locas". Lo encontramos destrozado por un plante, porque las muchachitas no aceptaban la visita con una malla de separación, y a fuerza de golpes con taburetes habían sacado los ladrillos de la pared y quitado aquellas enormes, inmensas rejas que separaban un pasillo del otro, que le caía en ángulo recto formando una "L"...

...Allí estaban las presas del gobierno anterior y, entre otras, estaban Digna Naranjo, Nena Garrote, Mirta de Armas, Virginia Sánchez cuyo marido fue fusilado, la Dra. Isabel Rodrguez, Mercedes Medina, Esther Ferro, Gloria Argudín, Floribel Otero, las dos morenitas Lazo, Inés González Thorndike, María Julia Martínez y Carmen Valdés. Ana Lázara estaba en el pabellón de los bajos. A nuestra llegada, como siempre que llegaba un grupo trasladado, nos cantaron el himno contrarrevolucionario que ellos detestaban, hecho por las presas con la música del Himno Invasor de la Guerra de Independencia:

"A la lucha de nuevo, cubanos,
Que la Patria nos vuelve a llamar,
El traidor que creímos hermano
Nos obliga de nuevo a luchar.

Por el hijo que nazca mañana,
Por la paz, el trabajo, y por Dios,
Por la estrella de amor, soberana,
Caigan rotos el martillo y la hoz.

¡Adelante! Nos llaman del frente
Que el clarín se convierta en fusil
Que se sepa que un pueblo valiente
Lleva siempre su lucha hasta el fin.

De la sierra, del monte y del llano
De la gesta que al mundo asombró
Canten siempre todos los cubanos
"¡Cuba sí, Cuba sí, Rusia NO!"...

...Y ahí mismo, vuelta a los golpes y los palos. También en prisión hizo Lillian Rodney, que ya murió, el decálogo para las presas políticas: llevar el uniforme pero con dignidad, no aceptar nada de los comunistas, etc.

...Las Tapiadas de Guanajay las inauguraron, entre otras, María Cristina Oliva, Gloria Solano, Olga Rodríguez Fariñas la viuda del comandante William Morgan, María Julia Martínez y la Dra. Caridad Vega, un baluarte de nuestro presidio, que un Día de las Madres le dio un bofetón a Sanjurjo y le dijo, "Tome, en nombre de todas las madres cubanas", y dio media vuelta y se fue...

...Cuando inauguraron esas Tapiadas, ya no estaba Sanjurjo como director de prisiones porque la fuga de las ocho muchachitas le costó el puesto. En su lugar vino Manolo Martínez que fue nefasto para nosotras, especialmente porque las muchachitas le dejaron Baracoa en llamas, y nombraron a Gilberto Ramos director de Guanajay. Tan pronto llegó este personaje instaló unas bocinas hacia el "D" y las Tapiadas y a todo volumen nos atormentaba con el himno del 26 de Julio y la Internacional; finalmente, como burla, ponían el son que dice "...Virgen de Regla, compadécete de mí"...

...En esa primera Tapiada estuvieron cuatro meses durmiendo en el suelo con la misma pijama, sin peine y sin cepillo de dientes, con un cubo de agua cada 15 días, que era para bañarse y descargar el hueco de excrementos. Cuando yo vi salir a la Dra. Vega, estaba en tales condiciones que me eché a llorar.

CARY ROQUE:

...Cuando llegamos a Guanajay desde Guanabacoa nuestro sistema carcelario no estaba muy estructurado todavía y tampoco estaba establecido el uniforme. Entramos con mucha confusión y enorme congestión de presas, lo cual nos permitió actuar espontáneamente e ir escogiendo grupos para compartir las celdas y poner a Felicia, la mamá de Teresita Vidal, con Reina Peñate; a las hermanas Herrera, las del fuego de El Encanto, a cuidar a Norma Albuerne con su marido fusilado, la barriga creciéndole por día, y sin saber si era de madrugada o de tarde. Yara Borges estaba sola en una galera y dejó entrar a María Regla Enríquez para darnos espacio y que tuviéramos nuestras galeras. En Guanajay empezó nuestra vida presidiaria, empezamos a conocernos, aquí tampoco podrían gobernar nuestras vidas...

...Desde el primer día tuvimos el respaldo del pueblo de Guanajay, que avisaba a los familiares cuando había traslado o golpes o tiros o toques de lata. Los familiares se movilizaban rápido porque sabían que allí los golpes eran "al duro y sin guantes". Ahí fue que vi a mis padres por primera vez tras el juicio. Sufrí tanto en esa visita, sin poder tocarlos, encaramada en una banqueta alta y separada de ellos por un muro y una malla, que les dije que no volvieran a visitarme. Además, a nuestras madres, hijas y hermanas las hacían quitarse los blúmers y empezar a saltar para garantizar que no traían nada escondido...

...Pasaron varios días antes de que la guarnición se diera cuenta de que se había producido la primera fuga. Todas estuvimos al tanto y presenciamos cómo se fugaron desde la iglesia; cada noche, durante el recuento, alguien contestaba por ellas y eso les dio tiempo a ponerse a salvo. Gracias a Dios, pudieron asilarse y salir de Cuba. Eso provocó una fuerte represalia contra nosotras y castigaron al pabellón completo. El penal entero sin visita...

...Cuando en Guanajay anuncian el castigo, traslado para Baracoa, se produjo lo más increíble de la vida. A nuestro toque de lata como protesta, entró la guarnición al pabellón "D" y empezó a tirar con ametralladoras. Nosotras temíamos que estaban matando a todo el mundo. Entonces tomamos como rehén a la llavera...¿que quién la agarró como rehén?...¡Norma Albuerne, la embarazada! Gritamos por la ventana que una llavera era nuestro rehén y que si no paraban de tirar la iban a matar a ella...

...Aquello estaba muy oscuro y ellos seguían tirando a matar, no se veía lo que estaba pasando, porque tiraban desde afuera pero al ras. No lograron matarnos porque todas nos tiramos al piso rápidamente. Cuando subió uno de los militares a buscar a la miliciana, Norma se le paró delante y le dijo, "De aquí ella no se mueve hasta que ustedes no nos garanticen que van a parar de tirar y que no han matado a ninguna presa...y si ya han matado a alguna, aquí va a haber otra". Mientras Teresita Vidal, Japón y yo aguantábamos a la mujer, el hombre se abalanzó hacia Norma con una bayoneta. Y Norma, con aquella barriga, se le ha enfrentado y le ha dicho, "¡Mátalo, ya que mataste al padre, atrévete a matar al hijo!"...Allí se formó una que parecía no iba a tener fin. Jamás yo he oído un ametrallamiento tan largo. Por fin se dieron cuenta de que estaban cometiendo una bestialidad; comenzaron a circular carros y carros de las gentes del pueblo. Los de Seguridad, los "segurosos" que recogían la basura, al otro día nos preguntaban con preocupación si había habido presas heridas. Ellos implantaban el terror, pero la comunicación con el pueblo era muy fuerte y de pronto se les aparecían 300 familiares a las puertas del penal...

...La llegada a Guanajay desde Baracoa fue otra cosa. Aquello era una nube de verdeolivos por todas partes. Pegaron los camiones a los pabellones y nos bajaron. Las presas no podían creer que éramos nosotras que aún estábamos vivas y gritaban, "¡Viva Cristo Rey, Viva Cristo Rey!". Los verdeolivos nos estaban custodiando pero no decían media palabra. Entonces, cuando se baja Graciela Varela y pasa junto a Manolo Martínez, director de prisiones que iba al frente de la comitiva, con toda su fuerza le espanta una galleta en plena cara, "¡Toma, Manolo Martínez [¡PAF!], por los seis meses que nos tuviste en Baracoa!"...

...Y de nuevo, ¡Pandemonium!...nadie pisó el suelo, volábamos por el aire a puro golpe...nos dieron una pateadura tal que las mismas milicianas nos decían, "¡No griten, no se rebelen, las van a matar, ¡nos han dado orden de matar!". Una miliciana que se llama Caridad Vencontia me agarraba por el brazo y me decía, "Déjate engalerar para que estés a salvo". Aquello no tenía fin, cogían a una, la tiraban a una galera, cerraban, y cogían a la próxima...Y nosotras forcejeando para no dejarnos engalerar mientras las de los otros pabellones les gritaban, "¡Asesinos!". Entonces, en medio de los golpes y forcejeos, pasaron a quitarnos la ropa e imponernos los uniformes grises que ya le habían impuesto al resto del penal. En su lucha a brazo partido por no dejarse desvestir, a Reina Peñate la dejaron en cueros y tuvo que soportar la humillación de quedarse desnuda hasta que uno le tiró una sábana...

...Japón andaba suelta pero la agarraron entre cuatro y yo pensé, "La parten en 20 pedazos", pero no podíamos ayudarla; ellos eran cientos y nosotras 65, sumando los dos camiones. Las del segundo camión vieron lo que nos estaban haciendo y se tiraron a ayudarnos pero las golpearon inmisericordemente...Nos engalearon y al mes construyeron una cerca y separaron al pabellón "D" del resto de los pabellones. Nos mantuvieron engaleradas un año, aisladas, sin jaba con alimentos, visitas, cartas ni telegramas. Pero lo peor era la falta de asistencia médica...

...La misma noche que Mabel Pol estaba con asma se le reventó la úlcera a Xiomara a fuerza de vomitar. Esto era de esperar, era el resultado de una dieta permanente, con harina casi cruda y con gorgojos, o agua de chícharos con gorgojos, o un huevo duro y una lata con recuelo. A nuestros gritos vino la llavera y le dijimos, "Traiga un médico o se nos muere esta muchachita". Ella sabía que de no atenderla, les esperaba un toque de lata. Sin contestar, dio media vuelta y se fue. Al ver que pasaba el tiempo y que el Dr. García no aparecía, empezamos el toque de lata. La respuesta fue la instalación de unas enormes bocinas en el "D" alto y el "D" bajo para ponernos, a todo volumen, 24 horas al día, la Internacional, el himno del 26 de Julio y los discursos de

Fidel.

Para ellos, las del "D" éramos las apestadas, y cuando Blanca Mencía, una del "C", se escapó para llevarnos un poquito de azúcar que ellas tenían, le dieron tremenda golpeadura y como castigo la dejaron en el "D". Las otras siempre nos respaldaron y muchas llegaron a pedir su traslado para el "D". Creyendo que estaban dándoles su merecido, allá mandaron a Griselda Nogueras, Lilita Pino, Martica de la Paz, Hilda Trujillo, Blanca Rodríguez y varias más...Y continuaba nuestra vida de hambre y de golpizas, engaleradas durante meses, o tapiadas en solitario por meses o por años...

...De pronto, nos batieron en una coctelera, nos mezclaron y nos repartieron de la forma más absurda, según nos pareció entonces. Sacaron a un grupo para la granja, nos llevaron a otras para Guanabacoa y metieron a las comunes en Guanajay. Ah, pero sólo para reingresar al grupito bravo de nosotras, las 45 más rebeldes, en Guanajay, donde ya estaban instaladas las comunes. Lo que nosotras vimos allí, entre las mujeres más depravadas del mundo, no lo podríamos contar. Nuestro pudor no lo aguanta. Lo hicieron para asustarnos con lo que nos esperaba si seguíamos actuando con rebeldía. Eran 700 comunes contra 45 políticas...

...Pero Dios tiene su manera de hacer las cosas. Estando tan cerca de las comunes, nosotras logramos politizarlas, diciéndoles que ellas estaban siendo usadas por los guardias porque, en definitiva, las políticas sí éramos enemigas de ellos, pero las comunes no lo eran y, sin embargo, estaban siendo castigadas y maltratadas por igual. Poco a poco se fueron revirando también y cuando las cinco muchachitas fueron a buscar comida y les dieron una golpiza sin precedente, las comunes se unieron a nosotras en el toque de lata y amenazaron con darle candela al penal...

...Nos mandaron para la Tapiada de Guanajay. Yo compartí la mía con Teresita Vidal, Miriam Ortega y Japón. Un buen día, no conformes con que la Tapiada fuese una celdita mínima, pelada, sin cama ni nada, a puro piso, con unas ranuritas por donde nos pasaban el jarrito de agua con el plato de lata y se filtraba alguna luz, decidieron cementarlas del todo y convertirlas en verdaderas cajas de caudales sin oxígeno. De ahí, el nombre de "pozos" o "gavetas", soterradas en una oscuridad absoluta. Eso me causó la pérdida casi total de mi visión. Cuando el director de prisiones de Pinar del Río, Roberto Fontanella, vino de visita y vio a Gladys Chinea con una infección de la piel y que estaba llena de burbujas, y a Noelia con un principio de infarto por falta de oxígeno, mandó a destapar las ranuras que habían cementado. Allí estuvimos tres meses, hasta que nos trasladaron para América Libre. Lo dijo Manolo Martínez, el director de prisiones, "Cuando salgan de este engaleramiento, estas mujeres van a salir caminando en cuatro patas...".

NENITA CARAMES:

— Guanajay obró en mí de una manera extraordinaria. Duplicó en mí el amor a Dios, mi fe en el prójimo, y la admiración que sentía por aquellas presas políticas, muchachas tan jóvenes que entregaban a Cuba y la lucha por su libertad lo mejor de sus vidas. Pero sufrí mucho por las comunes jovencitas que caían víctimas de las comunes homosexuales, que las violaban frente a nuestros propios ojos. La tortura de esas muchachitas era increíblemente cruel. Cuando se trataba de una muchachita rubia, de ojos claros, era peor mi dolor porque pensaba más en mi hijita. Nunca me pesó el haber caído presa a pesar de los maltratos que acompañaron esa experiencia, he aprendido tanto de la vida y del sacrificio y del amor que me compensa en mucho todo lo pasado...

..."Lydia Doce" fue una guerrillera y correo en la Sierra Maestra, mártir de la revolución, cuyo nombre le dieron a un centro de entrenamiento para mujeres judokas y expertas en llaves de lucha libre. Ese fue el apodo que nosotras les dimos a aquellas judokas negras, inmensas, que nos golpeaban para obligarnos a ir al trabajo forzado. Cuando a una ya le dan su condena lo que quiere es quedarse tranquila y callada en una esquina y cumplir sus 20 ó 30 años para un día salir. Pero ellas nos provocaban sin motivo alguno; entraban para hacer una requisa y lo desbarataban todo...

...Un día, entró una Lydia Doce para hacerme una requisa y se fijó en la primera foto que recibí de mi hijita en Miami; esa foto recorrió todo el pabellón. Siempre me gustó mirar a un pedacito de cielo que lograba ver porque creía que así alcanzaba a Dios, y puse la foto en alto, junto a la ventana, para mirar su carita junto al pedacito de cielo. Entró la Lydia Doce y me preguntó, "Esta es Piluca, ¿no?" Y se sube al camastro y me arrebata la foto de Piluca. Las muchachitas le cayeron encima y le entraron a golpes y yo la halaba por los pies para que soltara la foto....Nos tuvieron tres meses sin visita y sin agua...

... Eramos 1,500 mujeres en Guanajay. La cifra de presas era información vedada pero Julita Calvo y yo nos las ingeniamos para descifrarla. Entre las dos cargábamos diariamente, con un palo de madera, los tanques de harina con gorgojos, por supuesto, para nuestra comida. Sacamos la cuenta de la cantidad que había que echar en cada tanque y la cantidad que nos daban a cada una, y el total nos dio "harina para 1,500 mujeres".

De Guanajay se fugaron ocho presas que lograron alcanzar la libertad, entre ellas, Manola Alvarez Bourbón, arrestada por tráfico de armas con otros miembros del Directorio Estudiantil. Todos sufrieron cárcel, incluyendo a un joven de apellido Travieso, menor de edad. Alberto Tapia Ruano y Virgilio Campanería fueron fusilados. Manola logró fugarse con las otras siete gracias a su hijito de siete años que le pasó una segueta escondida en su cinto para cortar los barrotes de una ventana. Su hermana Lucita, con Olga Chorens que la mantuvo escondida en su 'casa y el Nuncio Apostólico Monseñor Centoz que sirvió de enlace, logró su asilo en la embajada de Brasil y voló directamente hacia Puerto Rico. Manola murió en Miami.

LA CARCEL COMPARTIDA: BARACOA

"Nos negaban el agua. Y cuando se acumulaba en la azotea el agua de lluvia, los guardias nos hacían señas feas, vulgares, y se orinaban en el agua para que no pudiéramos tomarla cuando bajara por la canalita."

La población penal femenina de Guanajay era incontenible. Las presas políticas del pabellón "D" eran mujeres de todos los caminos de la vida, profesionales, obreras, estudiantes, monjas, amas de casa, todas cargadas de un purísimo amor patrio y una rebeldía innata contra todo lo que atentara contra la libertad de Cuba y los derechos que a ellas les correspondían como presas políticas. Con una voluntad inquebrantable, legado de nuestras mambisas en la Guerra de Independencia, soportaban el confinamiento solitario bajo las peores condiciones infrahumanas y sufrían hambre, sed, humillación, golpizas y desnudez antes que claudicar frente a sus torturadores. Comenzaban a ser leyenda entre el resto del presidio político a lo largo de la Isla. Había que darles un escarmiento.

El Traslado de Guanajay a Baracoa

"María Amalia iba sentada junto al chofer con su bebita de dos meses en brazos. Al pedirle agua para la niña, que no había tomado nada en todo el día, éste le contestó, "Adonde vamos hay mucha agua salada, le daremos un poco de agua de mar cuando lleguemos..."

Los custodios de Guanajay nunca sacaban a las presas de un pabellón mezcladas con las de otros pabellones. Si el "B" alto tenía visita por la mañana, al "B" bajo lo sacaban a visita por la tarde; jamás correrían el riesgo de abrir más de un pabellón a la vez. Por eso, el 17 de julio de 1962 a las presas les llamó tanto la atención la llegada de una llavera al "D", dando lectura a una lista de nombres al anunciar que tendrían visita. Luego pasó al "C" con igual encomienda. Una presa apodada Pelusa se las arregló para convencer a la llavera de que ella tenía que ir a la lavandería. Una vez afuera, pudo averiguar que se avecinaba lo tan temido, un traslado. Y las instrucciones eran, "la ropa puesta y un cepillo de dientes".

Las guaguas blindadas y custodiadas por 120 milicianos con armas largas, bayonetas caladas y ametralladoras montadas las hicieron pensar que el traslado sería a Rusia y comenzó la gran revuelta. Seguras de que el pabellón "D" iría completo, los otros pabellones empezaron a pedir traslado con el "D". La consigna era, "Adonde las lleven a ellas nos tienen que llevar a todas". Cantaban los nombres y al llegarle el turno a Noelia Valdés Hurtado, cuya hijita Natasha de tres años vivía con ella en la cárcel, la China Polo tomó el lugar de ellas dos para evitarles el castigo.

Al abrirles la puerta se abalanzaron todas y aquello se tornó en avalancha humana fuera de control. Bajaron las escaleras a golpes, rodando, ensangrentadas, golpeadas con las culatas de los fusiles, volando los tiros y crujiendo los huesos rotos. Se unió a los 120 milicianos un contingente de 300 hombres y mujeres, y aquella batalla campal duró dos horas, hasta que lograron introducir en las jaulas blindadas a las 65 que consideraban responsables de los conflictos y de la fuga de las cinco. Por esta fuga todas estaban siendo castigadas. Si mal la pasaron las 65 trasladadas, peor la pasaron las que se quedaron soportando aquella masacre durante una hora más, mientras las reducían para adentrarlas en los pabellones. Una miliciana, sin embargo, con gran disimulo, le murmuró al pasarle cerca a Mercedes

Rosselló, cuya hermana Margot estaba siendo trasladada, "No puedo decirte adónde, pero no van para Rusia, no llores más". El padre de las Rosselló, corriendo hacia el Ministerio en busca de noticias sobre sus hijas, sufrió un infarto y murió en la calle.

Las agarraban por brazos y piernas y como a puercos las tiraban en camiones-rastras cerrados herméticamente, sin que ellas pudieran ver para afuera y tampoco ser vistas. No obstante, en la confusión del traslado, Minín Hernández pudo agarrar un pedazo de papel y un lapicito de María Amalia Fernández del Cueto, y por una ranura en el fondo de la rastra fueron dejando caer papelitos con sus números de teléfono y una explicación, "Somos presas políticas, no sabemos adónde nos llevan, avisen a nuestros familiares". Si bien parecía absurdo el que alguno fuera recogido de entre la numerosa escolta policíaca que las acompañaba por las calles, un alma compasiva dio la voz de alarma a un familiar y la noticia de aquel traslado, que comenzó a saberse por el propio pueblo de Guanajay que presenció la salida, corrió como la pólvora.

La primera parada en camino a Ciudad Libertad, antiguo campamento militar de Columbia, fue frente al parque de diversiones Coney Island en Marianao. Una turba, preparada de antemano, golpeaba las paredes de las jaulas de las presas gritando, "¡Paredón, paredón, para saya y pantalón!", amenazando con voltear la rastra para ajusticiarnos a las traidoras a la revolución. Por fin, llegó el primer grupo a Ciudad Libertad e inmediatamente lo embarcaron en un avión con destino desconocido. El segundo grupo hizo noche en un hangar; en éste estaba incluida María Amalia con su bebita de sólo dos meses de nacida.

A la mañana siguiente, las sacaron a punta de bayonetas y las golpearon sin piedad, dándoles patadas por el trasero para montarlas en otro avión militar también con rumbo desconocido. Las mantuvieron dos horas en el avión herméticamente cerrado, sin aire acondicionado ni ventilación alguna. La falta de aire se hizo intolerable; hubo fatigas, desmayos y vómitos. El sufrimiento compartido se resumía en una angustiosa pregunta, "Dios mío, ¿de dónde ha salido este cubano, que yo no conocía?... porque a mí no me están golpeando los rusos, ¡estos bestias son cubanos, como yo!". Como pollitos atemorizados se arrimaban unas contra otras para morir, si tenían que morir, abrazadas a sus mejores amigas.

Se dio el caso de que uno de los militares que iba como custodio en el avión era el propio hermano de una presa. Cuando ella lo reconoció le gritó insultos de todas clases.

Al volar el cuatrimotor sobre Camagüey, un motor se incendió, cundiendo el pánico entre todos. Ana Lázara Rodríguez, calmándolas con una explicación jocosa, exclamó: "Tranquilas, señoras, que tenemos asegurada la entrada al Cielo. Uno entra al Cielo por análisis o por comparación, y como nos acompañan tantos hijos de p—, por comparación somos buenas y entraremos al Cielo".

Tras casi dos horas de vuelo llegaron al aeropuerto de Santiago de Cuba, pero despegaron de nuevo y siguieron rumbo al lado cubano de Guantánamo. Desde el avión hasta los camiones cubiertos con una loneta pusieron tres tablas por las cuales descenderían las presas. Bajo las tablas, milicianos con cámaras antigases y bayonetas caladas apuntando hacia ellas, les gritaban, "Anda, cáete, resbala y cáete" para aterrorizarlas aún más. Así, llegaron a una mesa en el comedor militar donde recogieron un café con leche, su primer alimento en 48 horas. Cuenta Vivian de Castro que eran tantas la sed y el hambre que "aquel pan duro y el café aguado me supieron a gloria, fue el pan más rico que he comido en mi vida, me supo a jamón, me supo a mantequilla...".

Regresaron a los camiones en que partieron, a velocidad vertiginosa, por carreteras en espiral sobre un despeñadero. Las presas iban rezando hasta que pararon abruptamente y abriendo una de las lonetas que cubrían el camión, un policía les dijo, "Ya llegamos, ¿van a seguir rezando?"...Y con las mismas, empezaron a pincharles las nalgas con las puntas de las bayonetas para que dejaran de rezar.

Cuando María Amalia, que estaba sentada junto al chofer con su bebita en brazos, le dijo al guardia que la niña no había tomado nada en todo el día, éste le contestó, "No te preocupes, cuando lleguemos adonde vamos, allí hay agua salada del mar y le damos un poco de agua salada...". Las maltrataban como a peleles, tenían que sufrir una humillación tras otra. Y llegaron a Baracoa.

TESTIMONIOS QUE RESUMEN RELATOS SIMILARES

Manuela Calvo, Vivian de Castro, María de los Angeles Habach, Selma Hazim, Reina Peñate, Ana Lázara Rodríguez, Cary Roque:

— Esta cárcel para hombres era una fortaleza de la época de la colonia española. Se decía que era del siglo XVI aunque a la entrada tenía un "1914" grabado, quizás de una construcción nueva hecha en fecha posterior. La vaciaron de presos comunes para meternos a nosotras. Nos sorprendió ver por un huequito en la lona las calles desiertas. Meses más tarde averiguamos el por qué: en un periódico local habían publicado, y corrido la voz, que éramos presas prostitutas e invertidas, negadas a rehabilitarnos y enfermas con sífilis. Algún día sabremos quién lo escribió. Lo cierto es que llegamos todas golpeadas, sucias, hechas pura leña, pero tan pronto pudimos calmarnos un poquito, las doctoras Isabel Rodríguez y Caridad Vega empezaron a gritar pidiendo ayuda médica para las más heridas y golpeadas; nos dieron la callada por respuesta...

...La fortaleza era antiquísima, con un patio central, donde nos pusieron. Como era para hombres, los baños estaban al descubierto con los guardias patrullando por las azoteas. Vino a vernos la jefa de la guarnición, Caridad Pérez, cuyo curriculum vitae ostentaba el haber pertenecido a los pelotones de fusilamiento de Guantánamo. Su equipo era de "Lydias Doce" y de hombres entrenados en Boniato, la siniestra cárcel para hombres...eran puros bestias...

...Empezamos a gritar que tenían que mandar a fumigar; mientras tanto, nosotras les echábamos agua caliente a los sucios camastros para matar las cucarachas, que no se morían ni a golpes. Eran millares. Y del piso, del hueco para hacer nuestras necesidades, salían unos hurones enormes. Nunca habíamos visto unos animales así. Era muy peligroso agacharse hasta para orinar porque, de pronto, del hueco te saltaba un hurón...

...A nuestros insistentes reclamos por camas para sustituir las existentes, que estaban bien puercas, y por un poco de higiene para limpiar aquella inmundicia de lugar, donde el baño era un tubo de hierro por donde salía agua, pero sin puerta y a la vista de todos en el patio, pusieron unas literas de ésas de lona, las militares. Por fin vino el médico Gustavo "Tavito" Machín, Jefe de la Medicina en Baracoa, que resultó ser compañero de clases de la Dra. Isabel Rodríguez, que estaba bien golpeada. A ella le dijo que nosotras éramos unas descaradas y unas mentirosas, que nos habíamos golpeado entre nosotras mismas porque "la revolución no le pegaba a nadie". Ambos tuvieron tremenda bronca y nos negaron la asistencia médica. Por cierto, él murió en Bolivia cuando lo del Ché Guevara...

...Una vez instaladas, hicimos una pirámide humana para alcan-

zar una ventanita muy alta y averiguar dónde estábamos...
¿Baracoa?... ¡Baracoa!...¡dientes de perro, puro arrecife en la
Punta de Maisí!

...Cerca de la cárcel había un hospitalito donde estaba este jefe de médicos, Tavito Machín. Pero ése no era un médico, ése era un sicario de Fidel y del Ché Guevara. Pasado el tiempo, nos llevaron al hospitalito a Gloria "Topito" Solano y a mí [Cary Roque] porque estábamos en muy malas condiciones. Para transportar a dos mujeres en un jeep, nos custodiaron 11 milicianos con armas largas y bayonetas caladas. En el camino y al llegar notamos una frialdad muy grande entre las gentes, y al pasar a Topito al cuarto de Rayos X, ésta se enfrascó en un altercado gritando, "¡Nosotras no somos presas comunes, somos presas políticas y nos han mancillado y nos han dado golpes!" Empecé a gritar a la par que Gloria, "¡Estamos trasladadas en castigo desde Guanajay; hay millares de presas políticas en Guanajay, golpeadas y torturadas!" Las gentes del pueblo que estaban allí y los médicos nos miraban como en estado de shock. Ellos no sabían que su amada revolución hacía esas cosas y, por supuesto, no nos vio ningún médico. Nos sacaron a patadas y nos tiraron en el jeep...

...Cuando llegamos, nuestras compañeras estaban rompiendo las rejas de las galeras. Se encaramaban tres o cuatro y las tiraban contra la pared, desprendiéndolas. Lograron desprender tres de aquellas rejas gordísimas, de la época de la colonia. Cuando los guardias vieron aquello, decidieron, "Bueno, aquí esto es al duro y sin guantes con estas mujeres". Nuestro miedo era que nos fueran a engalerar, a separarnos, con lo cual nos debilitarían al encerrar a un grupo y avasallar al otro...

...Los propios guardias ya intuían que el Ministerio no les había puesto muy en claro las reglas del juego con nosotras. Estaban desconcertados porque nunca habían tenido una situación así. Y eran de un tipo de guarnición muy diferente a las de La Habana. Tuvieron que entrenarse, pero no podían con nosotras, los traíamos en jaque. Nosotras nos dimos a la tarea de gritar por las ventanas nuestra verdad, a los guardias y al pueblo. Poco a poco, los familiares comenzaron a venir pidiendo vernos y el pueblo empezó a reaccionar. Cuando dábamos un toque de lata, ellos les avisaban a los familiares. Claro está que pasamos tres meses sin visita, pero nos las agenciamos para enseñar por la ventana un cartel diciendo nuestras condiciones y dando los nombres de las que estábamos allí. Desde el hotel, que estaba a una cuadra, los familiares lo copiaron y se lo llevaron de regreso a La Habana...

...Nuestro martirologio en Baracoa duró los seis meses que estuvimos allí, día tras día. Falta de atención médica, visitas y correspondencia; aplicación de llaves de torniquete, torturas sicológicas, hambre, sed, golpes y más golpes, botellazos. Recuerdo una vez que un miliciano le tiró una botella a María Julia Martínez y le cortó la pierna justamente en la corva. Le hizo una herida enorme que sangraba profusamente. Finalmente, les dieron a las doctoras Vega y Rodríguez unos instrumentos muy rudimentarios y lograron coserla y contenerle la sangre. Ese, para mí, es el recuerdo más impactante de todo lo que pasamos en Baracoa...El silencio, allí en el patio, era total y absoluto, lo único que se oía eran los gritos de María Julia...todavía me parece estarlos oyendo...

...¿Privacidad?...¡Ninguna!...Eso es lo que querían provocar en nosotras, la inmoralidad, para rebajarnos y desmoralizarnos, pero jamás lo lograron. Nosotras éramos mujeres de cuna, con origen, mujeres de familia, con principios. Cuando nos daban agua para descargar aquel baño inmundo tras hacer nuestras necesidades, y bañarnos un poco en aquel pequeño lavamanos, las demás nos virábamos de espaldas, de frente a la pared...

...El pueblo de Baracoa comenzó a respondernos. La mamá de

Gladys Hernández se mudó para Baracoa y se convirtió en el contacto para todos los familiares. Las llaveras eran de las peores, pero los del pueblo nos hacían llegar la correspondencia. Teníamos una sola cama que alcanzaba a la ventanita con la escalera y podíamos mirar para afuera. Enfrente había un colegio y las muchachas nos decían, "Llegaron los familiares de Fulana...¿quién es Fulana?" A gritos nos contaban todo lo que pasaba allí...

...Y en medio de todo esto, la bebita de María Amalia sin leche que tomar. Cuando exigimos a gritos que la niña necesitaba leche, los guardias nos contestaron que no. Pues la leche apareció. Con un hilito que nos lanzaron por la ventana nos subían el pomo o la lata de leche para Amalita...

...No nos daban visita, ¡y el trabajo que pasaban los familiares para llegar de un extremo al otro de la Isla! A mí [Selma Hazim] me visitaba en Baracoa mi hermana, que ya estaba libre y luego, pobrecita, también visitaba a su esposo, que estaba preso en Isla de Pinos. Mi mamá había muerto ya...de sufrimientos y de penas. Los del gobierno decidieron quitar el colegio de allí y antes le dieron candela. ¡Fue espantoso! Pero los contrarrevolucionarios le pusieron una bomba a la fábrica de chocolates que había allí y la volaron completa. Yo creo que fue entonces que pensaron, "Mejor es que las saquemos de aquí"....Les habíamos revirado el pueblo completo. Cuando Cuba sea libre hay que hacerle un monumento al pueblo de Baracoa...

...En Nochebuena, un dueño de restaurante y uno que había sido alcalde de Baracoa nos mandaron unos puercos asados para nosotras. Nunca los vimos. Ambos amenazaron con que si nosotras no cenábamos en Nochebuena, el pueblo tampoco cenaría y se sentaron en la puerta hasta que nos entraron unas manzanitas. Y a la medianoche del 31 de diciembre empezamos un plante tocando lata una semana entera... Nos quitaron el agua, la luz y la comida. A la semana nos entraron a botellazos y muchas resultamos heridas, de más gravedad María Julia Martínez. Trataron de chantajearnos con que le traían un médico si suspendíamos el plante, pero María Julia se negaba, "Yo me desangro, pero no paren el plante". Después que la cosieron, decidimos que aquello era insostenible. Habría que actuar...

...También se robaban las medicinas y comidas que nos mandaban nuestros familiares. El obispo de Santiago de Cuba recogió batas de casa, ropa interior y vestidos, todo nuevo; jamás los vimos. Los guardias se repartieron la comida y las ropas. Y cada vez que protestábamos, entraban a golpearnos aquellas mujeres, que no parecían mujeres, sino fieras...

...Cuando la crisis de los misiles, emplazaron ametralladoras 50 y nos alertaron, "Si desembarca un solo soldado americano, ustedes están muertas". Y rápidamente construyeron un muro por el fondo, para que el pueblo no tuviera acceso a vernos ni tirarnos comidas y que nosotras no pudiéramos tirar papelitos con mensajes ...era un nuevo muro de Berlín. Pero ellos no lograban controlar al pueblo, ya aquello estaba fuera de control. Había un niñito de 11 años que se acercaba y nos gritaba, "Políticas, ¿tienen algún recado...quieren algo?". Y con una piedra tirábamos mensajes...

...Una noche, notamos que en la casa de un guajiro que vivía al fondo de la galera #2 había un televisor encendido, y cuál no sería nuestra sorpresa al ver que lo estaban virando para que nosotras pudiéramos ver y oir, a todo volumen, a Fidel Castro informando sobre la crisis de los misiles y los barcos que estaban rodeando a Cuba. Pero lo que le puso la tapa al pomo fue que, sentado junto al guajiro, estaba el único médico que nos ayudó de verdad, el que presionó para que los médicos fueran a vernos y se impuso la tarea de explicar a enfermeras y personal del hospital que éramos presas políticas. Años más tarde, durante una comparecencia radial de Cary Roque en Miami, la llamó por teléfono y sorprendió a todos diciendo en el aire, "Todo lo que usted está diciendo es cierto; yo fuí testigo de ello. Le habla el Dr. Pedrosa"...

...No había un día de paz, no había un día tranquilo, no paraban de provocarnos. Una vez llegó una miliciana y tan pronto Olga Morgan habló, la miliciana le espetó, "Tú no puedes hablar, tú eres la mujer de un asesino y por eso la revolución lo tuvo que fusilar". Y tan pronto la miliciana abrió la puerta, ahí mismo se formó la piñacera...Otro día, vinieron a retratarnos para tener nuestra ficha completa; allá fueron Gladys Hernández y Graciella Varela y ...¡a volar la cámara fotográfica!...otra piñacera...

...María Amalia Fernández del Cueto se arrodillaba en medio del patio a rezar todos los días porque no teníamos agua, "Diosito, Diosito, ven en nuestra ayuda, ayúdanos, mándanos lluvia"... Nosotras la seguíamos en la oración. A muchos, esto les parecerá imposible, pero a la media hora comenzaba a caer tremendo aguacero, que parecía el fin del mundo. Claro, como nos negaban el agua, corríamos a llenarnos la boca de agua y bañarnos con la ropa puesta y recoger agua en las laticas que teníamos, pues sería la única que tendríamos para tomar. Luego, trataríamos de secar esa ropa mojada y...al día siguiente, la misma cosa. Cuando se acumulaba el agua de lluvia en la azotea del edificio, los guardias nos hacían señas feas, vulgares, y se orinaban en el agua para que no pudiéramos tomarla cuando bajara por la canalita...

...Nos tuvieron 48 días comiendo carne rusa y plátano verde, duro y frío. La carne, de oso, tenía una peste tan hedionda que sólo por hambre se podía tragar...nos la daban según venía en la lata. Llegó el momento en que se hizo inaguantable el comer aquello y dimos un toque de lata en protesta. Como castigo nos tuvieron 17 días sin agua, y nosotras, 17 días tocando lata...

...Los ánimos estaban exacerbados, habíamos tocado fondo. Le prendimos fuego al penal. Rompimos y regamos con alcohol los colchones y les dimos candela, gritando, "¡O nos sacan ahora o nos morimos achicharradas...!" Fue entonces que ellos se dieron cuenta de que nosotras nos mantendríamos firmes en querer salir de allí, que nuestra decisión no tenía regreso. Nos creyeron locas y peligrosas, porque si le habíamos dado candela a una galera con todas nosotras adentro, ya no nos queríamos a nosotras mismas...y éramos una bomba de tiempo. Tuvieron que claudicar, "Paren el plante y estén listas para mañana por la mañana; las vamos a trasladar para sus prisiones"...Las gentes del pueblo vieron el fuego y supieron del traslado, y enviaron un telegrama a los familiares diciendo, "Enviamos pollos en dos grupos"...

...Cuando trajeron los camiones, los milicianos nos advirtieron, "Salgan y entren en los camiones en silencio, no miren para los lados, no intenten correr, porque les vamos a tirar". Entonces comprendimos que les habíamos virado en contra a todo el pueblo de Baracoa. Según salíamos nos aplaudían, nos tiraban besos, aquello fue muy, muy grande. ¡Ese era el verdadero pueblo cubano! Los hombres de Baracoa les decían a los milicianos, "¡No las toquen, no les hagan nada; ustedes nos prometieron que no las iban a tocar, que no las iban a golpear!". Por primera vez, no nos sentimos tan solas...

...De nuevo, las rastras blindadas y nosotras sin oxígeno durante horas. Una vez más, creimos morir, era tanto el calor que nos parecía que nuestros ojos iban a estallar. Ana Lázara decía, "Tratemos de ver el cielo por última vez porque nos quieren matar por asfixia". Dejamos de golpear las planchas del camión, ahorrando todas las energías posibles para esperar el final. Quizás el chofer no quiso ser cómplice de aquel asesinato y no esperó más, arrancó carretera abajo hasta el aeropuerto de

Guantánamo. Allí tomamos los aviones de regreso a Ciudad Libertad y en dos jaulas nos devolvieron a Guanajay. Cuando llegamos, todo el "D" alto estaba engalerado y les habían quitado hasta las camas; estaban durmiendo en el piso...

...A un grupo de las que protestaron y también cogieron golpes por nuestro traslado a Baracoa las mandaron para la cárcel Kilo-5 en el kilómetro cinco de Pinar del Río. ¡Lo que sufrieron esas mujeres allí no tiene descripción! A otras las llevaron para Guanabacoa a pasar lo peor, lo más malo. El resto fue mandado para Guanajay, y ya hemos descrito cómo. A las 65 trasladadas nos mantuvieron en Guanajay castigadas durante todo un año, sin visitas, sin jaba, sin nada. A veces nos dejaban un día entero sin comer. Otro año más... aisladas y olvidadas.

LA CARCEL COMPARTIDA: AMERICA LIBRE Y NUEVO AMANECER

TESTIMONIOS QUE RESUMEN RELATOS SIMILARES

ESPERANZA PEÑA:

— Cuando llegamos a América Libre, la antigua finca "Hurra" de Amador Odio y Sara del Toro que estaba presa con nosotras, le eché el brazo por encima a Sara y por largo rato compartí su llanto mientras ella miraba las mecedoras. Bebiéndose sus propias lágrimas, al fin rompió el largo silencio y dijo, "Estoy viendo a mis hijos columpiándose en esos columpios". Fue un momento tan duro, tan emotivo para Sara, verse presa en su propia finca ahora convertida en cárcel, que es indescriptible, indescriptible...

...En el que había sido salón para jugar a los bolos, la bolera, instalaron la llamada "central", en el área donde antes criaban los pollitos pusieron "la brigadita", y donde estaban las lechoneras hicieron otra llamada "brigada". Cambiaron todo, y de la bolera se llevaron los equipos deportivos y de entretenimiento y la mesa de billar, por supuesto. Todo eso lo llenaron de camitas y literas y ahí fue que nos pusieron. Pero era una finca muy bonita y el lugar estaba limpio, lo que para nosotras era una sorpresa. Le anexaron la casa de la finca de al lado, que fue del ministro de gobernación con Batista, Ramón O. Hermida, y allí montaron el hospital con su farmacia y enfermería y unas camitas para los casos de ingresos...

...Yo estaba encantada de poder trabajar allí para ayudar a mis compañeras hasta que me enfrenté al médico asignado al hospital... ¡el mismo Dr. Céspedes!...De nuevo me negué a trabajar con ese animal y dije bien claro que había una enfermera, la Teniente Rosa María Fritz, que era combatiente pero muy buena persona, muy humana, que era la indicada para el hospital. Ella trató muchísimo de convencerme, pero hasta que cambiaron al salvaje ése yo no quise trabajar. Entonces sí pude ayudar mucho, inclusive a milicianas, e hice un trabajo muy bueno. Cary Roque me decía "la curandera", pero ahora me dice "la vieja curandera"...

...En términos generales, América Libre no era tan rigurosa como Guanajay con tantas palizas, maltratos y tapiadas. Pero sí tuvimos varios momentos difíciles. Una vez fue porque pusimos un letrero de "Apoyamos la Huelga de Hambre de La Cabaña" [huelga de presos pidiendo atención médica y el cese a las golpizas] y todas nos negamos a retirarlo. Empezaron a golpearnos con los cables eléctricos torcidos y palos de mangle, de esos gordos que miden cinco pies y se usan en las panaderías...

...Entonces entró un tipo blanco, altísimo, como de siete pies, llamado Carmenate, que era muy abusador y les había dado golpes y bayonetazos de todos colores a los hombres en Isla de Pinos. Yo estaba enyesada hasta la cadera por una caída y salí del hospital para allá cuando empezaron los golpes. Me le enfrenté y le dije, "¿A usted no le da vergüenza, con ese tamaño, entrar con un palo para pegarle a las mujeres?"...Y se me abalanzó, palo en mano, gritándome, "¡Y a tí también!". Si no me echo para atrás, me rompe con el golpe...

...Tuve que regresar al hospital porque enseguida hubo muchas heridas...Teresita Bastanzuri estaba en el suelo, con todas las costillas bajas rotas, y yo casi impedida por el yeso, tratando de presentarla con esparadrapos para levantarla del piso sin que las costillas se lesionaran...Gladys Suárez, a quien le decíamos "La

Negra" por ser muy trigueña, tenía los dos brazos fracturados y tuve que fijárselos con maderas, cruzados sobre el pecho, para que no los moviera hasta llevarla para el hospital...A Japón le hicieron una herida tal en la cara que cuando yo le ponía una jeringuilla dentro de la boca para desinfectársela, el agua se le salía por el cachete; ésta en adición a otra en la ceja que le sangraba profusamente, pero ahí pude hacerle una linda sutura...

...A Teresita Vidal y Mercy Peña las golpearon brutalmente. Mercy tenía los senos negros y Tere acaba de morir aquí de cáncer del seno. Yo no dudo que esto fue resultado de esa golpiza, aquello fue una carnicería bestial. ¡Qué mujeres tan valientes! Se defendían con lo que podían, con piedras, con latas de leche. La directora del penal, Benilda Martínez, recogía las piedras que ellas tiraban y se las daba a los guardias para que las apedrearan de nuevo. ¡Y todo esto fue en una sola palacera!

YARA BORGES:

— Llegamos a tal estado de hermandad que sentíamos más el dolor ajeno que el propio. En América Libre cayó una señora divorciada de un hombre integrado al gobierno. Tenían dos niñitas, una de siete y otra de once años. A ésta le habían extirpado un riñón cuando era bebita, siendo, además, diabética. A él le dieron la custodia de ambas, pero ya estaba casado de nuevo y no le interesaban las niñas. Una Nochebuena, le dio a la niña diabética un pedazo de turrón y la niña cayó en un coma diabético. La angustiada madre le suplicó al director que la dejara salir para ver a su hijita. El director le dijo que sólo la llevarían a verla si dejaba de ser plantada y pasaba a rehabilitación...

...Nunca olvidaré la cara de aquella mujer, el rostro lleno de su dolor de madre, de humillación, de dolor y de vergüenza cuando nos dijo que había aceptado rehabilitarse. Nosotras le llamábamos al cambio "virarse la camisa", porque al virar al revés la camisa de mezclilla, quedaba para afuera el tono claro de las rehabilitadas. Pasaban las horas y ella esperaba, la camisa ya virada, mientras le corrían las lágrimas por las mejillas sin siquiera sollozar... Estábamos sentadas bajo una mata de mango esperando que contestara la llavera y cuando ésta vino le preguntó, "¿Le dijiste al director que estoy esperando que me lleven a ver a mi hijita?" y la llavera le contestó, "Sí, me dijo que él te llevaría, pero que no te dijo cuándo...". La niñita murió al día siguiente.

MARIA VIDAL:

— Cuando llegamos a la finca de Sara del Toro nos alertaron que no podíamos tocar nada. Todos los árboles frutales eran del semillero Pestonit, ¡preciosos! ...aguacates Catalina, guanábanas, tremenda tentación. Claro está que ellos sí los arrancaban y se los comían, pero nosotras hacíamos nuestras maldades y nos las arreglábamos para tumbarlos con palos y esconder algunos. En una de ésas, a Noelia Ramírez "La Preciosa", que ya murió, y tenía la hijita presa con ella, le cayó un aguacate verde en la cabeza que casi la noqueó...

...En Guanajay hacíamos representaciones del Nacimiento durante las Navidades, y en América Libre montábamos algún sketch en honor de las muchachitas cuando les daban la libertad. Todo muy rústico, con sábanas y toallas como decoración, pero nos reíamos y eso rompía la tensión de la despedida. Nuestra risa los reventaba a ellos. En uno en particular, América Quesada y Miriam Ortega se iban a disfrazar de Fidel Castro y Celia Sánchez. Pero estaba presente en los ensayos la infiltrada de la microfracción Aida Valdés Santana y dio "el chivatazo", o sea, nos delató. Lo curioso es que ella no sabía cuándo iba esa parte porque el sketch comenzaba en una juguetería...

...El verdeolivo se presentó antes de comenzar la obra y todo se nos vino abajo, empezaron los golpes y palos de todos colores. A Rebeca, la señora del Dr. Misrahi, que también estuvo preso, le rajaron la cabeza de un palazo. Fue una tremenda palacera...Pero nosotras les desbaratamos todos los cristales de aquella nave. Por supuesto, después pasamos un frío que por las noches teníamos que taparnos con periódicos viejos. Al otro día vino el Ministerio y se llevaron a Aida Valdés Santana para Seguridad del Estado. Cuando la regresaron nos dijo que ella había ido para contar lo que había pasado; por nuestra parte, nosotras le contamos al Ministerio de los abusos y le presentamos una serie de demandas sobre la comida, los golpes, etc. Aida estuvo allí unos meses más, siempre tratando de introducirse, pero nosotras la mantuvimos aislada...Ella era la única de la microfracción de los comunistas históricos, su padre era comunista y en América Libre ella nunca negó ser comunista. A ella la sacaban y la traían otra vez...seguro que para hacer su labor en otros lugares. Yo me solidarizo con las declaraciones de Polita Grau [denunciando a Aida Valdés Santana] en su carta abierta en el periódico La Nación...

...A las muchachitas fuertes, fuertes, las mantuvieron alejadas: Sara Carranza, Ana Lázara Rodríguez, Esther Campos, Japón, María Amalia Fernández del Cueto...ellos no sabían cómo iban a entrarle a esa gente y las mantuvieron en América Libre. A las condenas de 12 años las fueron soltando, pero la última condena de 12 años que quedó fuí yo y me llevaron, junto con la mayoría, para Nuevo Amanecer, en la carretera que va para San Pedro y que era la finca de Ernesto Lecuona; ahora le han puesto Manto Negro...

...Cuando llegamos, no le habían echado techo y nos cayó tremendo aguacero, con todas las camas mojadas. Yo aproveché y le pregunté a la jefa del orden interior por las muchachitas que quedaron en América Libre, pero no me daban razón. Finalmente, las trajeron pero las pusieron en una casita aparte de todas nosotras. De ahí, poco a poco, fuimos saliendo.

DORIS DELGADO, "JAPON":

> *"Miguel Toledo me dio una patada tan fuerte en la cara que me partió el músculo facial...Estuve tres meses irreconocible y la parálisis facial me duró un año. Con una jeringuilla Esperanza Peña me enjuagaba la boca con líquido antiséptico y se me salía por la herida del cachete. De todos los golpes, esa patada fue la que desgració mi cara y mi vida para siempre."*

— Todas llegamos a la granja, pero a nosotras nos metieron como en un corral de cercas Peerless con alambres de púas de seguridad, con cuatro garitas de policías en las esquinas y la central en el medio. Teníamos acceso a tres matas de mangos y tranquilamente nos íbamos a comer mangos, y si nos llamaban la atención, contestábamos "Nosotras comemos mangos si queremos, porque ni pedimos venir para acá ni vamos a hacer trabajo de ninguna clase"...

...Al día siguiente trajeron a 30 médicos y nos dimos a correr por la granja como unas locas con los libros del teniente médico; los veíamos a todos, al especialista del corazón, de los huesos, de la vista, a todos los íbamos a ver. Entre ellos había tres siquiatras y cuando paramos de correr, los tres dijeron, "Todas están locas, no las saquen a trabajar, déjenlas tranquilas y que hagan lo que les dé la gana. Esas mujeres están muy mal"...

...No nos obligaron a trabajar, aunque nos encerraron para que no pudiéramos escapar. Pero ya habíamos recogido toda la fruta, ¡hasta los cocos! Dejamos la granja pelada. Menos a nosotras, las más rebeldes, llevaron a las últimas para Nuevo Amanecer el 3 de septiembre y en mi cumpleaños, el 11 de septiembre del 73, el día que el presidente chileno Allende se suicidó con una metralleta que le había regalado Fidel Castro, nos llevaron a las demás y nos metieron en una casita aislada mientras terminaban de construir las Tapiadas. En las Tapiadas estuvimos hasta que hubo una bronca muy grande y se llevaron a todas las muchachitas para La Cabaña, menos a Mercedes Peña y a mí; como éramos de Oriente, nos llevaron para la granja El Caney y nos pusieron en la cañada donde estaba la prisión de máxima seguridad, en las Tapiadas...

...Indudablemente, la cárcel es muy dura; nuestra prisión fue muy dura. Pero peor fue la muerte de mi madre. Y si peleando por Cuba no puedes estar alzada en el monte, es mejor estar desafiándolos en la cárcel, que es donde único se puede expresar una aunque sea como un número más en rebeldía. ¡Nos hostigaron tanto! Recuerdo que yo hice una pelotica con un cordel y con un pedazo de lona de un catre hice una mascota chiquitica. Cuando salíamos al patio jugábamos a la pelota con estas cosas y con un palo...

...Pero ellos no podían vernos tranquilitas. Un día, recién sacadas de castigo, el jefe de prisiones Manolo Martínez nos trajo unos bates y pelotas para congraciarse con nosotras. Yo le dije, "Yo no tengo por qué cogerle nada a usted, ¿qué alegría me puede dar usted, cuando en este terreno ha corrido mucha sangre nuestra y nos han dado mucha Tapiada y mucho golpe? Esto es asunto nuestro y no le aceptamos nada porque ustedes sólo nos han dado patadas y dolor". Se enfureció tanto que me iba a ir para arriba, pero el director vio la situación y lo haló para un lado diciéndole, "Tú no me puedes hacer esto, no me puedes poner el penal en estas condiciones". Si me llega a tocar, le parto el palo en la cabeza y se forma la golpiza. Martínez estaba enfurecido, se viró hacia mí y me espetó una mala palabra. Las muchachitas se reían porque yo no decía mascotica sino "macotica"...y defendía mi derecho a usar la macotica que yo había hecho de lona, era "MI macotica"...

...Cuando estás en una Tapiada es cuando entra Dios. No es que tú lo llames; El entra solo, viene a ampararte...Unicamente así se explica que una se levante por la mañana en una oscuridad negro carbón y diga, "Hoy voy a caminar por El Cotorro" y mentalmente transportes tu cuerpo y vayas paseando por el pueblo, observándolo todo hasta el más mínimo detalle. Unicamente así soportas golpizas como la que nos dieron cuando el respaldo a los hombres en La Cabaña. Un guardia le iba a dar un machetazo a Teresita y yo quise parar el golpe y quitarle el machete, pero allí estaba Miguel Toledo, que me dio una patada tan fuerte en la cara que me rompió el músculo facial completo. Durante tres meses tuve la cara irreconocible, y la parálisis facial me duró un año. Me desbarató la cara. La herida se me infectó y todavía la estoy padeciendo a pesar de tratamientos con reactivaciones eléctricas. Ni siquiera puedo vivir con mi hermana en New Jersey porque no puedo resistir el dolor del frío en la cara. Perdí muchos dientes y los que me quedan están flojos...Entre tantas golpizas y tapiadas, esa patada fue la que me desgració mi cara y mi vida.

VIVIAN DE CASTRO:

— Voy a decir públicamente, y por primera vez, por qué en América Libre yo pasé al Plan de Reeducación. Yo había llegado a un punto de rebeldía tal que no me importaba nada, y una persona de Reeducación me tienta con un plan para envenenarles la comida a los guardias, plan que sólo lo podría compartir con tres de las presas. Las tres me dijeron que no. Pero esta persona fue la que "me echó para alante", era una agente y me delató. Nunca la había nombrado hasta hoy: [nombre reservado a petición de la señora de Castro]. Nosotras teníamos un código de honor: si una pasa a Reeducación ya no es nadie. Pero yo paso a Reeducación con un plan, y cuando falla el plan, trato de usar una visita a mi casa para escaparme. Esta mujer me dice que tiene gente que puede sacarme de Cuba, pero en realidad me estaba usando a mí para que yo delatara a las otras gentes. Cuando yo le digo dónde estoy esperando a su gente, es el G-2 quien me recoge y me apresa de nuevo.

REINA PEÑATE:

— Irónicamente la llamaron América Libre. Pero cuando llegamos allí, a las muchachitas las avasallaban mucho, tenían que hacer el recuento a las cinco de la mañana y ya salir a trabajar, todo era muy estricto. Claro, llegamos nosotras, gritando "¡Abajo el comunismo!" y negándonos a salir a trabajar, y empezaron las confrontaciones. Ya no podían seguir chantajeándonos con ponernos con las comunes. Y estábamos bien plantadas en lo nuestro...

...Aún así, los abusos eran frecuentes. Cuando la pelea por el sketch con Fidel, Celia y el Ché, para hacer reir a las muchachitas antes de empezar la obra, estábamos cantando Emma Rodríguez y yo, que éramos las que peor cantábamos, y ahí mismo entró la milicia, arrancó el telón y empezó el zafarrancho de combate...

...Y cuando la golpiza fuerte por respaldar la huelga de los hombres en La Cabaña [en adición a lo relatado por Esperanza Peña], a Gladys Chinea le dieron unos latigazos por la espalda con los cables eléctricos torcidos, que quedó marcada para siempre. A Mercy Peña le pusieron los senos negros, a "La Chavalita" la cara negra. Corríamos para alante y para atrás, y cuando un miliciano grandísimo fue a darle a Clarita González se me ocurrió tirarle una piedra y me dieron un palazo tal en la espalda, el brazo y la nalga que los tuve negros como la noche por mucho tiempo. Eventualmente hubo que abrirme un quiste que se formó en el golpe de la nalga...

...Pero lo mejor de todo era la atención médica. Cuando tuve una fiebre altísima me llevaron al hospitalito y el médico que me vio me hizo orinar en un pomito, y sin análisis de clase alguna, lo miró al trasluz y me dijo, "Ah, sí, tiene infección en la orina", y me dio una pastilla y un vaso de agua. Eso fue todo.

NENITA CARAMES:

— Llegamos a la granja América Libre y trabajamos abusivamente, dando guataca sin descanso, de seis a seis bajo el sol y sin siquiera tomar agua. La comida era siempre la misma, macarrones hervidos sin sal ni nada y un pescado prieto, refrito. Me puse en 200 libras porque sólo comía pan con azúcar prieta...

...Estando allí me avisan que mi tío estaba muy grave. El era lo único que me quedaba de familia en Cuba y ya muy flaquito y viejito, iba a verme, parándose en fila con sus dos laticas de leche o lo que alcanzara a tener para llevarme. Las muchachitas le tenían mucho cariño. Me llevaron a verlo y él, ya muriendo, me decía, "¡Qué orgulloso estoy de tí... no te rehabilites!" Y regresé con el dolor de saberlo solo en su final. Cuando me avisan de la oficina que tengo un telegrama, la miliciana rehabilitadora trata de convencerme, "Mira, Gloria, es muy fácil llevarte a ver a tu tío, pero tú eres una presa plantada...ahora, si te pones esta blusa yo misma te llevo en el jeep". Yo siempre he comprendido las razones que han tenido muchas presas para aceptar la rehabilitación, pero si yo me le aparezco a mi tío con esa blusa virada creo que me odiaría hasta el minuto de su muerte. Y no lo vi... Cuando las muchachitas me vieron entrar, pálida, con el telegrama de que ya había muerto, Pilar Mora y las demás querían tumbar la cerca y gritaron tanto que los guardas se escondieron...

...En América Libre les hicimos añicos los cristales de aquel salón enorme, desbaratamos la bolera y quemamos los mosquiteros mientras ellos apagaban el fuego con mangueras.

Aún así, en el fondo nos admiraban por la firmeza de nuestros principios y hasta llegaron a respetarnos.

ESTRELLA RIESGO:

— Yo entré directamente a América Libre y ya estaban implantados el uniforme y el plan de reeducación; no había escapatoria. Pero nos las arreglábamos para acercarnos algunas veces a las plantadas históricas y sufríamos con ellas cuando las maltrataban. Recuerdo que estando Benilda Martínez de jefa de la prisión fue cuando el lío del cartel respaldando la huelga de hambre de los hombres y ella mandó a los dos camiones cargados de militares a golpear a las muchachitas. Partía el alma ver cómo después de golpearlas, de partirles cabezas, brazos y costillas con planazos de machetes y cables torcidos, las tiraban al portal de la enfermería como si fueran unos animalitos arrollados. Las que no podían remendar allí las llevaban para el Hospital Militar...

...En la granja siempre había algún animalito suelto que se acercaba a nosotras. Cuando hicimos un Nacimiento en las Navidades se apareció un perrito y lo usamos como ovejita en el pesebre. Una de las alegrías que tuvimos era una gallinita que por las mañanas volaba por mi ventana y yo le dejaba caer una blusa, un trapito, en el piso. Entonces ella me ponía un huevito a media mañana...

...Descubrimos que debajo de un asador abandonado otras gallinas hicieron nido y dejaron algunos huevos. Yo escondí varios debajo de mis brazos y con el jacket puesto no se me notaron mientras pasaba por frente a dos postas...una primero y otra después. Con un poco de leche hicimos un flancito para acallarnos el hambre en la noche de invierno y guardamos los otros huevos. Pero la próxima vez nos tocó una leche rusa con una peste inaguantable y estaba llena de gusanos. Colada y todo, pasaban los gusanos. Decidimos tomarla y no decirle nada a

Esperanza para que se la tomara, porque teníamos que echarle algo calentico al estómago para mantenernos vivas.

SELMA HAZIM:

...En el pabellón central de América Libre nos pusieron a las del "No Plan", aunque después nos unieron a todas. La finca estaba llena de preciosos árboles frutales que los guardias disfrutaban. Cuando ya estaban bien llenos, dejaban que el resto de las frutas se pudriera, pero nosotras siempre teníamos algunas. A las del Plan las llevaban a recoger fresas pero nunca supimos donde era. Fueron muy inhumanos con esas pobres muchachas, las hicieron trabajar como bestias...¡pobrecitas!...

...Cuando murió el Dr. Grau le dijeron a Polita que estaba grave pero la mantuvieron en Quinta y 14 y no la llevaron a tiempo para verlo vivo. A su regreso, ella estaba más entera que nosotras. Cuando a él le permitían visitarla era en un cuartico separado de todas, pero nos las arreglábamos para saludarlo y cantarle canciones acompañadas por la guitarra de Polita. Ya él estaba viejito y el chofer lo cargaba para entrar. Nosotras lo quisimos mucho y al saber lo que le habían hecho a Pola, agarramos ladrillos de un edificio que estaban arreglando y empezamos a tirarlos. Inclusive se nos unieron las del Plan y se formó una tremenda, repleta de heridas, golpes y ladrillazos...sacaron a algunas sin conocimiento pero ellos también cogieron su buena tunda.

ANA LAZARA RODRIGUEZ:

"Eran unos hongos enormes, amarillos, morados y negros, que se multiplicaban en cuestión de horas porque hicieron mutaciones en lo oscuro." [Cinco años consecutivos en una Tapiada.]

— En Nuevo Amanecer nos hicieron una "Tapiada de Tapiadas". Como aquel lugar era una escuela en construcción, la desproporción, al adecuarla para nosotras, era enorme. A un aula le pusieron una pared doble e hicieron un cuadradito pequeño con muros bien altos, coronados con una cerca de alambre Peerless, y sobre el alambre una maraña de alambre de púas doble, trenzado. La primera puerta para entrar a aquel pasillito era de acero, accionada por una palanca, y después de ésa había dos puertas más. Al fondo de ese pasillito-celda estaban los gigantescos baños con un inodoro en el medio del salón. El mayor problema estribaba en que a esos baños no entraban la luz ni el sol ni el más mínimo aire. Por lo tanto, era como si no existieran, porque para llegar a ellos había que atravesar un peligroso campo de hongos en la oscuridad. Eran unos hongos enormes que se multiplicaban en cuestión de horas. Si cogíamos esos hongos era como ir para la Eternidad, porque hicieron mutaciones unos con otros y eran algo que daba terror el sólo mirarlos. Pudimos verlos con un fósforo y vimos que eran amarillos con morados y negros...parece que ellos lograron estas mutaciones en esa oscuridad absoluta...

...Eso nos llevó a la primera huelga de hambre allí. A pesar de haber estado en otras Tapiadas, amontonadas unas sobre otras y de pie, porque no había donde sentarse, ésta tuvo tanto impacto en mí que me provocó claustrofobia...porque hasta mirando el cielo sólo veía alambres de púas. Cinco años estuvimos allí Miriam Ortega, Esther Campos y yo...

...Cuando nos anunciaron la libertad comenzaron a darnos comida y hasta helados Copelia en los platos de perros para engordarnos, pero yo saltaba la suiza para no aumentar. Aunque ellos estaban jugando cartas muy difíciles y estaban cargados de estrés, trataban de hacernos la vida miserable hasta el último minuto. Cuando tu nombre aparecía en la Gaceta Oficial era cuando tú eras libre de verdad, pero ellos lo entorpecían exigiendo prueba de identidad o certificados de nacimiento. En muchos casos, la familia había abandonado el país y nadie tenía esos documentos o habían saqueado la casa. Así, le iban dando de largas...

...A las tres nos soltaron juntas y nos llevaron en un ómnibus enorme, sólo con un chofer, una mujer custodia y un guardia con un arma larga, muy escoltadas, pero era para soltarnos en Inmigración de Presos y largarse, dejándonos en el limbo. No habíamos firmado la libertad, así es que yo me consideraba presa y no firmaría hasta que me dieran la salida con mis familiares. En esta residencia antigua con unas lámparas esplendorosas y extrema seguridad, están los archivos de los presos. Yo tenía lista la salida para acá, pero por el asunto del diálogo decidí aceptar otra salida por Costa Rica; yo no quería tener nada que ver con el diálogo ése...

...Estos sinvergüenzas tienen mucha astucia para engañar a los pobres presos que están ajenos a toda esa maldad. Y como Estados Unidos no acepta a los terroristas, en el interrogatorio final los castristas les hacían una pregunta, "¿Es usted terrorista?". Y como la condena es por terrorismo, así lo hacen constar en los papeles de libertad y de salida del país. Estados Unidos ha venido aceptando esta información como cierta, y muchos buenos hombres y mujeres están varados en Cuba por esa jugarreta...

...Pero desde hacía dos años, antes que ellos hablaran de indulto, al entrevistador se le fue un "Tú te vas a ir, pero tus familiares no". Cuando me dí cuenta que él estaba grabando el interrogatorio, me abalancé sobre la pequeña grabadora y grabé mi propio mensaje, "Han escuchado al teniente coronel de Seguridad del Estado Manuel Fernández Blanco, alias "Maño Blanco", al que se le ha escapado un secreto de estado frente a una presa, Ana Lázara Rodríguez." Y en el forcejeo borró la cinta.

RINDEN FRUTO LAS DENUNCIAS

Desde 1959, los familiares de presos políticos y otros exiliados defensores de los derechos humanos en Cuba comenzaron a elevar denuncias de las violaciones de estos derechos. A pesar de que los presos clamaban porque se divulgara su martirio, unas veces por temor a poner en peligro a los propios presos y carecer de información exacta desde las cárceles y otras veces por desconocimiento sobre la forma de proceder, a menudo las denuncias por parte de los familiares se canalizaban en forma esporádica, tímida o inadecuada. No obstante, la constancia en la denuncia fue horadando la piedra del silencio.

En respuesta a las huelgas de hambre en La Cabaña en 1969 que ya trascienden fronteras y logran impacto fuera de Cuba, y una nueva y efectiva oleada de denuncias del exilio cubano a principios de la década de los setenta, el gobierno castrista se lanza en búsqueda de una mejor imagen, se introduce un débil cambio de política para con los presos y les ofrecen salida a los plantados, los ancianos y los enfermos. Los plantados rechazan la oferta y todos exigen como condición la liberación de las presas plantadas que cumplen las condenas más largas.

Se percibe una corriente más frecuente en el envío de las cartas-denuncia por vías del clandestinaje. Nuevamente comienzan a salir de prisión, a través de las escasas visitas familiares y contactos diplomáticos, los minúsculos pedacitos de papel escritos con letra tan pequeña que requiere la ayuda de vidrios de aumento para leerla. A veces la tinta es del azul de metileno, otras, roja del mercurocromo. Llegan las increíbles "balitas", carticas enrolladas como delgados cigarrillos, envueltas en el celofán de las cajetillas e introducidas en el recto para poderlas sacar de la cárcel y enviarlas al exilio.

Pero no llegan noticias de las mujeres, apenas una escueta

denuncia cada varios meses. Ellas guardan mutismo para no provocar en sus hombres reacciones violentas que redunden en represalias contra ellos mismos: sus padres, hijos, esposos, hermanos o compañeros de lucha. Rechazan las visitas familiares para no mostrarles sus ojos amoratados, sus caras hinchadas, las fracturas de sus huesos, las huellas de las infames golpizas.

El 5 de agosto de 1971, en una brutal confrontación con un grupo de presos que está siendo trasladado desde las tapiadas de Santa Clara para el Centro de Seguridad #4 en Manacas, las Villas, se rebelan los presos de ese plantel en solidaridad con la protesta de los recién llegados, Luis Zúñiga entre ellos.

Vale destacar que lejos de ser una de las llamadas granjas, dicho establecimiento es un penal de seguridad máxima tal que cuenta con cuatro fuertes cercas de alambre espaciadas por varios metros entre sí, vigiladas desde altas garitas por guardias con armas largas y reflectores y cada una patrullada por feroces perros de presa. Tras la cuarta viene la quinta, o "cerca de los perros", equipada con un cable que corre a lo largo de la misma y a cuyo cable están argollados los perros policías que corren arriba y abajo a todo lo largo y ancho del área. Pero ahí no termina la vigilancia. La sexta es el foso de fangosas aguas cuajado de ranas que comienzan a croar tan pronto alguien se introduce en su santuario anfibio.

El jefe del penal ordena reprimir la protesta y el obrero azucarero José Oriol Acosta García es brutalmente asesinado en el plantel. Su nombre es escogido para la presidencia de honor del Comité para la Divulgación de Maltratos a Presos Políticos Cubanos, creado por el infatigable gladiador de los derechos humanos, el abogado y laureado periodista Dr. Humberto Medrano, que fuera sub-director de Prensa Libre, último bastión de la libertad de prensa en Cuba. Respetables organizaciones anticastristas y destacadas personalidades integran el comité que facilitará el darles curso a las denuncias en forma más estructurada.

Pedro Luis Boitel muere en huelga de hambre; es el 25 de mayo de 1972. El Secretario General de la Organización de Naciones Unidas (ONU), Kurt Waldheim, hace caso omiso a los mensajes cablegráficos que desde el 13 de mayo envía casi a diario el Dr. Medrano. En éstos, responsabiliza a la indiferencia del Secretario General con la inminente muerte del líder estudiantil. Irónicamente, este trágico incidente da como resultado que a Medrano le concedan personalidad jurídica para futuras denuncias y comparecencias personales.

Esta y demás denuncias que se vienen presentando ante éste y otros organismos internacionales no encuentran eco. De Pascuas a Ramos, Aministía Internacional hace algún que otro comentario. La Cruz Roja Internacional pide a Cuba que autorice su visita a la Isla. Con su acostumbrada insolencia, Cuba responde "...Aquí sólo entra la Cruz Roja en zafarrancho de combate".

La Liga Internacional de los Derechos del Hombre y la Asociación Interamericana para la Democracia y la Libertad, con la Sra. Frances Grant, protestan reiteradamente contra la situación. El International Rescue Committee con base en New York, presidido por el Sr. Charles Sternberg, sí es un decidido y valioso aliado. Y el Dr. Miguel Olba Benito, el Magistrado Dr. Francisco Alabau Trelles y el Comité La Verdad Sobre Cuba dirigido por el Dr. Luis Manrara también son denunciantes incansables. El Ateneo de los 32 Gremios Democráticos de Argentina dedica boletines completos a la infamia del presidio político cubano. La Agrupación Estudiantil Abdala hace fuertas denuncias; y, entre otros, José Antonio Font y Gustavo Machín, se encadenan a los asientos del Consejo de Seguridad de la ONU y torres de televisión en New York, para reclamar el cese del maltrato y la liberación de todos los presos políticos en Cuba.

El 5 de abril de 1976, el exilio asiste a una concentración en Miami para observar la fecha en que José Martí iniciara su condena carcelaria en las canteras de San Lázaro a los 16 años de edad, y fecha que el presidio político plantado en Cuba le ha señalado a Medrano para la instauración del Día del Preso Político. Simultáneamente, siete jóvenes activistas de los derechos humanos, entre ellos el ex-preso político Antonio "Tony" Rivera y Ramón Mestre, hijo, se encadenan a las puertas del periódico The Miami Herald reclamando cobertura periodística para la masacre que ha tenido lugar en la cárcel de Boniato; la dirección del periódico accede a sus demandas y promete su publicación. No obstante, al transcurrir una semana sin resultados visibles, varios de ellos inician una huelga de hambre frente al diario y captan la atención de todos los medios. Al sexto día, The Miami Herald invita a los demacrados y desaliñados jóvenes a su salón editorial y esta reunión sí rinde frutos. Dos reporteros visitan a familiares de presos y a Medrano y reúnen información que publican durante cuatro domingos. El Miami News también hace un extenso reportaje.

Mujeres y hombres de la militante Asociación de Ex-Presas y Ex-Presos Políticos de Cuba, entre ellos Yara Borges y Sylvia Perdomo, acompañan a Medrano a varias comparecencias en Washington y New York. El Comité por la Libertad de los Presos Políticos de Cuba, con sedes en Venezuela y Puerto Rico, los Municipios de Cuba en el Exilio, y las organizaciones profesionales de arquitectos, abogados, ingenieros, y contadores, y grupos obreros de telefónicos, azucareros y los de la lucha armada, como la Brigada 2506 y otras del clandestinaje, prestan su apoyo incondicional a estos esfuerzos. El Dr. Enrique Huertas y el Colegio Médico Cubano Libre se mantienen en alerta y diseminan denuncias y recaban apoyo a toda hora. Los teléfonos suenan de tarde, noche y madrugada.

Retrotrayéndonos a la década de los 60, la Comisión

Interamericana de Derechos Humanos de la Organización de Estados Americanos (OEA) es el único organismo intergubernamental que desde 1961 recoge y envía a Cuba las denuncias recibidas de comparecencias personales y testimonios escritos, pero Cuba ni siquiera acusa recibo. Sus directores-miembros se ven atados de pies y manos, pero su personal no se da por vencido y recoge minuciosamente cada dato, cada lágrima que vierte un familiar, ya sea en persona o emborronando con su pena una cuartilla de papel. Publican informes especiales en 1961, 1962, 1965, 1967 y 1970, además de las citas sobre la situación en cada informe anual a la Asamblea de la OEA. Y uno de especial importancia en 1963, cuando presidida por el Honorable Manuel Bianchi, redactó el informe sobre la "Situación de la Mujer en el Presidio Político de Cuba", cuyas conclusiones expresan:

"Respecto de la situación de la mujer en el presidio político de Cuba, la Comisión ha recibido amplia información, de la cual se advierte:

1. Que a medida que el actual régimen cubano ha intensificado su sistema de opresión política, un número mayor de mujeres ha sido objeto de arrestos y encarcelamientos;

2. Que si bien no es posible conocer con exactitud el número de presas políticas que hay en Cuba, los datos aportados hacen parecer que asciende a varios miles;

3. Que las cárceles para mujeres con mayor número de presas políticas son las siguientes: Guanajay, en la provincia de Pinar del Río; Guanabacoa y Mantilla, en la provincia de La Habana; San Severino, en la provincia de Matanzas; y Baracoa, en la provincia de Oriente;

4. Que la Comisión ha recibido declaraciones orales y testimonios por escrito de mujeres que han sufrido encarcelamiento en

Cuba por razones políticas. Algunas de ellas han sido víctimas de maltrato físico; otras han sufrido vejaciones e insultos, así como amenazas contra ellas y sus familiares; otras han experimentado un trato extremadamente humillante, encaminado a destruir su resistencia moral y a degradar su dignidad de mujer;

5. Que si bien en algunos casos el maltrato es explicable por el bajo nivel moral de los custodios, en otros parece responder a una táctica aplicada intencionalmente;

6. Que el maltrato físico o el terror psicológico aplicado a las presas políticas no hace distinción en cuanto a la edad, la salud, el estado civil o la condición pre-maternal de la mujer. En muchas ocasiones, se trata a las presas con el mismo rigor que a los hombres; y

7. Que además del maltrato que reciben de sus custodios, existen otros factores que contribuyen a la humillación de las presas, como lo son las condiciones materiales de las cárceles donde aquellas son recluídas, muchas veces tanto o más perjudiciales para su salud física y moral que los castigos y maltratos de los carceleros."

El Dr. Claudio Benedí es un férreo puntal que detalla y refuerza las denuncias de Medrano y Martínez Márquez ante la Comisión y entre sus amigos diplomáticos.

La Dra. Elena Mederos, con otros colaboradores, utiliza los recursos a su alcance y batalla sin descanso desde su alto cargo en la UNICEF en New York pero al jubilarse se traslada a Washington y con nuevos bríos crea Of Human Rights con un grupo de valiosos asistentes, entre ellos el joven estudiante Frank Calzón.

Y a la muerte de un mártir estudiantil, cobra vida en New York el Comité Mundial Pedro Luis Boitel encabezado por Everardo Fonte, José Ponjuan y Rodolfo Pardo. Medrano entrega tanto a Elena Mederos como a Everardo Fonte las listas de presos, presas y cárceles que viene recopilando desde hace años. Algunos familiares se muestran temerosos, pero la mayoría se lanza a respaldar las denuncias, cumpliendo las órdenes que desde presidio envían estos valientes. Se coordinan esfuerzos y se intercambian informaciones. No hay descanso, las noches se tornan días de trabajo completos. Es hermosa esta lucha por seres humanos a los que quizás jamás llegaremos a conocer.

El Republic National Bank es el único banco de Miami que responde al llamado de Medrano para que sea el que instituya y administre un fondo que costée la publicación de denuncias a 1/3, 1/2, y a página completa en algunos periódicos, The New York Times, The Miami News, The Miami Herald: ...¡$8 mil!...¡4 mil!...¡$3 mil!...¿qué importa? Los costos son astronómicos y en especial para un exilio que apenas comienza a volar con alas propias. Pero, cualesquiera que sean los sacrificios que encaremos, están por bien empleados.

En la Universidad de Miami, asesorados por los Dres. Antonio Jorge, Ana Rosa Núñez, y Felipe Préstamo, los estudiantes cubanos Margarita Ruiz, Simón Ferro, Emilio Alonso-Mendoza y Tony Palomo crean una red de apoyo voluntario a Medrano: con sus escasos recursos económicos adoptan presos, envían cables, mecanografían denuncias, realizan demostraciones, se encierran en jaulas de tigre como las de VietNam y en celdas tapiadas como las de Cuba.

La Sociedad Interamericana de Prensa (SIP), que como ninguna otra institución no gubernamental ha mantenido denuncias y protestas sostenidas contra los atropellos del régimen comunista de Cuba, reclama la libertad de más de 40 periodistas presos en la Isla. La labor continua del Dr. Guillermo Martínez Márquez, denunciando y gestionando en la SIP la situación, tiene el apoyo de otros baluartes del periodismo continental, como el Dr. Horacio Aguirre, del Diario Las Américas; el Dr. Gaínza Paz, de La Prensa de Buenos Aires; Rodrigo Madrigal Nieto, de La Nación de Costa Rica; James Canel, del Secretariado de la SIP; y la Sra. Argentina Hills, de El Mundo de San Juan, Puerto Rico, sólo para citar algunos.

Las Resoluciones presentadas por Martínez Márquez en las reuniones del Ejecutivo de la SIP y en las Asambleas Generales de ese organismo reciben aprobación, año tras año, con amplia divulgación periodística. De protestar por las condiciones crueles en las que se mantienen a los periodistas presos en Cuba, la SIP amplía su denuncia contra el presidio cruel al que se somete a todos los cubanos confinados por oponerse a un sistema tiránico. En octubre de 1973, la SIP concluye y declara "crímenes de lesa humanidad" los asesinatos y maltratos cometidos contra los presos, y denunció como "genocidio ideológico" la política aplicada por el castrismo contra los que se oponen al Plan de Rehabilitación, los presos plantados.

Cerrando filas por Cuba, Martínez Márquez, Medrano, Elena Mederos, Claudio Benedí y otros, juntan talento, voluntades y estrategias. No hay exiliado que entre a la ONU para que, a la par de los apologistas del régimen, desenmascare su vesania. A lo largo de los años, los intentos para lograr que al menos un país pidiera investigación y acción consecuentes sólo encuentran, una vez, en 1970, una tibia referencia de la delegada de los Estados Unidos, la Sra. Rita Hauser, en la Comisión de Derechos Humanos.

El gobierno de Chile es el único que lo denuncia vehementemente en la Asamblea General de la ONU en 1973. El encuentro entre el Almirante Huerta, ministro de relaciones exteriores de Chile, y Raúl Roa, el ministro de Castro, es histórico. En un despliegue de su más falaz oratoria, Roa profiere malas palabras a pleno grito. Se incorpora y trata de agredir físicamente a Huerta. El nombre del mártir Pedro Luis Boitel, cuyo asesinato invoca Huerta, hace saltar a Roa. La Asamblea, impávida, presencia el descontrol del hasta entonces ministro denunciante de las violaciones de cualquier otro gobierno que estuviera bajo ataque por la internacional comunista.

Chile corresponde una vez más. Circula una carta oficial de denuncia de la situación de Cuba al secretario general de la ONU como documento oficial de la Comisión de Derechos Humanos. En ella se hace eco de la sostenida negativa del gobierno de darle acceso a la Cruz Roja Internacional a las prisiones de Cuba, de las denuncias de otras instancias internacionales, y de los esfuerzos del Comité para la Divulgación de Maltratos a los Presos Políticos en Cuba en sus reclamaciones, entre ellas, la aportada al secretario general Kurt Waldheim, sobre las condiciones de Pedro Luis Boitel y la necesidad de su intervención para salvar su vida, y la muerte del mismo por la inacción del secretario general.

El Comité para la Divulgación de Maltratos a Presos Políticos en Cuba insiste en sus intentos de lograr acceso a las sesiones de la Comisión de Derechos Humanos pero carece de personalidad jurídica como organismo no gubernamental reconocido por la ONU. Los castristas y los otros gobiernos comunistas lo controlan todo. Las organizaciones no gubernamentales están saturadas de reclamaciones contra el gobierno de Chile. La delegación de Cuba escolta a la viuda de Salvador Allende para que, como representante de una organización no gubernamental, pueda sentarse a denunciar al gobierno de Chile del general Pinochet.

Una vez más, la situación de Cuba fue engavetada pero ya la SIP, en su carácter de organismo no gubernamental, pedía acceso. En una obvia maniobra comunista, la respuesta no se produjo y la sesión de la Comisión concluye a principios de marzo de 1974 sin que la SIP comparezca. Incansables, Medrano y sus colaboradores arrecian las denuncias. En abril presentan a la Comisión Interamericana de Derechos Humanos en Washington la relación detallada de varios centenares de presos maltratados.

Ya en agosto de ese mismo año la SIP, con la gestión encabezada por Martínez Márquez, comunica su participación en la reunión de la Sub-Comisión de Prevención de Discriminación y Protección a las Minorías. Otro predio en el que campean las delegaciones comunistas, la Sub-Comisión tiene en su agenda la "Cuestión de la Violación de Derechos Humanos y las Libertades Fundamentales en Todos los Países". Bajo el tema, cabía una presentación de la SIP. Así, los nombres de los delegados de la organización que participarían fueron comunicados sin publicidad alguna para no alertar al enemigo y no inquietar a los otros tibios miembros de la misma.

Medrano realiza la primera comparecencia de un exiliado cubano ante la Sub-Comisión para la Prevención de Maltratos y Discriminación Contra las Minorías, en la Comisión de Derechos Humanos de las Naciones Unidas. Representando a la Sociedad Interamericana de Prensa con el también abogado, destacado periodista e incansable luchador por los derechos humanos en Cuba, Dr. Guillermo Martínez Márquez, Medrano se enfrasca en una confrontación con el delegado soviético, embajador Smirnov, que trata de impedir la denuncia con constantes interrupciones de procedimiento. Con un golpe de efecto de su oratoria repentista, Medrano pide al presidente del comité, que le conceda "quince minutos más: uno por cada año de torturas y maltratos que han venido sufriendo los presos políticos en Cuba". Le concede cinco.

En el apretado informe, los nombres de "La Niña de El

Escambray", Albertina O'Farrill, la monja Aida Pérez, Lilita Pino, Miriam Ortega, Sinesia Drake, Polita Grau, Ana Lázara Rodríguez, Esther Castellanos, María Amalia Fernández del Cueto, Sara Carranza, Aleja Sánchez Piloto y cientos de presas más se entremezclan con los de los hombres, ya que sufren igual o peor trato que ellos. Para que se ponga fin a la situación intolerable de maltratos y asesinatos en Cuba, la SIP pide que se cree una comisión especial de la ONU que investigue la situación. Medrano, al fin, culmina parte del esfuerzo de tantos años.

Protegido por los guardaespaldas de la delegación castrista en la ONU, que exhiben con desfachatez las armas que portan dentro del hemiciclo a pesar de su prohibición, el soviético golpea la mesa para que no permitan que Medrano hable. Pero el presidente desoye el pedido. Más tarde Smirnov trata de que sea borrada de los archivos oral y escrito la demoledora acusación contra Fidel Castro, pero ya es tarde. La prensa recoge el incidente.

Medrano comparece en tres ocasiones ante la Comisión Interamericana de Derechos Humanos de la OEA en Washington. Los informes anuales de la organización se han convertido en impresionantes volúmenes contentivos del terror que impera en las cárceles castristas. El Séptimo es el más abrumador.

Pocos meses más tarde, gracias a rápidas gestiones del Dr. Horacio Aguirre y del director de la SIP en Miami, James Canel, Medrano representa de nuevo a la Sociedad Interamericana de Prensa (SIP) y logra que le permitan comparecer ante el pleno de la Comisión de Derechos Humanos de las Naciones Unidas en Ginebra, Suiza. Es la culminación de todos estos esfuerzos. No obstante, la misión cubana en la ONU de New York envía un telex al gobierno suizo, alertándolo de que tanto Medrano como otros dos cubanos que coinciden allí —Oscar Angulo, periodista de Miami, y la esposa del comandante Huber Matos, preso en

Cuba— son peligrosos terroristas que van a colocar explosivos en el Palacio de Convenciones. Los tres son arrestados en el Hotel Humboldt por oficiales de la seguridad suiza e interrogados durante seis horas.

Embajadores amigos le prestan a Medrano su aval incondicional y son puestos en libertad. Aunque ha perdido su turno en la agenda, tres días más tarde, Medrano logra su objetivo a pesar de las protestas de los castristas y sus aliados. El horror del presidio político es expuesto. La SIP denuncia la política de odio del régimen como apartheid ideológico y pide el nombramiento de una comisión de investigación. Le tomaría a la Comisión 14 años más para decidirlo, pero ya el monopolio del silencio estaba roto. Tras una comparecencia cargada de emoción y respaldada por una extensa documentación, se tiene la satisfacción del deber cumplido y que, además, se está compartiendo en vivo con el exilio y con el presidio en Cuba, que está escuchando el informe en un radiecito oculto con un oxidado perchero por antena.

Un matrimonio cubano de vieja amistad que residía en Ginebra, el Dr. José A. "Pepe" Mestre y su esposa María Teresa Batista y Falla, le ofrecen respaldo y le propician una importante entrevista periodística. ¡Hasta el casi bicentenario diario Le Journal de Genève, cuyo director izquierdista Claude Monnier respalda a Fidel Castro, siente el impacto de la denuncia y en su columna editorial le llama a la revolución cubana "El Faro Aún Apagado"! Es tan contundente el resultado que, comprensiblemente, los documentos presentados con esta denuncia desaparecen de sus archivos sin dejar rastro. Pero no importa, una vez más, el clamor inacallable de la verdad estremecía, en un foro internacional, la acobardada indiferencia.

A lo largo de esta lucha, hombro con hombro, tampoco descansa un héroe que por fuerza mayor debe permanecer anónimo y que con los años se convertiría en un verdadero hermano de causa y de sangre. Un día no lejano podremos rendirle el tributo público que merece.

El Diario Las Américas, de Miami, amanece todos los días sobre el escritorio de cada embajador ante la OEA y la CIDH en Washington. Su editor en Washington, el Dr. Francisco Aguirre, y su director en Miami, el Dr. Horacio Aguirre, "nicaragüense por nacimiento y cubano por emoción" abren sus páginas con generoso desprendimiento para la Causa. Las denuncias publicadas van en aumento y comienza a saberse lo que realmente pasa allí, dentro de aquello que, desde 1962, la Comisión Internacional de Juristas en Ginebra, Suiza, califica como "el presidio político más cruel, inhumano y degradante" que ha conocido América. La radio privada de onda corta que transmite hacia Cuba y las estaciones comerciales de Miami repiten incansablemente las denuncias. Dentro de Cuba y fuera de Cuba ya nadie puede llamarse a engaño. Los represores se ven obligados a reducir los maltratos.

El silencio con el que el gobierno castrista había tratado de sepultar a los prisioneros políticos estaba roto. Como consecuencia, el gobierno se lanza en búsqueda de una mejor imagen, se introduce una farsa de prisiones modelos para confundir a la opinión pública internacional. La granja-prisión Nuevo Amanecer para presas políticas es usada como pantalla.

La Comisión Interamericana de Mujeres se reúne en Miami y, una vez más, el Comité para la Divulgación de Maltratos a Presos Políticos en Cuba reclama atención y acción, esta vez para las mujeres cubanas, dado su abandono y heroico sufrimiento como presas políticas. Por otra parte, el Comité no ceja y le sale al paso al Cardenal Krol, de la Conferencia Católica de los Estados Unidos, por declaraciones cuestionables sobre la situación cubana.

La visita a Cuba de los Senadores Jacob Javits y Claiborne Pell del Congreso de los Estados Unidos, en septiembre de 1975, se encuentra con una extensa denuncia del Comité, publicada como carta abierta en The New York Times. El viaje del secretario general de la ONU a Cuba, Kurt Waldheim, también se encuentra con un cable, enviado a su casa, exigiéndole que cumpla con su deber de abogar y proteger los derechos humanos, violados en masa como patrón del terror institucionalizado, y que le plantée la protesta al gobierno. No paran las cartas enviadas a un número cuidadosamente seleccionado de embajadores acreditados en la ONU y en la OEA. A través de los medios que un grupo de sus hermanos cubanos exiliados le brinda, el presidio político ha puesto al régimen en el banquillo de los acusados. Cuba sigue en pie de lucha contra Castro.

LA LUZ AL FINAL DEL TUNEL: ¡LIBERTAD! ...Y, ¿QUE MAS?

> *"Desde que soy extranjera,*
> *desde que no tengo casa*
> *y la vida me desplaza,*
> *el miedo está dondequiera.*
> *Apenas salgo a la acera,*
> *me interesan pocas cosas:*
> *mi familia, Dios, las rosas*
> *de alguna vieja portada,*
> *y tengo el alma inundada*
> *de pequeñas mariposas."*
>
> Orlando González Esteva,
> Ultima de las diez "Décimas por Carmen Rosa"

Bajo la presidencia de Jimmy Carter se llevó a cabo un llamado diálogo migratorio entre los gobiernos de Estados Unidos y de Cuba que tuvo como resultado la excarcelación de millares de presos y su salida hacia el extranjero. El gobierno cubano aprovechó esa oportunidad para seleccionar, con fina astucia, a los presos de su conveniencia. Con muy pocas excepciones, los presos plantados del llamado "Presidio Político Histórico" se quedaron cumpliendo sus condenas hasta el final. Para extenderles su condena original, otros fueron resentenciados arbitrariamente, sin previo juicio. No obstante, los dos primeros en alcanzar la libertad fueron Polita Grau y Alfredo Izaguirre.

POLITA GRAU

— Rosa Rivas y mi hijo Monchi hicieron gestiones para ir a Cuba con los que participarían en el diálogo. Cuando tuvo un turno para hablar, dijo Monchi, "Yo he venido aquí exclusivamente para pedir la libertad de mi madre, que lleva 14 años presa". Y cuando le llegó el turno a Rosa Rivas, dijo lo mismo por su hijo, Alfredo Izaguirre, que llevaba preso muchísimos años. Cuando terminó la reunión, Fidel Castro se acercó y le dijo a Monchi, "Rosa se puede llevar a su hijo y usted, muchacho, se puede llevar a su madre".

Hoy, Polita Grau vive feliz con sus recuerdos de una vida entregada por entero a Cuba, y aunque no tiene con ellos el contacto frecuente que ella querría, disfruta de oir los extraordinarios logros profesionales que han alcanzado la mayoría de aquellos 14,000 niños de la Operación Pedro Pan. Con la salud frágil pero el espíritu fuerte, revisa sus voluminosas memorias para próxima publicación.

Además de Polita Grau, otras Dominicas Americanas también sufrieron prisión. Entre ellas, Lilita Pino, María Cristina Oliva, Olga Alvarez, Lillian Ramírez, Hilda Corujo, Manola Alvarez Bourbón y la que como monja fuera "Sister Ignatius", Pauline Turcheck.

YARA BORGES

Cuando le dieron la carta (y no la libertad porque, "aún en la cárcel, siempre fuí libre") y Yara regresó a la casa de sus padres en Miramar, sufrió un fuerte impacto. La hermosa casa, ahora vacía y dilapidada, fue hogar de contingentes de muchachos becados durante varios años y estaba clausurada, cubierta con papelitos de "No se puede entrar". Pero esos no son avisos que detienen a una mujer como Yara. Logró el acceso a la casa, sólo para encontrar que, "ya no existía el cielo raso; en los tres baños, las tres bañaderas fueron destrozadas a martillazos; las paredes y las columnas de mármol que daban al comedor estaban cubiertas de excremento, de porquería, de caca, como si la hubieran pasado por las paredes". Finalmente forzó su entrada al garaje, y con unas tablas que encontró en el closet de otra casa vacía improvisó una cama de tablas para esperar su salida para España y eventual reunión en Miami con sus padres y su hermano Max, que jamás cejó en sus esfuerzos por lograr un canje de presos y la libertad de Yara.

Tras comprar y operar una farmacia en Miami durante varios años, hoy Yara preside y dirige una compañía mayorista de productos farmacéuticos mientras aguarda la oportunidad de crear en Cuba su sueño, "ONAN", para ayudar a niños y ancianos necesitados.

SARA DEL TORO

Cuando Sara del Toro salió de América Libre, caminaba por la carretera al encuentro del automóvil que la llevaría a dormir en casa de los parientes de otra presa, porque ya no tenía casa adonde ir. Consigo llevaba el profundo dolor de dejar a las muchachitas, y fijo en sus pupilas el recuerdo imborrable de ellas despidiéndola en la única forma que pudieron hacerlo, en silencio, sosteniendo en alto las palas y los azadones. También apretaba dentro de su pecho un fuerte espíritu, enriquecido por su fe y por haber ayudado a tantas presas que, por ser más jóvenes que ella, buscaron en Sara el consuelo y la paz que ella supo darles. Sara del Toro no pudo disfrutar de cama y colchón en la primera noche de su libertad. Durante sus años en prisión durmió en una litera alta y el roce con la gruesa soga que la sostenía le formó un callo por dentro de las costillas. Optó por dormir en el suelo.

— Mi hija Sara y el esposo fueron a México a buscarme. Yo oía unos gritos de "¡Mamá, mamá!" en el aeropuerto y me parecieron tan lindos, pensando que estaban gritándole a otra y sin siquiera pensar que esa mamá era yo. Estuve un mes en México por culpa de los trámites porque tenía un expediente horrible... me achacaban la quema de El Encanto. Mis antecedentes penales eran negros porque nos acusaron de lo mismo a todos los que caímos en la Causa 27. Pero una joven que estaba de guardia el 24 de diciembre en la embajada americana me dijo, "Es criminal que usted no esté mañana con sus hijos"...

...Llegué al aeropuerto el 24 de diciembre de 1967 a las 12 de la noche. Aquello fue un espectáculo inolvidable. En el aeropuerto no sólo estaban mis 10 hijos, sino todos sus amigos. Varios de mis hijos vivían con Monseñor Walsh, otros con mi prima Grisel, mi hijo César, que había ido dos veces a Cuba tratando de gestionar mi libertad ya estaba casado, mi hija Sylvia vivía en Puerto Rico... todos estaban en el aeropuerto. Y el problema fue cuando quisieron quedarse conmigo en casa de César y éste me dijo, "Pero mamá, ¿dónde voy a meter a todos estos muchachos?", y yo le contesté, "Pues busca tú donde meterlos, porque todos se van a quedar aquí, en el suelo o donde sea". Y se quedaron...

...Mi casa siempre está repleta con mis 10 hijos, sus cónyuges y sus amigos, mis 28 nietos, y 22 bisnietos. Pero nunca les he contado a mis hijos de mi prisión. En un momento dado, a mi llegada, mi hija Sylvia habló por todos y me dijo, "Mamá, no sufras más por estos años separados. Te admiramos y te consideramos una heroína, pero de ahora en adelante, ya dejaste de ser la presa y vuelves a ser la madre de todos nosotros". A Amador le dieron la libertad en 1971 porque su salud ya estaba muy quebrantada y murió en Miami.

¿Valió la pena el presidio para Sara del Toro?...¿Valió la pena el hacer la contrarrevolución y sufrir lo que sufrió?...¿Lo volvería a hacer? Respuesta: "Sí, lo volvería a hacer todo igual. Porque si en un país no hay sacrificados, no hay Patria"...

DORIS DELGADO, "JAPON"

— Me llevaron de América Libre a El Caney en Santiago de

Cuba, donde me castigaron por romper unos ventanales. Me metieron en una "gaveta", de ésas en que una tiene que entrar agachada porque hay gente arriba y gente abajo, como en gavetas...Un día me llevaron en una jaula de presos a mi casa para que mi hermana me diera ropa de civil y me llevaron a Boniato para tomarme una foto. Me devolvieron a la granja y a la gaveta. El 13 de marzo del 79, casi a la medianoche, me entregaron el pasaporte ya con la foto que me habían tomado y me dijeron, "Mañana tiene que presentarse con estos papeles, váyase". Yo protesté, "Pero, son las doce de la noche, si no me van a llevar, déjenme llamar a mi hermana porque yo no tengo dinero". La respuesta no se hizo esperar, "Ni puede llamar ni hay dinero para eso, ¡coja por ahí para abajo!"...

...Bajé las cuatro leguas a monte cerrado pero no cogí miedo, fue muy agradable. Yo me crié en el monte y, ya grande, estuve alzada en el monte. A mí me gusta mucho el olor de la madrugada, de la tierra, del rocío, de las florecitas silvestres, el olor a mango de El Caney. Llegué al pueblo como a las dos de la madrugada, me senté en el parque y se me acercó un mulatico preguntándome, "¿Qué le pasa?". Le expliqué que yo era una presa recién puesta en libertad pero que ni tenía dinero para el transporte ni podía llegar caminando hasta Santiago de Cuba. El me contestó que quien único podría ayudarme sería algún carro de alquiler con un médico que hubieran mandado a buscar pero que él se quedaría acompañándome para que no me pasara nada. Y así sucedió. Apareció un chofer que no sólo me llevó hasta la casa de mi hermana sino que no aceptó pago alguno y dijo, "Echeme un poco de agua en el radiador y más nada, para mí ha sido un placer traerla".

...El 24 de abril me dieron mis papeles en la sección de intereses de Estados Unidos en la embajada suiza y el mismo 24 llegué a Miami. Yo creo que todo lo hecho valió la pena porque se hizo de corazón. Yo puse mi granito de arena, yo tengo historia, pero más hubiera preferido ser mártir en mi tierra que millonaria fuera de ella. Mucho le agradezco al fallecido Humberto López que recogiera nuestras denuncias, al preso José Carreño que me incluyera en su libro Cincuenta Testimonios Urgentes, y a los estudiantes de la Universidad de Miami que ayudaban a Medrano. Mi familia me dice, "Nosotros sabíamos las cosas que les pasaban a ustedes porque leíamos el periódico y Humberto Medrano siempre estaba escribiendo sobre tí y las demás personas que estaban presas". Yo honro, y quiero, y pago sin que las personas se den cuenta. Con esta entrevista para tu libro, Mignon, me siento que he hecho algo bueno y justo con Medrano. Es como decir: hoy, Día de los Padres, yo le he hecho un regalo a Medrano, espero que él se sienta recompensado.

CARY ROQUE

*"Fuimos una generación cercenada, que lo dio todo.
Por defender a Cuba lo perdimos todo:
familias, carreras...la oportunidad de ser madres.
Pero, por mi Patria, volvería a hacerlo todo de nuevo."*

Con la carta de libertad le entregaron a Cary Roque un sobre con papeles, sus pertenencias y las llaves del apartamento en que vivió con sus padres, apartamento del que botaron a los padres y se lo dieron a un "pincho" [militar] que tenía méritos revolucionarios. Ni corta ni perezosa, Cary se presentó en el apartamento, abrió con su llave y se enfrentó a la nueva dueña pero sólo para constatar que habían saqueado los muebles y objetos de valor y dejado lo que no servía. Al despedirse le dijo a la mulata, "Mira, yo no tengo familia aquí y no vengo a quitarte nada, te lo quitaron ellos, porque con estos papeles me han devuelto todo lo que era mío".

No queriendo ser carga para las presas que le brindaban techo y su escasa comida, se instaló en la oficina de cárceles y prisiones y pidió ver al jefe, Medardo Lemus, exigiendo un techo, un trabajo y el derecho a recibir alimentos. Tanto peleó que le dieron un cuarto en un edificio y durmió en el piso mucho tiempo, hasta que le regalaron una cama. Su único otro mueble fue una repisita que le hizo otra presa para colocar los pocos alimentos que conseguía y así poder aislarlos de hormigas y cucarachas. La vecina de los bajos, que era funcionaria del Ministerio del Interior, le regaló una silla. Durante seis meses trabajó en el cementerio, quitando de sus aros las flores ya secas para usarlos de nuevo. Su libertad condicional estaba firmada por Sergio del Valle y le pusieron mil trabas para demorarle la salida, tratando de humillarla y sojuzgarla.

La alegría del encuentro con su hermana Gloria en el aeropuerto de Barajas en Madrid, con aquella muchacha tan linda enfundada en un moderno ajuar de falda y sweater y botas de piel, las dos rodeadas por un público entusiasta que comprendió al instante que eran hermanas que estuvieron 20 años sin verse porque Cary estaba presa, pronto se vio ensombrecida por la tragedia familiar.

Gracias a gestiones de María de la Milera, auxiliar del entonces Senador Richard Stone, Cary obtuvo una visa humanitaria para entrar a los Estados Unidos y estar junto a su padre que había sufrido un grave infarto ante la emoción de saber a su hija libre. Cuando Cary se enfrentó a sus padres en Miami, comprendió en toda su magnitud cómo había afectado a las familias de las presas la crueldad del sistema castrista. De aquella madre alegre, cariñosa y dulce no quedaba nada; era una mujer loca, completamente loca. Aunque fue Cary quien los obligó a salir de Cuba, cuando hacía crisis se recriminaba por haber abandonado a su hija en la cárcel. Tras un intento de asesinato y suicidio, vivió internada en un sanatorio durante cinco años.

La noche del estreno de Mujeres, obra teatral con la que Cary debutaba en Miami, se celebró una fiesta a la que prefirió no asistir. Ya en cama, su hermana la llamó aterrada, gritando, "¡Se han matado! ...¡Se han matado!". Cuando llegó a la casa, repleta con detectives y policías que no la dejaban pasar, Cary sufrió un descontrol absoluto e hizo un "feedback", un regreso a la prisión, y comenzó a atacar a los policías para abrirse paso. Finalmente, la dejaron entrar al escenario dantesco. Su madre, obsesa con suicidarse, agarró un cuchillo y lo convenció a él de morir juntos. El padre de Cary sobrevivió al ataque pero le produjo una embolia y vivió con Cary, paralítico, hasta su muerte.

Hoy, Cary es condueña de un negocio ferretero y ocupa su tiempo como locutora en La Voz de la Fundación, que transmite hacia Cuba.

¿Qué mensaje nos deja Cary Roque? "Fuimos una generación cercenada que lo dio todo, con plena conciencia de lo justificado que era el conspirar contra Fidel Castro. Que luchamos para que las generaciones de ahora no tuvieran que escapar en botes ni vivir acorralados ni vivir sojuzgados. Y que si lo tuviera que hacer de nuevo, lo haría igualito. Para mí, lo más importante en la vida es mi Patria. Por ella perdí a mi madre, a mi padre, perdí mi carrera y mis mejores años...perdí la oportunidad de ser madre. Y por mi Patria volvería a hacerlo todo de nuevo".

ALBERTINA O'FARRILL

Los dos años que vive Albertina O'Farrill en Cuba después de recibir la libertad la hacen desear el estar de nuevo en la cárcel: no le permiten trabajar y no tiene donde vivir. Su casa ha sido confiscada por el gobierno al morir su madre y estar ella presa, aunque legalmente la hereda; la de su hermana, destruída por los sirvientes; la finca de su esposo, confiscada; y al morir el suegro de Albertina, la casa de tres plantas que hereda su hijo, la ocupa una familia tomada de un libro de Dostoievski...una mujerzuela con un hijo anormal y borracho, y la nieta loca que amenaza a

Albertina con un machete si ésta intenta entrar a la cocina.

Albertina no tiene ni para comer; tiene que vivir de la limosna pública. Para ponerlo en sus propias palabras, "No hay que ser pobre para ser bueno ni hay que ser rico para ser malo". Teté Bances, la viuda de José Martí, hijo, es una de las personas que le hace llegar dinero para comer. Dulce María Loynaz del Castillo le ofrece escribirle sus memorias, pero sería una obra inconclusa porque Albertina quiere salir de Cuba para reunirse con sus hijos: un varón, a la sazón soltero, y dos niñas ya casadas y con hijos propios. Las memorias quedan pospuestas y las escribe ya en el exilio.

Durante una reunión con los dialogueros del 79, Albertina se enfrasca en una violenta discusión con los entrevistadores y de nuevo le atrasan la salida. Mientras tanto, la autorizan para ir a su antigua casa de Miramar y sacar las veneradas imágenes de "sus santos" porque no estaban inventariados como objetos de valor. Finalmente, cuando un grupo va en avión privado a gestionar la salida de los rezagados de Playa Girón que mantienen presos desde el 61, el viaje resulta infructuoso y avisan a Albertina que puede viajar en el mismo. Su hija Victoria, que en dos ocasiones le envió aviones particulares para sacarla, recibió una sorpresa cuando Albertina la llamó, anegada en llanto, desde el aeropuerto de OpaLocka. Su esposo la siguió pero, al poco tiempo, aquel matrimonio que sirvió para llenar la soledad de Albertina resultó demasiado frágil para enfrentar las presiones que surgen en las vidas de los exiliados, presiones que no todos logran superar.

No obstante, Albertina persiste en su búsqueda de la felicidad, y la encuentra junto a Sammy Tolón, amigo de su tierna juventud con quien contrajo matrimonio hace nueve años y con él comparte recuerdos y esperanzas. Sus hijos y nietos la abruman con cuidados y atención, y le compensan los años de prisión mientras ella ayuda a presos y presas y les ora por Cuba a "sus santos", un

Cristo y una Nuestra Señora de las Mercedes, reliquias de amor que han acompañado y bendecido a generaciones de su familia.

NENITA CARAMES

— Cuando leyeron la lista me llamaron la antepenúltima; creíamos que era para un castigo porque llevaban mucho tiempo dándonos macarrones sancochados e íbamos a ponernos en huelga de hambre ese día. Felicia Guillermina "La Flaca" le preguntó a la jefa del penal para dónde nos llevaban porque las no mencionadas no iban a dejar que nos trasladaran sin saber. Y ésta le contestó, "Bien lejos de donde tú vas a estar por largos años, porque ellas se van en libertad". Fue una sorpresa enorme pero yo no quería irme, a mí nadie me esperaba ya...todos se me murieron...

...Alguien me dio una sayita vieja, una blusa y unos tenis rotos. Con eso salí yo de América Libre. Empecé a dar tumbos. Mi comadre vivía en una miseria increíble en San Miguel del Padrón y fuí a carenar a casa de Mary Grau, la prima de Pola, donde estuve una noche. Ella tenía allí a Mongo, los dos hermanos y a otros tres presos; no había ni donde dormir y pasé un frío tremendo. Terminé en casa de la familia de mi cuñado...

...Esperando la guagua bajo un aguacero, veo a un señor con una capa de nilón toda raída, estrujada, muy mala, que me miraba con insistencia. Me fijo bien en aquel viejito tembloroso que me dice, "¡Al fin saliste!", y cuando le pregunto, "Y, ¿quién es usted?", reconozco la voz de aquel abogado, caigo en cuenta y me pregunto a mí misma, "¿Qué no le habrán hecho a este hombre, un militar bien plantado, que con sus 50 años se veía muy bien, para destruirlo de esta forma?"...Aquel pobre hombre sufrió torturas, prisión, se puso muy mal, se enfermó del corazón, y ahora lo venían a recoger. Le pregunté, "Muñoz, y ¿dónde está usted?", y me contestó, "No te lo puedo decir, pero nunca olvides que yo te ayudé, Nenita...si no, estarías cumpliendo 30 años...Díselo a Caramés, dile que Carlos Antón Muñoz te ayudó". Nunca se lo pude decir. Caramés murió cuando yo salí de la prisión...

...Tardé cinco años en lograr mi salida de Cuba, lo único que me importaba era estar con Piluca y con mis padres. Por lo demás, cada vez que podía iba a ver a las muchachitas aunque fuera de lejos, pero los guardias me botaban todo el tiempo, me rastrillaban las ametralladoras para que no me acercara y yo las veía, tan solitas, paradas junto a la cerca. Para ver a Pola en el hospital cuando estuvo operada y muy grave, tuve que pedir un permiso especial al Ministerio y costó Dios y ayuda...Cuando una se va y las deja, se le desgarra a una el corazón....

...Cuando llegué al aeropuerto enseguida reconocí a mis hermanos y a mis padres, ambos muy viejitos. Junto a ellos estaba una muchacha alta, rubia, muy pintada, que me llamó la atención porque en Cuba la gente no se pinta. Cuando me acerqué para abrazar a mis padres y ya nos íbamos, me dijo, "Mami, yo soy tu hija...". Fue tan fuerte el impacto que estuve más allá de poder emocionarme. Ella estaba viviendo en Puerto Rico y no la imaginaba esperándome. Los primeros tiempos fueron muy difíciles para ambas, tuvimos que conocernos de nuevo. A ella la criaron muy bien sus tíos y son como sus padres, pero cada día nos hemos acercado más y más...

...Yo vivo orgullosa de Piluca. Ella fue profesora de Sicología en la Universidad de Puerto Rico y ahora tiene un cargo muy importante en una compañía que distribuye joyas de fantasía muy famosas en el mundo entero, viaja mucho y viene a Miami dos o tres veces al mes. Y tiene un hijito que es mi locura...

...Estoy casada de nuevo y soy muy feliz en mi matrimonio. Ahora, mi nombre legal es Gloria Rodríguez pero para las muchachitas y para la historia del presidio político sigo siendo Nenita Caramés. Yo vivo feliz de haber sido presa, de formar parte de ese proceso histórico de Cuba en que la mujer ha llevado tanta carga. La mujer cubana, pésele a quien le pese, viene participando en las luchas por su patria desde los primeros esfuerzos independistas. Me contaba la madre de Carlos Prío, la viejita Doña Regla Socarrás, cómo en la Guerra de Independencia ella iba por el monte, con su revólver y su canana al cinto, cargando sobre las espaldas a sus hermanos muertos para luego enterrar ella misma sus cadáveres.

VIVIAN DE CASTRO

Todo, o casi todo, es diferente en Vivian de Castro. Lleva 21 años de matrimonio con un ex preso hijo de españoles, Ramón Rey, "El Pecas", y todavía no se han sentado a hablar de sus respectivas causas. Curiosamente, estando ambos presos, un compañero de Rey que conocía a Vivian le contaba lo bonita y simpática que ésta era, despertándole un inusitado interés en conocerla. Así es que, cuando propiciaron las visitas entre familiares que estaban presos y no teniendo Rey un familiar a quién visitar, fingió ser el novio de una compañera de causa, sólo para tener cómo conocer a Vivian.

Tan pronto él regresó a su cárcel comenzó a escribirle y a buscarla pero, ante su próxima salida de la cárcel, Vivian rechazaba cualquier compromiso que la atara a quedarse en Cuba. Ya libre, va a conocer a la madre de Ramón Rey cumpliendo su promesa, y juntas lo visitan en Melena. Al mes siguiente, le dan la libertad a él y a su padre, también preso. A pesar de sus años en prisión, Vivian sigue siendo una mujer alegre, exhuberante. Es mucha la presión que Ramón Rey ejerce sobre "la gallega" y finalmente llegan a un acuerdo: se comprometen, pero con el previo acuerdo de que si a Vivian le dan la salida de Cuba, ella se va.

Cuando Vivian sale de la cárcel se encuentra con que su madre ha muerto, su padre está casi ciego y su hermano se ha apropiado de la casa y todas las pertenencias de ella y de su hermana. Le dice que Fidel se la había regalado, que allí ella no tiene nada. Sin hogar y sin familia, acepta vivir con Rey y sus padres, con la condición de no casarse en Cuba para no complicar ambas salidas.

Al llegar Vivian a Miami en 1977, sufre el rechazo de los hijos y la salida de Rey demora hasta abril del 79. Lo que le llega es un espectro, pero el amor ha echado raíces hondas y se casan a la semana. Al encontrarse en el aeropuerto, él le pregunta, "¿Quién está primero, tus hijos o yo?" Y Vivian le responde, "Te ganaste el primer lugar, porque mis hijos me han abandonado". No obstante, el distanciamiento y las constantes recriminaciones de los hijos atormentan a Vivian hasta el borde del suicidio, pero con un valor extraordinario es élla la que rompe lazos y los confronta, renunciando a todo vínculo con sus hijos. Es entonces cuando comienza a rescatarlos.

Los años de cárcel fueron años de maltratos y sufrimientos para Vivian, pero para los muchachos fueron tiempos muy duros también, sin su madre, con una familia fragmentada, sin orientación. Aún hoy, la separación del menor se mantiene casi igual; es mucho el resentimiento que él tiene acumulado al creerse abandonado por su madre. Posiblemente no sea su culpa, quizás es el resultado de malos consejos bien intencionados que alguien le diera en un afán de ayudarlo a resignarse a su soledad. Poco a poco, Vivian y su hijo mayor, residente en México con su esposa e hijos, emprenden un largo camino de mutua comprensión y mutuo respeto. El Pecas, experto en sistemas de alarmas, lo ayudó a montar lo que es ya un exitoso negocio de alarmas en México.

REINA PEÑATE

— Con un rollo de papel sanitario colgado al cuello para que no se me perdiera salí yo de la cárcel. Era lo que usábamos como rolo para el pelo y eran tan poquitas nuestras pertenencias que cada cosita la atesorábamos con extremo cuidado. Mi tristeza era enorme por dejar a las muchachitas. Era la medianoche del 31 de diciembre de 1970 y nos repartieron en una guagua; cuando me dejaron en mi casa, mi hermano por poco se desmaya del susto al verme...

...La desinformación que tenía el pueblo era tan grande y genuina que yo me preguntaba si habría valido la pena tanto sacrificio, nadie parecía saber que había presas políticas luchando contra el sistema...en Guanajay se enteraron, en Baracoa se enteraron, pero como todos los medios de información estaban totalmente controlados por el régimen, las noticias morían localmente...

...Cuando una es presa plantada y por mantenerse plantada recibe tantos golpes, se le pierde el miedo a todo; no es bravuconería ni desafío sino eso, sencillamente, la pérdida del miedo. Recién salida de la cárcel quise tomarme un helado, me puse en cola y esperé, se acabó el helado al llegar mi turno: primera bronca. Quise tomarme un refresco y me pidieron el envase vacío que debía entregar con el pago, nunca antes yo había pedido un refresco y sin envase de cambio no me dieron el refresco: segunda bronca. Me las agencié para conseguir tres laticas de leche cuando lo permitido era una sola, la amiga que me acompañaba ese día se separó de mi lado por miedo a que me descubrieran: tercera bronca...

...Pero tuve suerte, porque a los seis meses logré salir en el núcleo familiar de mi hermano sin ir al campo a trabajarle al gobierno, en el programita ése que ellos llaman "De cara al campo". ¡Sinvergüenzas! ¡Nueve años enfrentándome a ellos, cogiendo golpes por no doblegarme y pretender que fuera a trabajarles de voluntaria como mansa paloma!...

...Ya aquí, estuve en Boston tres años trabajando con la Sheraton y más tarde aquí en Miami durante 12 años con la Wometco. Me casé en el 73, pero enviudé de mi esposo, Fianeloy Fianing. Salí de la cárcel con 40 años y ya muy tarde para empezar a tener hijos, pero tengo a mis padres y hermanos, y tengo infinidad de sobrinos y sobrinos nietos, que han pasado a ser los hijos que nunca tuve...

...Muchas de nosotras ya han muerto, otras sufrieron terribles enfermedades y tragedias familiares. Yo pasé mis penas pero nunca pudieron envenenar mi espíritu y tampoco pudieron quitarme ni mi fe ni mi alegría de vivir. No tengo rencor en mi alma, ni siquiera para el comandante que nos entregó y que tuvo una muerte terrible en un accidente. Sólo hay un culpable en todo esto: Fidel Castro. Y mi único pensamiento sobre él es que si lo matan, no derramen su sangre sobre mi tierra, no vaya a ser que me la vuelva estéril.

MARIA DE LOS ANGELES HABACH

— Al despedirme la directora de la prisión, llamada Ohilda, me llamó a su oficina y me preguntó, "¿Usted me permite darle un consejo?...Yo le pregunto porque como ustedes son tan rebeldes...". Le contesté que sí, que una siempre escucha, y continuó, "Mire, cada una de ustedes que sale para la calle es un objetivo. Todo el mundo sabe cuál fue la trayectoria de María de los Angeles Habach en prisión. Yo no le pido que usted no hable con sus compañeros y amigos, pero cuando alguien la invite a conspirar de nuevo, usted pregúntele qué ha hecho él o ella durante los 10 años que usted estuvo presa". Esa misma directora fue la que preparó al grupo que nos golpeó cuando nos hicimos solidarias con la huelga de los hombres presos en La Cabaña y pusimos el cartel. Nosotras tuvimos un careo porque, en su propia cara, yo la acusé ante el Ministerio, y luego le dijo a una miliciana, "Esa es la peor enemiga que tengo yo, pero ésa es de las que van de frente". Yo creo que por eso me dio el consejo...

...Estando Roberto aún preso en Guanajay le dieron un pase por un día y ya yo tenía todo arreglado con el Padre Tomé en la Iglesia de Reina. La esposa del embajador de Siria me había regalado un traje lindísimo para la boda. Pero cuando llegó Roberto vestido de preso yo tenía puestos un pulóver y un pantalón; no dio tiempo para más y así nos fuimos. Ni mi familia pudo ir a la boda. Los testigos fueron dos amigos y el Padre Tomé fue el padrino. Tras comulgar, me dio unas flores que retiró del altar de la Virgen y nos dijo, "Esta es la boda más linda que yo he realizado, viendo a estos jóvenes que vienen buscando estrictamente el sacramento para poder consumar su matrimonio". Pasamos la noche juntos por primera vez y Roberto regresó a la cárcel a cumplir los seis años restantes para completar la condena de 17...

...Cuando salió no quería abandonar a Cuba sino conspirar y le dijo a Reynol, "Guarda para otros presos nuestros espacios porque nosotros nos quedamos" y así lo hicimos; yo me involucré de maestra en el colegio de los niños hasta que empezaron a excluirlos porque sus padres eran presos. Tras muchos incidentes, y con la excusa de que él preparara unos contactos en el exterior, accedió a salir hacia Venezuela, donde vivimos seis años hasta que él murió como consecuencia de un golpe en la cabeza que le dieron en presidio. Cuando le dio una convulsión, en las radiografías encuentran una cicatriz en el cerebro que rápidamente los presos en Venezuela la identificaron como de una golpiza en Guanajay que lo privó del conocimiento y lo llevaron al hospital pero no lo atendieron...

...Roberto y yo vivimos una hermosa historia de amor, juntos luchamos, y juntos cumplimos prisión por nuestra Patria. A su muerte, nuestros hijos y yo vinimos a vivir con su familia en Miami y hoy los niños ya están en high school, lejos del sistema que en vez de inculcarles amor y bondad en las lindas mañanas escolares, les hacían repetir, "Pioneros por el comunismo, seremos como el Ché"...

...Pero cuando Cuba sea libre, seguiré la obra que Roberto y yo emprendimos juntos y ayudaré a reconstruir a Cuba bloque a bloque, no desde un cargo público sino como simple cubana, para devolverle a las nuevas generaciones los valores morales que les arrebataron.

MARIA VIDAL

María Vidal rechazó los 50 pesos que la miliciana Marina Núñez le entregara al salir y le dijo, "Guárdese usted esos 50 pesos para las velas de su entierro, porque de ustedes no quiero ni una sed de agua, yo me las arreglaré sola". Pero María no tenía adónde ir. Su única hermana es comunista, casada con el presidente de tribunal Guillermo Infante Antúnez, y sentenció que su hermana María estaba donde tenía que estar, en la cárcel. Su única visita era la madre de Mario Chanes de Armas, preso plantado que cumplió los 30 años de su condena hasta el último día. El preso político que ha cumplido la condena más larga en el mundo...

...Me soltaron para la carretera sin dinero, con unos tenis, un pantalón y una blusa que me dio una presa común. Un taxi me fió el viaje hasta casa de una hermana de otra presa, Lydia Canosa, y de allí salí a buscar trabajo, que encontré en La Benéfica. Allí aclaré bien que yo era presa y no les hacía trabajo voluntario ni iba a sus mítines. Yo me eduqué en el Sagrado Corazón de Santiago de Cuba y nunca trabajé; mi madre era francesa y mi segunda lengua es el francés. Mi padre tenía la ferretería El Candado y tenía dinero. A su muerte, yo lo heredé y me compré una casa en Guanabo y tuve dinero hasta que llegó Fidel y me lo quitó todo...

...Pero yo conocía el comunismo. Había leído a Marx, a Engels y a Lenin. Mi abuelo fue diplomático, cónsul de Francia en Santiago y en Haití, y en 1914 mandó a la guerra a los hijos que estaban en edad de pelear. Por otra parte, mi padre era falangista y en la guerra civil de España me mataron a un primo y le sacaron los ojos. Yo crecí oyendo hablar del amor a la patria y del cumplimiento del deber...Y no les regalé mi trabajo. Me llevaron hasta la tabla, viendo heridos destrozados y brazos desprendidos, pero aguanté...

...Al fin me trasladaron del horario de madrugada para la tarde y les descubrí cómo se robaban la comida de los enfermos, pero así, aunque corriendo riesgos, pude sacar ruedas de pescado, bistés y otros alimentos para la gente del barrio. Pasé siete años sin que me dieran la salida, esperando que me arrestaran a cada minuto. Le hice posta al Capitán Abad, que se negaba a ponerme el cuño de salida, según me dijo, "porque no le daba la gana". Pero cuando mi acompañante le sacó un carnet del G-2, puso el cuño rapidito...

...Yo había estudiado aquí en los Estados Unidos en el 46, y ya con el cuño de salida, me casé con un muchacho, David Marconi Matos Cabrera para ayudarlo a salir de Cuba, y como familiares traje a sus hermanos Lester y Gary y a las novias de David y de Gary porque todos querían irse en balsa. Yo sólo esperaba a que me dijeran, "Pero usted tiene 54 años y él 24", para contestar, "Y, ¿qué quiere usted, si me gustan jóvenes?...Ustedes son blancos y les gustan las negras". La mamá de los muchachos es del Partido; ésa era mi dulce venganza porque, además, ella es la prima de mi cuñado, el presidente del tribunal...

...En la embajada americana me aceleraron las visas mía y de "mis familiares". Cuando llegamos a Miami, David y yo nos divorciamos para él ya casarse con Lucy, cuya salida demoró mucho. Ya tienen dos niños preciosos y nos vemos a menudo. Gary está terminando la carrera de medicina y Lester está trabajando muy bien...

...A mis 68 años estoy presta a dormir debajo de un puente con tal de ayudar en la reconstrucción de Cuba. Dios me lo va a conceder. Es la tierra que me vio nacer, es mi segunda madre, es mi Patria.

CARMINA TRUEBA

— Cuando Adolfo Suárez, el presidente del gobierno español, visita Cuba en agosto del 78, intercede ante Fidel Castro por mi libertad y mi salida de Cuba. Ya mi matrimonio había fracasado; sólo quedábamos en Cuba mi primo Pepín, que cumplió 15 años de cárcel y yo. Mi cuñada y las niñas ya estaban fuera; Pedro salió asilado y Enrique estaba en España desde el 60. Salimos en un avión de la Fuerza Aérea Española y llegamos a Madrid el 28 de abril de 1979...¡Y pensar que todo el año que estuve en el G-2 el "candado" era español y la "guataca" era española!...

...Ramón Mestre y yo salíamos juntos cuando éramos jovencitos, unos pepillos. Pero en el 49 me fuí con mi familia a vivir dos años en España y no vi más a Ramón. Años más tarde, estando yo libre y él en prisión, Ramón me escribe pidiéndome medicinas para otro preso, lo cual pude resolver, y comenzó a escribirme. Luego, yo visitaba a Larrauri y a veces veía a Ramón también...

...Ramón me empujaba para que saliera de Cuba pero a mí me ataba el cementerio con mis padres y Mingo. Yo sólo quería sentarme en la capillita y rezarles a mis muertos. El me escribía, "...con maleta, sin maleta, con ropa, sin ropa, te vas". Y me fuí...

...Adolfo Suárez y su esposa me invitaron a merendar con ellos en La Moncloa y quedé sorprendida ante el desconocimiento que tenían de la situación dentro de Cuba...las cárceles, todo. La de ellos era una extrañeza sincera ante la realidad del presidio político. Pero esa ignorancia era generalizada. Un día, me dijo un taxista, "¿Cubana, eh?...eso es lo que necesitamos aquí, un Fidel Castro". Y yo le contesté, "¿Fidel Castro, eh?...Pues, mire, dígame cuánto le debo hasta ahora, que aquí mismo me quedo; y ojalá le caiga un Fidel Castro, que lo primero que va a perder es el taxi"...

...En el 80 vine para Miami a vivir con la viuda y los hijos de Mingo. Ya Ramón estaba en Miami y nos fuimos a España a casarnos. El es muy comprensivo conmigo y cuando me nota deprimida, me dice, "Oye, echa la película para atrás y empieza de nuevo...". La vida entre los presos es muy llevadera por lo mucho que existe en común. Además, crecimos tanto en la fe estando en prisión, que en nosotros no existe espacio para las pequeñeces.

MANUELA CALVO

— El momento más difícil de mi vida no lo viví en la cárcel, lo viví al salir de ella. Ya puesto el vestido que me habían traído, y con mi madre y unos vecinos esperándome al pie de la explanada porque no dejaban a los carros subir por la carretera, salí de la oficina y me viré hacia el pabellón. Allí estaban todas, asomadas a las ventanas. Allí estaba dejando parte de mi propia vida...

...Habían pasado seis años y me encontré en un mundo totalmente diferente. La Habana era una ciudad destruída; yo, que la conocía tan bien, me perdía en ella. Habían implementado la libreta porque apenas había de lo imprescindible para comer y asearse; para todo había que hacer largas colas. Tuve que vivir de limosna; mi mamá, a sus años, había estado limpiando los pisos de sus amistades para poder sobrevivir. En medio de todo ese infierno, como mi hija ya había hecho las gestiones por mi salida, podría salir pronto...

...Cuando fuí a la embajada y expliqué que mi pasaporte se lo había llevado el G-2, ellos vieron que mi situación para rescatarlo era más que difícil. Pero la desesperación la lleva a una a hacer lo imposible. Me fuí con mi inscripción de nacimiento para la oficina de relaciones exteriores, que ahora está en la antigua residencia Gómez Mena en Calzada y G en El Vedado, y cuando pido mi pasaporte, me dicen, "Ah, ¿se va becada?"...Vi el cielo abierto y pensé para mis adentros, "¡Esta es la mía!"...Y les contesté, "Sí, me voy becada para Checoslovaquia la semana que viene". Me aseguraron que lo tendrían enseguida, me abrazaron y me desearon suerte. ¡Y suerte tendría que tener, porque si me descubren vuelvo para Guanajay! Estuve rezando sin parar hasta el jueves siguiente que me entregaron el pasaporte...

...Cuando regresé a la embajada, todos estaban asombrados y en especial el médico americano, rubio, muy buen mozo, que me dijo, "La verdad es que ustedes los cubanos tienen la chispa adelantada". Tras muchos tropiezos me dieron la salida final para los Estados Unidos, donde me reuní con mi familia. Vivimos unos años en Puerto Rico y luego regresamos a Miami...

...Años más tarde, tuve un accidente y la compañía donde yo trabajaba me mandó a ver a un médico alto, canoso, que me dice en español, "Usted llegó a este país el 11 de mayo de 1967". Ante mi asombro, me aclara, "Yo soy el médico de Inmigración que estaba en la embajada cuando el comisario político le dijo que le entregaba sus papeles porque a usted la iban a virar".

**GISELA SANCHEZ
CANDIDA MELBA DE FERIA**

Al escribir este relato, ya en 1994, Gisela Sánchez trabaja en el Departamento de Recursos Humanos del Miami-Dade Community College y recientemente contrajo matrimonio con Juan Evelio Pou, veterano de la invasión de Bahía de Cochinos.

Cándida Melba de Feria ha muerto en el exilio, lejos de la Cuba que tanto amó y por cuya libertad ofrendó sus más puros ideales, siempre arriesgando su vida a lo largo del esfuerzo. No dudamos que hoy, en el Cielo de los Buenos, "Tía" esté muy cerca del General Antonio Maceo, siguiéndole los pasos al Titán de Bronce mientras él continúa "buscándole caminos a la Patria".

MARY MARTINEZ IBARRA

— Si yo hubiera sabido del sistema lo que aprendí de él dentro de la cárcel, hubiera dividido dos bombas en cuatro, y cuatro en ocho, para hacerles más daño. Yo sé que el poner una bomba, aunque se haga con la seguridad de que no va a causar daños personales, no es una cosa muy hermosa; es malo, pero había que hacerlo. Mientras otras muchachas sostenían en sus manos cajas de maquillaje, en las nuestras nosotras sosteníamos las armas para defenderlas a ellas...

...Nosotras vivíamos con el dolor de los fusilamientos. Yo quise saber cómo era aquello del paredón y fuí a visitar a un preso a La Cabaña...me conmovieron las madres, esposas y hermanas desfilando por aquel caminito en que el paredón quedaba a la derecha. Yo me alejé del camino para acercarme al paredón bajo la mirada extrañada de todos, pero yo quería verlo de cerca con mis propios ojos. Había un tronco grande, como de seis pies, clavado bien firme y a él amarraban a los hombres; al fondo estaba el paredón, de ahí el nombre. De tanto golpearlo las balas, tenía unos huecos enormes, como cavernas, y mucha, mucha sangre. Y pude observar que muchas balas que debieron segar los cuerpos de aquellos idealistas estaban a una altura mucho mayor que esos cuerpos...había, en aquellos pelotones de fusilamiento, hombres que no quisieron dispararles...

...Al salir de la prisión, los médicos que nos examinaban decían, "Estas mujeres están todas locas, es lo más extraño que hemos visto, salen a la calle, ven otro mundo y sólo piensan en regresar a la cárcel". Son sentimientos y lealtades difíciles de explicar.

Por ejemplo, Sylvia Perdomo ya estaba libre, pero aprovechando una visita a Washington sale a presenciar una caravana por donde pasaba el presidente de los Estados Unidos, y al acercarse el automóvil presidencial se abalanza Sylvia hacia él enarbolando un cartel que decía, "Libertad para las Presas Políticas Cubanas". Y sin saber ella de dónde, salieron los agentes de seguridad del presidente, le aplicaron una llave y la sujetaron hasta que pasó la caravana...

...La primera noche que pasé en mi casa me tenían lista la cama y yo tuve que esperar a que todos se durmieran para acostarme en el piso, no soportaba el colchón. Hasta eso extrañaba. Pero me casé de nuevo, tuvimos a nuestra hijita Adriana, que ya tiene 16 años, y mi vida volvió a normalizarse. Hace 12 años trabajo en la misma oficina de agentes de aduanas y seré completamente feliz el día que mi Patria vuelva a ser libre.

MERCEDES ROSSELLO

— Queriendo sacar a nuestra hija por medio de la Operación Pedro Pan, yo le firmé a mi esposo el papel que le confería a él la patria potestad de la niña. Creí morir ese día, pero era escoger entre eso o ver que se la llevaban vestida de pionera comunista. Mi esposo se ocupó de la niña como padre y madre a la vez y no salió de Cuba hasta que salí yo. Pero, como tenía que suceder, él encontró consuelo a su soledad y terminó casándose con una mujer que también quiere mucho a mi hija...

...Cuando salí en libertad él ya estaba en Miami pero me fue a buscar cuando los viajes de Camarioca. Me dejó en casa de sus hermanas en Camajuaní y se fue de nuevo, esta vez ya acompañado. Pero varios días más tarde me llamó y me dijo, "Mercy, no te muevas de ahí ni para bañarte, pase lo que pase". Yo comprendí que había venido a buscarnos clandestinamente. Era terrible mi confusión de sentimientos: salvar a mi hija contra dejar a mi hermana presa y a mi mamá sola. Pero me avisaron por teléfono que me esperaban en Camarioca y, sin pensarlo más, agarré a un taxista chinito que ni quería cobrarme la carrera, que era más de $200...

...Apenas llegamos, me empujaron adentro del barco y un amigo de mi esposo, un militar, le dijo: "Saca a tu mujer ahora mismo, que la vienen a buscar, el Ministerio la viene a buscar"...Y vinimos en medio de una fuerte tormenta en un barco con Juanito Romañach, que había ido a buscar a su mamá. Hasta Carlos Prío le dijo a mi esposo, "Hay que sacar a Mercedes", pero yo creía que moriríamos en el mar. Vimos gentes ahogarse en barquitos más pequeños y Mundo me decía, "Mercedes, no vomites porque eres la única que puedes salvar a la madre de Juanito". Ella era diabética y estaba casi muerta, tirada sobre mí, y yo tenía que inyectarla con insulina. El mar era negro, negro, y las olas nos hacían dar bandazos como si "El Chipre" fuese un barquito de papel...

...En Halloween siempre recuerdo a un helicóptero de las fuerzas americanas que salió con unas calabazas para marcarnos el camino y acortarlo porque de la Marina de Cuba nos estaban persiguiendo muy de cerca. Yo fuí la única presa que pudo escapar así. Cuando llegamos a Cayo Hueso, eso era un motín de periodistas y cámaras de televisión esperándome y yo sin poder hablar, con Margot presa. Felizmente, mi madre había nacido aquí y Margot la obligó a venir repatriada, pudiendo traer a todos los muchachos con ella...

...Al llegar, ya mi esposo me tenía alquilado un cuarto en una casa de la Agrupación Católica que tenía Mary Valdés Mora y ahí comencé mi vida de exiliada. Enseguida vinieron a verme Pepe de la Toriente, los Prío y otros buenos amigos. Y a los seis días de llegar empecé a hacer gestiones para trabajar. Mi tía me llevó un día a comer al Restaurant Pekín que era de chinos cubanos, Rafael y Federico. Y al terminar, le pregunté a la cajera, esposa de Rafael, "¿Usted necesita una empleada para trabajar?"...Me miró de arriba a abajo y me preguntó, "¿Y usted ha trabajado alguna vez?". Tuve que confesarle, "No, yo nunca he trabajado, pero mi alma y mi espíritu sí han trabajado y sufrido mucho; soy una presa exiliada y necesito trabajar". "Mañana mismo puedes empezar", fue su respuesta. Las muchachas de allí me acogieron y me regalaron el uniforme. Siempre los recordaré a todos con amor y gratitud...

...Ya llevo años trabajando con la Ciudad de Miami, no tengo casa, tengo el automóvil que me regaló mi prima cuando el esposo murió y siempre me he mantenido ayudando a cualquier grupo que esté haciendo algo por Cuba. Pero esto no sólo paró en mí; mi hija, que llegó con apenas 11 años, siempre está al tanto de si hay que ir a Cayo Hueso para ayudar a los balseros, o qué está pasando en Cuba para involucrarse en lo que sea. Ella sabe que yo espero el día en que yo pueda volver a hacer algo por mi Patria.

ESPERANZA PEÑA

— El 7 de septiembre de 1979 salí de Nuevo Amanecer tras cumplir 16 años de prisión. Detrás quedaban Guanabacoa, Guanajay, y América Libre. Había llegado la hora de la verdad: ¿cómo iba a encontrar a mi hija? Mi hogar se había desintegrado. Mi madre se quedó en la calle, sola, con todos sus hijos presos. Mi hermana y el italiano salieron para Italia, también sus vidas destrozadas. Dos compañeras de causa, Bertica Rodríguez y Mercedes Rico, se ocupaban de mamá, que tenía casi 90 años y mi prisión la acabó...

...En dos ocasiones, mi esposo y mi hija fletaron aviones para recogerme en Cuba tras confirmar gestiones para mi libertad. Son tan sinvergüenzas que en ambas ocasiones, después de llegar mi familia a Cuba, les dijeron que el viaje estaba cancelado...

...A veces me atormentaba la conciencia el haber luchado más como cubana que como madre y esposa pero, en definitiva, fue mi esposo el que me enseñó a defender a Cuba por encima de todas las cosas. Y yo sabía que él estaba cuidando a la niña por los dos. Le dio amor por los dos y le facilitó una educación muy esmerada, casi sin poder. Me dieron la salida pero no así a mi madre y hermano, y batallé lo indecible hasta obtener la salida de él, que había caído preso por mi culpa...

...Mi hija tenía ya 24 años y una posición envidiable: era una ejecutiva con la CBS en New York a cargo de inversiones. Y nos reunimos allá, pero el médico me dijo que mi madre no resistía el frío. Mi esposo ya estaba delicado de salud y mi madre en esas condiciones, pero el futuro de mi hija estaba en juego y yo no podía sacrificarla de nuevo. Pero esa niña, que es una belleza, tiene unas condiciones excepcionales y me dijo, "Mamy, váyanse ustedes para Miami y yo los sigo". Así lo hicimos y ella volvió a encaminarse y triunfar de nuevo, pero en banca y en bienes raíces. Mi madre, mi esposo y mi hermano murieron aquí...

...Yo empecé a trabajar enseguida como trabajadora social con el Estado de la Florida, presentada por la Dra. Lilia Vieta. Y, curiosamente, en la sala donde yo estuve hace algunos años había una mulatica que me miraba mucho hasta que me preguntó, "¿Usted no estuvo en Nuevo Amanecer?", a lo que yo le contesté, "Sí, y tú eras miliciana, de las llaveras que nos cuidaban a nosotras"...

...En otra ocasión, en la cola de Inmigración en Cuba, hay una cola de presos esperando para la salida y alguien dice, "Este señor se siente muy enfermo, por favor, cédanle el lugar". Es cierto que yo fuí poco piadosa en ese momento, pero pensando en mis compañeras y no en mí, porque a mí nunca pudo hacerme daño, dije, "Si el Dr. Céspedes se siente enfermo que haga la cola como les obligaba a hacer a mis compañeras presas, que tanto maltrató en prisión. Así es que, si se siente mal, que se aguante el Dr. Céspedes o que se muera en la cola...".

SELMA HAZIM

— Me soltaron para la calle con una saya y una blusa que ni me cerraba. Y demoré casi siete años en salir de Cuba porque esperaba que algo pasara, pero nada. Entonces, teniendo ya la salida para los nueve de familia, me casé con el novio de una amiga mía para poderlo sacar como esposo de presa. Las vicisitudes que pasamos con Inmigración para coordinar todas las salidas podrían llenar un libro. En definitiva, nos emplumaron por El Mariel y se quedaron con todo el dinero que nos dijeron que llevásemos para El Mariel, de donde salían los barcos, con la casa y todo lo que había dentro, más las 18 visas: nueve por Venezuela y nueve por Costa Rica...

...Empecé a trabajar en un laboratorio en Hialeah y lo perdí por falta de transporte. Pero tuvimos suerte, porque amigos nuestros de Cuba, que están bien de posición, nos ayudaron desde el primer momento y ya estamos bien encaminados...

...Las presas cubanas, plantadas y rehabilitadas por igual, son mujeres que merecen el respeto y la admiración de todos. Todas fueron muy valerosas y las que no siguieron haciendo más fue porque no tuvieron la oportunidad que tuvieron otras. Muchas han quedado atrás porque siguen los problemas personales...los hijos en edad militar, los esposos que no les dejan sacar a los niños ...en fin, la gran tragedia de la familia cubana.

MIRIAM GARCIA DE CASTRO RUBIO

No por corta en años fue menos dura su condena, durante la cual padeció de úlceras gangrenosas en la boca sin recibir atención médica. Siendo telefónica en Cojímar visitó Isla de Pinos en unas Navidades y allí comprobó de primera mano, por familiares de los presos, la realidad del sistema castrista. Conspiró intensamente con el MRP escondiendo perseguidos, la mayoría de ellos en su propia casa y fue arrestada la misma noche que Reynol confesó su derrota. Ya en el exilio se graduó en el Miami-Dade Community College y trabaja en las oficinas del Condado de Dade.

MARTA OLIVA

Tras un juicio en La Cabaña cumplió cárcel en Guanabacoa, Guanajay y América Libre, sentenciada por "espionaje y como agente de la CIA", habiendo extraído información secreta del Hospital Reina Mercedes para hacerla llegar al exterior. Marta tenía acceso directo a dicha información porque con el Dr. Milton Martínez y otros médicos era parte integral de la nueva organización básica, clínica y científica del Ministerio de Salud Pública. El período anterior a su salida al exilio lo pasó trabajando en un vivero de árboles frutales en La Habana del Este. Hoy, es la directora de la clínica de tumores de la Liga Contra el Cáncer y ostenta la importante presidencia nacional de la Asociación Nacional del Registro del Cáncer, que incluye a todos los hospitales de los Estados Unidos, Alaska y Hawaii.

ESTRELLA RIESGO

— Estábamos comiendo unos espaguetis bien malos cuando vienen a llamarnos para hacer un trabajo llamado voluntario pero era obligatorio. La reeducadora comenzó a leer los nombres y al final nos dijo que estábamos en libertad. Aquello fue tan inesperado que ni hubo fiestecita de despedida; agarramos la mudita de ropa y nos fuimos. Lo primero que hice fue ir a ver a Vivian, que ya tenía 13 años y estaba en el programa de La Escuela al Campo. Me botó de allí varias veces, no sé si por miedo o porque la seguían envenenando...

...Pero la última que vez que la fuí a ver y le repetí mi verdad, ella empezó a llorar y yo le dije, "Mira, yo me voy, pero el día que tú quieras, tú me buscas, que me vas a encontrar. Cuando tú me necesites, búscame, que ahí estaré yo". Y ella me contestó, "Sí, vete, porque mi hermana es la que te necesita. Yo no te necesito aquí para nada, véte y búscala"...

...Hace dos años, Vivian se graduó de ingeniero civil y se casó en Cuba. Fue entonces que su abuela paterna le contó toda la verdad del divorcio y de mi cárcel. Otros allegados lo corroboraron y Vivian comenzó a escribirnos a su hermana y a mí. El padre se divorció de aquella mujer que tanto daño nos hizo a todos para quitarme a las niñas y que el padre no tuviera contacto alguno conmigo. El se casó de nuevo...

...Yo me gradué aquí de peluquera y comencé a trabajar en varias cosas, pero lo que a mí me gusta de verdad es vender. Fue así que conocí a Roger Nurquez, mi esposo, el sol que ilumina mi camino. Increíblemente, a través del tiempo, él se había interesado en la historia de las hermanitas separadas en Guantánamo, ajeno a que, un día, él sería un orgulloso abuelo como actor en esa trama.

Este es un complicado drama que ha tenido un epílogo espectacular: Estrellita vive muy feliz con su esposo y un hermoso niño. Vivian, tras conocer la realidad de los hechos, se mantuvo en contacto con su madre y su hermana. Recientemente vino de Cuba para reunirse con ellas definitivamente.

ZOILA AVILA, LA LEGENDARIA "NIÑA DE EL ESCAMBRAY"

Lamentablemente, no existe un testimonio hecho por Zoila Avila, la legendaria Niña de El Escambray. Tampoco existe la posibilidad de obtenerlo en el futuro. Esta valerosa cubana se alzó contra la tiranía castrista en la Sierra de El Escambray con su esposo y otros patriotas. El ejército movilizó 60,000 efectivos para lo que llamarían "La Limpia de El Escambray". Cercados y sitiados, sin alimentos ni agua, La Niña vio morir a sus dos hijitos, uno abortado y el otro de hambre y de sed.

Muerto su esposo en combate, tomó su fusil y continuó disparando hasta la última bala. Los compañeros de la joven Niña fueron fusilados sumariamente ante sus ojos para que fuese aún más duro su castigo. Por entrevistas con otras plantadas conocemos su historial carcelario. Hoy deambula por las calles de Miami Beach, totalmente loca, con la mochila a las espaldas y, en su enajenada mente, todavía alzada en la Sierra de El Escambray.

APENDICE

Cuando en las primeras páginas de este libro escribimos, "...el lector reirá con sus ingenuidades...", recordábamos esta anécdota. Quisiéramos compartirla con ustedes, quizás para aliviar nuestras propias tensiones.

MARIA LOPEZ SALAS DE MARQUEZ, periodista del diario El Mundo, fue arrestada por atentar contra la estabilidad del Estado según la Causa de la Embajada de España, también llamada La Causa de Cuatro Periodistas y un Sastre. Cumplió prisión en Guanabacoa, Guanajay, América Libre y una base anfibia para becados, cerca de El Wajay. La presa #2902 obtuvo su libertad mediante una gestión realizada por el gobierno de España. Su esposo es el ex-preso político Gabriel Márquez. María es la directora del programa "De Mujer a Mujer" que se transmite para Cuba a través de Radio Martí.

Un día, los guardias de América Libre decidieron deshacerse de los perritos que venían de fincas aledañas y a quienes las presas les daban algún que otro hueso cuando ellos andaban husmeando en busca de algún huevo de ave. Tras apresarlos, los amarraban con una soga por la barriga, los mecían en redondo por el aire, al estilo vaquero, y los estrellaban contra las palmas. ¡Cruel final para los animalitos! Uno solo, llamado "Bobo", logró burlar el acecho. Cuando las presas supieron de este salvajismo, escondieron a "Bobo" e iniciaron una protesta.

Era a la sazón un señor Ramos el director de América Libre, que aspiraba nada menos que a jefe de prisiones y no quería empañar su aspiración con revueltas inoportunas. Llamó a su oficina a María y le ofreció: "Si tú me calmas a las presas, yo salvo a "Bobo". Por parte de María, el acuerdo tendría una condición para garantizar la vida de "Bobo": éste le sería entregado al padre de María.

Llegó el fornido español a la cárcel tras recibir un recado mal explicado, y al enfrentársele al director, le dijo: "Si para evitarle castigos a mi hija tengo que llevarme a un bobo para mi casa, ea, ¡que me traigan al bobo!..." ¡Cuál no sería su sorpresa al verse, dos millas carretera abajo, cargando a un perro, el no-tan-bobo héroe de las presas que logró burlar el acecho de los sanguinarios guardias.

EPILOGO

La tan ansiada libertad no les trajo a las presas políticas cubanas ni felicidad ni gloria. Sólo les trajo [esa manida frase] "la satisfacción del deber cumplido" y una nueva perspectiva de la fe, de la vida, de la muerte, y de la complicada madeja de sentimientos y actitudes que conforman el ser humano. Su entrega total a Cuba en ésta, su hora de desventura, no encontró eco ni respaldo familiar en muchos casos.

El exilio, por otra parte, vino centrando sus esfuerzos en su propia supervivencia y en alimentar infructuosas estrategias para derrocar a una tiranía de 36 años. Parece como que no hubo espacio para expresarles a ellas, las aquí reseñadas y las no mencionadas, la gratitud que les debemos.

Esperamos que esta divulgación de su calvario contribuya al tardío —y en muchos casos, póstumo— reconocimiento a estas mujeres, las que Todo lo Dieron por Cuba.

BIBLIOGRAFIA

Archivo Humberto Medrano. Miami, Florida. 1960--.
Contiene: Artículos, fotografías, cartas inéditas, copias.

Aung San Suu Kyi. Freedom from Fear: and Other Writings. New York: Penguin Books, 1991.

"La Formación del Partido". En: Obra Revolucionaria. La Habana, Cuba. 2 de diciembre de 1961, n. 46, pp. 11-55.

Organización de Estados Americanos. Comisión Interamericana de Derechos Humanos. Informes Anuales. Washington, DC.

Ruíz, Leovigildo. Diario de una Traición, Cuba 1961. Miami, Florida: 1972. Lorié Book Stores.

Testimonios orales de las presas políticas cubanas.
Entrevistadas: Alfonso, Ana Luisa, p. 20. Borges, Yara, p.88. Calvo, Manuela, p.101. Caramés, Nenita, p.49. Castro, Vivian de, p.94. Correa de González, Nena, p.23. Chirino, Mercedes, p.59. Delgado, Doris "Japón", p.96. García de Castro Rubio, Miriam, p.282. González de Souza, María Cristina, p.167. Grau, Polita, p.30. Habach, María de los Angeles, p.62. Hazim, Zelma, p.133. López Salas de Márquez, María, p.285. Martínez Ibarra, Mary, p.70. O'Farrill, Albertina, p.45. Oliva, Marta, p.282. Peña, Esperanza, p.118. Peñate, Reina, p.78. Riesgo, Estrella, p.125. Rodríguez, Ana Lázara, p.136. Roque, Caridad, p.38. Toro de Odio, Sara del, p.81. Trueba, Carmina, p.111. Vidal, María Caridad, p.106.